新・スポーツ健康科学の基礎

―運動指導，コーチング，マネジメントの必須知識―

澁谷智久 ［編著］

田中菊子・光川眞壽・城所収二
芳地泰幸・水野基樹・田蔵奈緒 ［著］
今野　亮・佐藤淳一

創 成 社

はじめに

　2014年3月「スポーツ科学概論」，2019年3月「新・スポーツ科学概論」を刊行しました。おかげさまで多くの方々にお読みいただきまして，心より御礼申し上げます。そして，2022年3月，スポーツ業界の新潮流として注目される「スポーツツーリズム」の新章を追加した新版を発刊することになりました。これに伴い書名を"概論"から一歩ステップアップした「新・スポーツ健康科学の基礎」と改め，本書の刊行に到りました。

　この間に，2020東京オリンピック・パラリンピックをはじめ多くのビッグスポーツイベントが開催され世界中が熱狂に包まれました。その一方で，世界的問題となっている新型コロナ感染症や東欧における危機的な情勢は，健康的な生活を送りたい，そして純粋にスポーツを楽しみたいと願う人々に暗い影を落としました。

　本書でも解説しているように運動やスポーツは身体的・精神的健康はもちろん，社会的，経済的，文化的においても明るい光を照らすことができます。一刻も早く，健康的な社会を取り戻し，皆がスポーツや運動を心の底から楽しめるときが訪れることを願ってやみません。そして，本書がアスリートを指導するコーチの皆様，老若男女の健康増進をサポートするインストラクターの皆様，これを志す学生，そしてスポーツを愛する全ての人々のお役に立てれば幸いです。

　おわりに，この度の出版にご尽力賜りました株式会社創成社社長塚田尚寛氏，編集の西田徹氏に心より厚く御礼申し上げます。

2022年3月

編著者　澁谷智久

目　次

はじめに

第1章　保 健 学 ——————————————————— 1
第1節　健康と運動 …………………………………………… 1
第2節　人間の生と性 ………………………………………… 10

第2章　スポーツ生理学 ——————————————— 17
第1節　筋と神経 ……………………………………………… 18
第2節　エネルギー供給，呼吸と循環 …………………… 27
第3節　体力とトレーニング ……………………………… 35

第3章　スポーツバイオメカニクス ———————— 56
第1節　身体運動を評価するためのバイオメカニクス的手法… 57
第2節　立つ（姿勢の安定性と身体重心）………………… 67
第3節　歩く …………………………………………………… 73
第4節　走る …………………………………………………… 76
第5節　跳ぶ …………………………………………………… 81
第6節　回る …………………………………………………… 85
第7節　投げる ………………………………………………… 92
第8節　打つ・蹴る …………………………………………… 97
第9節　泳ぐ …………………………………………………… 103
コラム　スポーツ現場における動作分析用の映像撮影　112

第4章　スポーツ心理学 ——————————————— 114
第1節　運動制御と運動学習 ……………………………… 114
第2節　動機づけ（モチベーション）……………………… 123
第3節　メンタルトレーニング …………………………… 135
第4節　運動・スポーツとメンタルヘルス ……………… 143

コラム　精神障がい者スポーツの世界　147

第5章　スポーツ社会学 ——————————— 150
第1節　スポーツの誕生と発展 ……………………………… 151
第2節　文化としてのスポーツ ……………………………… 161
第3節　我が国におけるスポーツ政策と体制 ……………… 167

第6章　スポーツマネジメント ——————————— 179
第1節　スポーツとマネジメント ………………………… 180
第2節　スポーツビジネスとマーケティングのマネジメント
　　　　……………………………………………………… 186
第3節　スポーツチームのマネジメント ………………… 190
第4節　スポーツ施設のマネジメント …………………… 198
第5節　スポーツ選手のキャリアマネジメント ………… 200
コラム　健康経営とスポーツエールカンパニー　205

補　章　スポーツツーリズム ——————————— 209
第1節　スポーツツーリズムとは ………………………… 209
第2節　スポーツツーリズムの類型 ……………………… 209
第3節　スポーツツーリスト（インバウンド・アウトバウンド）の
　　　　ニーズ …………………………………………… 212
第4節　日本のスポーツツーリズム振興政策 …………… 213
第5節　スポーツツーリズムの取り組み ………………… 214

第7章　コーチング論 ——————————— 217
第1節　コーチングとは …………………………………… 218
第2節　コーチングに必要な知識・技能 ………………… 224
第3節　体罰のないコーチング …………………………… 237

第8章　ジュニアスポーツのコーチング ——————————— 245
第1節　指導者の心構え …………………………………… 245
第2節　子どもの発育発達期の特徴 ……………………… 247
第3節　ジュニア期のスポーツ指導方法 ………………… 255
第4節　コーディネーション能力 ………………………… 263

第5節　子どもたちへのスポーツ指導の例 …………………… 267
第6節　まとめ ……………………………………………… 269

索　引　271

第1章 保健学

　本章では，人間の生活において切り離すことのできない健康や性について学習する。第1節では，健康と運動に焦点を絞り，健康の概念，健康と生活習慣，こころの健康や運動の効果およびリスクについて学習し，生活習慣の重要性，正しい姿勢と健康について述べる。第2節では人間の性について，「生と性」の観点から，性の分化，性自認や性役割，性的自己決定能力が人生に与える影響を学習する。

第1節　健康と運動

　2020年簡易生命表によると日本人の平均寿命は，世界で高い水準を維持し，男性・女性ともに過去最高を更新（男性81.64年，女性87.74年）し，世界有数の健康長寿大国であると言える。しかし，我々日本人は，自分自身を「健康である」とはっきりと言えるだろうか。確かに今は健康ブームもあり，ジム通いやウォーキングとかジョギングといった様々な健康法の実施，健康食品や補助食品摂取者の増加など，普段から健康を意識している人は多い。その一方で，日常生活の中で感じている悩みや不安について，「自分の健康について」を挙げる人の割合も少なくない。健康を意識した行動が必ずしも自らの健康に対する不安を解決するとは限らない。健康でありたいという希望を叶えるためにも，今一度，健康についてじっくり考えてみる必要があるのではないか。

1−1　健康概念

　世界保健機関（WHO）は，健康を「身体的，精神的，社会的に良好な状態であり，単に疾病がないとか，虚弱でないということではない。」と定義している。この理念を基盤として，各国が多面的に健康をとらえ，それに近づけるよう健康増進の政策を進めている。

　健康概念には，時代の状況や疾病構造が大きく影響している。また，それは健康政策にも深く関係しており，時代の状況等を理解した上で対策をとる必要がある。

　戦前，我が国の死因は，結核，肺炎などの感染症が多くを占めていた。これらは衛生状況の改善や健康診断，医療の発展などによって減少し，その後の死因構造も栄養状態の改善や医学の進歩により大きく変化した。戦後は，三大死因と言われる悪性新生物（がん），脳血管疾患，心疾患といった慢性疾患が死因の多くを占めるようになり，生活習慣病の予防と改善が喫緊の課題となっている。生活習慣病の発症・進展には，食習慣や運動習慣，喫煙，飲酒，休養などの生活習慣が大きく関与しており，生活習慣の改善が三大疾患の予防と改善にいかに重要なのかがわかる。

　医療の概念には，疾病そのものの発症を予防する一次予防，早期発見や早期治療を目的とした二次予防，治療による重症化防止や機能回復・リハビリテーション等に該当する三次予防といった考え方がある。死因構造が変化し，生活習慣病罹患者が増加したことで，二次予防・三次予防重視であった状況から，一次予防重視へと対策や健康観が変化してきた。

　一次予防は，医療だけでなく，地域・社会・学校など様々な角度からのアプローチができる。その代表が健康教育である。特に幼少期から児童期は，健康の基礎を培う大切な時期であるため，その頃から一次予防としての健康教育を行うことにより，生涯を通じた正しい生活習慣や健康観を身に付けることが期待される。

第 1 章　保 健 学　3

　平均寿命が寝たきりや入院患者等も含んだ数字である一方，自立した健康に生活を遂行できる期間のことを表す健康寿命という健康指数がある。日本では，高齢化の進展とともに国民医療費も年々増加しており，今後も医療や介護の負担が増すと考えられる。平均寿命と健康寿命の差の拡大は，医療費等の負担が増加し，生活の質（QOL）も低下すると考えられる。2013 年 8 月に厚生労働省は，「国民の健康寿命が延伸する社会」に向けた予防・健康管理に関する主要な取組や推進する上での目標を取りまとめ，推進している。第 12 回健康日本 21（第二次）推進専門委員会でまとめた資料によると，2010 年と 2016 年で比較した値では，健康寿命が男性で 70.42 歳から 72.14 歳（平均寿命 79.55 歳 → 80.98 歳），女性で 73.62 歳から 74.79 歳（平均寿命 86.30 歳 → 87.14 歳）に延伸し，男性・女性ともに健康寿命の増加分が平均寿命の増加分を上回ることになった。社会保障負担を軽減し，各個人のQOL を高めるためにも，健康寿命を延ばすことで「平均寿命＝健康寿命」に近づけるような健康づくりをより一層進めることが重要である。

1－2　健康と生活習慣

　生活習慣病は，食習慣，運動習慣，休養，喫煙，飲酒などの生活習慣がその発症・進展に関与する症候群であると定義されているように，様々な生活習慣がその発症や進展に大きな影響を与える。そして，生活習慣はどれもお互いが密接に関連し，影響し合っているため，生活習慣全体を多面的に改善することが生活習慣病の予防と改善において重要である。

（1）食習慣

　「食べること」は，生命維持のために欠くことのできない営みである。食事の摂り方によって健康の増進にも阻害にもつながり，また栄

養の過不足は健康を左右する。食事の摂り方が疾病の発症にすぐにつながらないとしても，予防のためにバランスのとれた食事による日々の積み重ねが重要である。

日本では，女性における肥満者の割合が減少している一方，男性の肥満者の割合は増加している。肥満は，体脂肪量が多すぎる状態のことである。カロリーの摂取と消費のバランスにおいて，摂取カロリーが上回り続けることが主たる原因であり，生活習慣病を引き起こす要因となる。すなわち「食事と運動のバランス」が何よりも重要なのである。

一方，20〜40代の若い女性は低体重（やせ）に注意する必要がある。この年代の女性の多くは，誤った体型認識に基づき，痩せる必要がないにもかかわらず体重を減らそうとしているケースもある。無理なダイエットを繰り返すことは，拒食症や過食症などの食行動異常や鉄欠乏性貧血，無月経などにつながるリスクがあり，また特に妊娠中のダイエットについては，低出生体重児の生まれる可能性が増加する。体重は健康のバロメーターと言われることがあるが，誤った認識をあらため，適正体重を維持することが大切である。

2017年度の「国民健康・栄養調査」によると朝食の欠食率は男性で15.0％，女性で10.2％である。年齢階級別にみると，男女ともにその割合は20歳代で最も高く，男性30.6％，女性23.6％であった。一日の始まりの朝食の摂食は生活のリズムを整え，体温の上昇により，身体の動きや脳のはたらきを活性化させるため，朝食の摂取を習慣化することを心掛ける必要がある。

(2) 運動・身体活動

我々の生活は，利便性が増し，機械化や自動化がすすめられた結果，歩行など日常生活活動を含む身体活動量が不足しやすくなっている。また，人は加齢に伴い，身体活動量が減少するだけでなく，身体の諸

第1章 保健学 5

器官や組織の低下など身体機能が低下する。身体活動量の不足や身体機能の低下は，健康障害の誘因になることがあるため，運動を意識的に行う必要がある。

　児童期・青年期には体力向上，中年期以降は体力保持や疾病予防，高齢期には寝たきり予防など，運動の意義はライフステージによって変化するため，それぞれのライフステージに合わせた運動をすることが重要である。また，運動を習慣づけ，継続できるような社会の環境整備や運動施設など社会インフラを整備することも重要である。

（3）休　養

　休養には，休息や休憩，自由時間や休暇などいくつもの形態があるが，休養は身体的疲労の回復および精神的疲労の回復を促し，健康増進の助けとなるため，それらをどのように活用するかが重要である。入浴，スポーツ，読書などの休養を効果的に活用し，生活にゆとりの時間やリラックスした時間をもつことが身体のリズムを整えたり，良好なメンタルヘルスを維持するために必要である。

　睡眠に関して「睡眠で休養が十分にとれていない者」の割合が増加している。2019年度「国民健康・栄養調査」にみると，1日睡眠6時間未満の数は男女ともに30〜50歳代で2割を超えている。「健康日本21（第二次）」で目標値として15％と挙げているように睡眠は疲労回復効果が大きいため，休養として特に重要であり，睡眠障害をおこさないためにも，日常的に不眠にならないように心掛け，十分な睡眠によってしっかり休養することが必要である。

（4）たばこ

　喫煙は，肺がん，食道がんなど様々ながんや呼吸器，循環器の症状等と関連性があり，たばこによる身体への悪影響は非常に大きい。特に未成年の喫煙は，がんなどのリスクを大きく高め，妊婦の喫煙は早

産や低体重児を生む確率を上げるなど胎児への影響が懸念される。未成年者や妊婦に対する喫煙防止教育だけでなく，彼らを取り巻く環境に対する禁煙教育も重要となる。

　また，受動喫煙については，がんや虚血性心疾患などのリスクが増すことが明らかになっており，健康増進法においても重点項目となっている。現在では受動喫煙からの影響を減少するために，分煙などの対策も拡大していて改善傾向にあるものの，2019年度国民健康・栄養調査では，場所別にみると「飲食店」では29.6％と最も高く，他には「遊技場」「路上」では27.1％，「職場」では26.1％といずれも高水準である。喫煙防止教育，喫煙者への禁煙指導，啓発普及などと併せて，分煙の徹底も引き続き行っていく必要がある。

(5) アルコール

　酒はほどよい量の飲酒であれば食欲増進といった効用も見られるが，多量の飲酒は様々な健康障害をきたす。

　アルコールに関連する健康障害としては，急性アルコール中毒やアルコール依存症などが挙げられ，急性アルコール中毒は生命の危機に直面する場合もある。アルコール依存症は糖尿病や自律神経障害などと合併すると重症化する可能性もあるため注意が必要である。また，アルコールは，消化器疾患，肝障害，高血圧症の危険因子となる。これらを予防するためにも節度ある適度な飲酒を心がけることが重要である。特に飲酒経験も少ない未成年や若者の無理な飲酒は特に注意する必要がある。

1－3　メンタルヘルス（心の健康）

　健康であるためには，身体的健康だけでなく，精神的にも良好な状態であることが望ましい。健康増進の柱としての栄養・運動・休養の3点は，メンタルヘルスにも関連する要素であり，それに加えてスト

レスと上手に付き合っていくことが重要である。

　現代はストレスと無縁ではいられず，物理的，化学的，社会的，心理的ストレッサーの全てを避けることはできない。自然災害や突然の事故のような突発的に起こった恐怖等も大きなストレスの要因になる。こういった場合のメンタルヘルスは社会全体でも考えていかなければならない問題である。

　こうしたストレスに順応できなかったり，過剰なストレス状態が長く続くと，胃炎や高血圧といった身体的症状をきたしたり，不安障害や抑うつ，生活習慣の乱れなど心理的・行動的反応が現れたりする。これに対し，ストレスの基にうまく対処しようとすることをストレスコーピング（stress coping，ストレス対処行動）という。これについて，Lazarus ら（Lazarus & Folkman, 1984）は，ストレスに対する評価とコーピングのありかたがストレス反応に影響を及ぼすとしている。

　ストレスコーピングには，直面している問題に対処する問題焦点型コーピングや，感情を発散させたり，逆に抑圧する情動焦点型コーピング，問題の見方や発想を変えて新しい適応を探る認知的再評価型コーピングなどがあり，問題の解決が期待できるかなどケースによってどのコーピングを選択するか，あるいは時と場合に応じて柔軟に選択していくことが大切である（坪井, 2010）。

　また，日本では，自殺が死因の上位に挙がっている。自殺の原因にうつ病などの精神疾患が関わっているケースもあり，自殺の減少を考える上でもメンタルヘルスは重要な課題であると考えられる。

　メンタルヘルスについて，健康日本21では個人がストレスに対処する能力を高めるための具体的な方法として次の内容が挙げられている。

　(1) ストレスの正しい知識を得る，(2) 健康的な睡眠，運動，食習慣によって心身の健康を維持する，(3) 自分自身のストレスの状態を正確に理解する，(4) リラックスできるようになる，(5) ものごとを

現実的で柔軟にとらえる，（6）自分の感情や考えを上手に表現する，（7）時間を有効に使ってゆとりをもつ，（8）趣味や旅行などの気分転換をはかる。

　これら具体的な方法も，個人が実践することことを期待するだけでなく，個人を支えられるような環境が必要である。

１－４　運動の効果及びリスク

　生活習慣の一つである運動は，生活習慣病の予防や肥満予防・解消など疾病予防という観点からも，とても重要な役を担っている。

　運動は，骨密度の上昇，最大酸素摂取量の増加，中性脂肪・体脂肪量の減少，HDL コレステロールの上昇などの身体的効果がある。また，高齢者においても，転倒防止や骨粗鬆症予防など生活の質（QOL）の維持・向上の実現には運動が重要である。

　さらに，運動には疾病予防効果だけではなく，不安や抑うつの改善，爽快感，楽しさ，ストレス解消といった心理的効果もあり，メンタルヘルスにとっても重要である。また，運動は睡眠のリズム形成にも効果があり，一周して休養の側面からも運動が心に及ぼす効果は重視する必要があると言える。

　厚生労働省の「健康づくりのための身体活動指針（アクティブガイド）」では，生活習慣病のリスクを減らし，健康寿命を延ばすための運動として中等度の強度の運動を毎日の生活の中でプラス 10 分多く取り入れていくことが推奨されている。運動内容としては，有酸素運動に筋力や筋持久力の向上を図るレジスタンス運動，身体を柔軟に保つためのストレッチ運動などを複合的に行うことが重要である。その結果，立つ・歩く動作の維持が図れ，生活の質の向上に有用であること，筋肉量が増大することで消費エネルギー量が増え，肥満の予防も期待できる。

　このように運動には様々な効果が見られるが，一方でリスクもあることにも注視しなくてはならない。運動に伴うリスクとして暑熱環境

下における熱中症，突然死や心筋梗塞といった循環器系の問題をはじめ，オーバートレーニングや過度の運動による貧血や月経障害，スポーツ外傷などが挙げられる。これらのリスクを考慮しつつ，ウォームアップやクールダウンをしっかり行うなど，正しい知識を持って運動することが望ましい。そのためには健康運動指導士や健康運動実践指導者といった有資格者の育成が欠かすことができない。

1－5　健康と姿勢

　長年，学生に体育・スポーツを指導していて感じることは「姿勢が悪い」「関節の可動域が狭い（身体が固い）」「自由にのびのびした動きができない」ことである。また，体調について尋ねると「腰が痛い」「猫背」「肩がこる」などを訴える学生が多い。厚生労働省の「平成28年　国民生活基礎調査の概況」を見ても，国民の自覚症状として，腰痛と肩こりが上位を占めており，姿勢の悪さが腰痛や肩こりなど体調不良の一因となっていると考えられる。

　健康に関わる運動や身体活動は，正しい姿勢があってこそ安全に続けることができる。身体機能の低下を防ぎ，健康寿命の延伸を図るためにも正しい姿勢を身に着けて生活することは重要である。

　正しい姿勢とは，図1－1（1）のように，横（矢状面）から見て耳，

図1－1

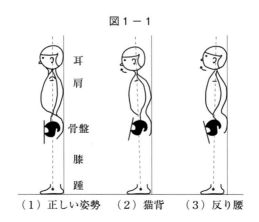

肩，骨盤，膝，踝の位置が一直線になる姿勢である。正しい姿勢をすることで筋の緊張を和らげ，楽に立つことができるのである。(2) 猫背は，首を痛め，肩こりになるだけでなく，重力の負担が腰にかかり，腰痛の原因となる。また，内臓が圧迫されることで胃腸の不調が起こり，呼吸機能の低下につながると言われている。(3) 反り腰は，広背筋の緊張や腰への負担が大きく腰痛の原因になる。

　正しい姿勢を理解するとともに，ストレッチングを行い，筋を緩め，関節可動域を大きくし，身体全体のバランスを整えることが健康運動の実践にはなによりも重要である。

第2節　人間の生と性

2-1　生命と性をめぐる問題

　近年，生命科学や医学の急激な進歩によって，「いのち」に関する研究が進む一方で，遺伝子組み換えやクローン人間，出生前診断，不妊治療，代理母問題など，「いのち」に関する新たな社会問題が浮上している。また，情報の入手方法や友人関係の在り方など，子どもを取り巻く環境が著しく変化してきたことにより，性行動は若年化し，若者の妊娠や中絶，援助交際，性感染症，エイズ感染，またLGBTなど性の多様性に関わる問題も社会や地域で取り組むテーマとしてメディアでも大きく取り上げられることが多くなった。

2-2　人間の性とは何か

　「性」とは何かという問いに対し，「性＝性行為」と認識し，「恥ずかしいもの」としてとらえる傾向がある。しかし，性とは性行為の一面だけでなく，身体的，社会的，心理的にとらえる必要がある。性は「男性，女性，どちらにも属さない性」，「性行為」，「出産」，「男らしさ・女らしさ・自分らしさ」，「恋愛」，「相手に対する人権」など，様々

な側面を持っている。

　人は性を意識し，周りと比較することで，相違点を探りながら，どのように行動するのかを決定する。その中で，自分の「性」を認識し，受け止め，その性でどのように生きるか自分の人生設計を描き，そのための自己実現を果たしていくのである。つまり，「性＝生」と捉えることができ，「性」についての正しい知識を持つことは大変重要なのである。

2−3　性の分化と多様性

　人間の「いのち」の始まりは，一つの卵子（0.2mm の大きさ）と精子（0.06mm の大きさ）の出会いから始まる。卵子と精子が受精し受精卵となり，その受精卵は 1 個の細胞から，約 9 ヵ月前後で約 60 兆個の細胞へと分裂を繰り返して「ヒト」になるのである。

　精子は，X 染色体を持つものと Y 染色体を持つものが混在する。受精時に Y 染色体を持つ精子が卵子と受精すると男（XY）となり，X の染色体を持つ精子が受精すると女（XX）となる。これが遺伝的な性の決定である。

　受精卵は細胞分裂を繰り返しながら，4 ～ 5 週目には性腺の起源となる性腺原基，6 ～ 7 週目には男女の内性器の起源となるミュラー管（女性の性腺）とウォルフ管（男性の性腺）の二本が確認される。8 週目になると Y 染色体上にある SRY 遺伝子の作用によって，男性の精巣へと発達する。一方，女性には SRY 遺伝子がないため，性腺原基は自動的に卵巣となる。

　生殖器は，8 ～ 10 週目にかけて，精巣からミュラー管抑制因子と男性ホルモンが分泌されることで，ウォルフ管が男性器へと発達する。また，胎児の精巣から分泌される男性ホルモンは，この時期に上昇し，12 週目頃にピークに達する。17 週目頃には低下し始めるが，この頃に男性ホルモンが脳に影響し，脳の分化が始まるとされてお

り，男性ホルモンが多いと脳は男性化し，少ないと脳は女性化する。以上のような段階を経て，性分化が起こる。

　しかし，ミュラー管抑制因子や男性ホルモンが，何らかの原因で正常に分泌されないと，身体は自然に女性化する。男性器か女性器かあいまい，あるいは両方の要素を持つ，中間の性である「インターセックス（intersex，半陰陽）」の存在が明らかになっている。その他にも，身体と心の性の違いにより性同一性をはかれない性同一性障害，身体の性別とは違う性で生きるトランスジェンダー（transgender），性別適合手術を行い，本来の身体の性を別の性に変えるトランスセクシュアル（transsexual），ホモセクシュアル（homosexual，同性愛），バイセクシュアル（bisexual，両性愛）など，性分化障害による性的マイノリティが存在する。橋本（2003）が「人間の個別的かつ多様で混沌とした性の存在が確実にある」と述べているように，性の多様性があることを我々は認識しなければならない。

2－4　性自認と性役割

　性自認とは生まれ持った生物学的な性を認知することである。自分と兄弟姉妹や両親などとの身体の特徴の違いから，自分の性の所属を認知し，そのことに満足することで自分の性同一性（gender identity）を獲得していく。

　性役割（gender roles）とは，その性別に期待される役割のことである。日本では伝統的な性役割が残されており，いつの間にかその性役割に沿って行動する。しかし，近年，ヘアスタイルや恰好，職業など，様々な面で男女の差がなくなってきている。性役割は社会や時代によって少しずつ変化していくものと考えられる。

第1章 保健学 13

2－5　子どもと思春期の性

(1) 子どもの性

　フロイトは，生後一年間を口唇愛の時期と考え，母親の乳を飲む行為や指しゃぶりなど，子どもが最初に出会う口唇行動は，心理的発達と深く結びついているとしている。

　人間は乳児期から思春期まで性的な興味を示す。「子どもの性的興味や活動は大人になってからの性的活動に備えるためのリハーサルであり，単に好奇心や満足，快感をもたらすだけでなく，性的発達に役立つリハーサルである」とミルトン・ダイアモンド (1984) が指摘しているように，子どもの性行動は，大人の性行動の基盤となるのである。また，この時期の性的遊びは自分の身体ならびに感覚的自己像を肯定的に受け入れ，他者との親密さを育てるためにも重要である。しかし，子どもの性器いじりを発見した時に，厳しく叱りつけたり，罰を与えたりする親が存在する。子どもの性行動に対し否定するのではなく，人間は死ぬまで性的な存在であることを認識するべきであると考える。

(2) 思春期（青年期）の性

　思春期（青年期）は，子どもから大人へと身体的・社会的・精神的に成熟しようとする移行期でもあり，身体の劇的な変化により，性の目ざめを呼び起こしたり，その変化に不安を抱く時期である。感情のコントロールがきかず，親からの自立や，学校内での人間関係に悩むなど様々な悩みや不安がつきまといやすく，自己同一性を確立するために様々な試練を乗り越えていくのが思春期なのである。

　第7回青少年の性行動全国調査報告 (2013 年) では，「性行動の日常化と分極化」という特徴がみられる。1990 年代から性行動の低年齢化が進み，憂慮する事態になっていたが，さらに「性」を特別視しなくなったことにより，性行動が日常化したと考えられる。

一方で，性行動に対して活発な若者と，不活発な若者という2極化された構造が明らかとなった。「性に関して友人と会話経験がある者」の割合は減少しており，性に関して若者は孤立していると言える。今後どうなるかわからないという不安定さや不確定性といったリスクが，恋愛や性行動に対して消極的にさせているのかもしれない。

性行動に対し，偏った考えを持たないために，教育によって，あるがままの性を認め，相手を尊重し，共生することについて学ぶことが必要である。性については，子どもの問題であるだけでなく，大人の問題でもあるため，大人が性についてもっと関心を持ち，前向きに子どもと語り合うことが望まれる。

2－6　性的自己決定能力について

性的自己決定とは，自分の性と向き合い，妊娠や結婚，出産，性行為などを決定することである。自分の性や生を自己決定できる能力を養うために，自分の身体や生命，自分の性に対する肯定的な認識を育てることが大切である。

思春期に入る頃から，自分にとって「性」とは何かを学び，様々な試行錯誤を繰り返しながら，性同一性を確立していくものであるが，日本では，未だに「性」は卑猥で下品な対象としてみられることがある。家庭や学校において，性を抑圧や干渉，禁止，管理の対象としてみなしていることも少なくなく，特に子どもや女性に対するコントロールは根強く残っている。性に対し干渉や抑圧，管理することにより，子どもの性的自己決定を育てる機会を失わせ，性同一性の確立を難しい状況にすることにつながる。

未成年者の性的自己決定についてはその者に性的自己決定能力が備わっているかという問題も考慮しなければならない。以前，援助交際している学生に，「誰にも迷惑をかけていません。何故いけないのですか。」と問われたことがある。援助交際や売春が，たとえ自由意思・

自己決定で始まったとしても，それは望ましい状況ではない。そのような状況で自分の性とは何かを模索することは，偏った性の方向付けをしてしまいかねない。また，刺激的なメディアの情報などから，歪んだセクシュアリティを身につけてしまう危険性もある。それらを踏まえ，早い時期に「性」についての基本的知識を学習する機会を作ることで，人間の尊厳，尊重について正しく理解させ，様々な情報の中から自ら選択し，決定していく能力を身に付けることが大切である。

2－7　性教育の今後の課題

　子どもは，自分に接する両親の態度や，家族（両親や兄弟，祖父母）の生き方，人間関係などを見ることで価値観が形成されていく。すなわち，生まれた時から人は「生」についての教育が行われているのである。そして，子どもは家庭で愛され，大切にされることで，自分がかけがいのない存在であることを認識し，自己の存在価値を確かなものにしていくのである。

　性教育は，人間の性を生命や生き方と結び付け，人間としてどのように生きるかを選択し，自らの性の在り方を自分で決める能力を育成する教育であることを深く認識することが重要である。

主要引用・参考文献

Lazarus, R. S., Folkman, S., *Stress, appraisal, and coping*, New York: Springer, 1984.
浅野勝己・田中喜代次『健康スポーツ科学』文光堂，2004 年。
大島　清『性は生なり』毎日新聞社，1991 年。
金谷秀秋・神林　勲『スポーツ・運動と健康』三共出版，1997 年。
木寺英史『間違いだらけのウォーキング』実業之日本社，2014 年。
健康日本 21「休養・こころの健康」厚生労働省。
厚生労働省「簡易生命表」，2020 年。
厚生労働省「健康つくりのための身体活動指針アクティブガイド」。
厚生労働省「国民健康・栄養調査」，2017 年，2019 年。
厚生労働省「平成 28 年　国民生活基準調査の概況」。

厚生労働省「人口動態調査」，2012 年。

総務省統計局「人口推計」，2012 年。

高村寿子『セクシュアリティがわかる本』思春期の性と健康を支えるピアカウンセリング教材，日本家族計画協会，2006 年。

竹井　仁『正しく理想的な姿勢を取り戻す　姿勢の教科書』ナツメ社，2015 年。

多田羅浩三『健康日本 21 推進ガイドライン　厚生科学特別研究事業：健康日本 21 推進の方策に関する研究』ぎょうせい，2001 年。

坪井康次「ストレスコーピング ─自分でできるストレスマネジメント─」『心身健康科学』6 巻，2 号，2010 年，59 ～ 64 ページ。

日本性教育協会編「「若者の性」白書─第 7 回青少年の性行動全国調査報告─」，2013 年 8 月 6 日。

橋本秀雄・立花都世司・島津威雄『性を再考する』青弓社，2003 年。

東あかね・石樽清司『健康管理概論（栄養科学シリーズ NEXT）』講談社，2000 年。

三井善止『（新）生と性の教育学』玉川大学出版部，1999 年。

宮台真司コーディネーター『＜性の自己決定＞原論』紀伊國屋書店，1998 年。

ミルトン・ダイアモンド，アーノ・カーレン『人間の性とは何か』（田草川まゆみ訳，福島　昭・宮原　忍（日本版監修））小学館，1984 年。

第2章　スポーツ生理学

　本章ではスポーツに関わる『からだを動かす仕組み』と『体力とト
レーニング』について学習する。第1節では，筋が力を生み出す仕組
み，脳から筋に指令を送る神経系の構造と機能を概説する。特に，競
技力向上には筋の量，筋の質，筋への神経入力の大きさなどが重要な
役割を果たしていることを紹介する。第2節では，筋にエネルギーを
供給する仕組みや酸素を体内に取り込み循環させる仕組みについて概
説する。特に，運動強度によって利用するエネルギー供給機構が異な
ること，スポーツ選手に必要な栄養素と摂取方法，運動時の呼吸循環
器系の応答について紹介する。第3節では，トレーニングの原理原則
と体力を構成する要素について概説する。特に，競技力向上のために
知っておきたいトレーニング理論と体力要素について紹介する。ま
た，スポーツに関わるものとして最低限知っておきたい筋，骨および
動きの名称などを図説する。

　本章で扱う内容の学問領域は「スポーツ（運動）生理学」と「トレー
ニング科学」にあたる。本章では従来の専門書に掲載されている幅広
い範囲の中から，これからスポーツ科学を専門的に勉強する人にとっ
て興味を持ちやすい基礎的な内容を中心に取り上げ，スポーツ指導現
場に役立つ話題についても紹介する。

第1節　筋と神経

1－1　筋が力を生み出す仕組み

(1) 筋の構造と形状

　「力」を生み出す源は骨格筋である。骨格筋は全身に約650個存在し，自分の意志で動かすことができる。筋には骨格筋の他に自分の意志では動かすことができない筋（心臓を動かす筋や，内臓を動かす筋など）があるが，ここでは骨格筋の仕組みについて概説する。

　骨格筋は規則正しく配列された階層構造をしている（図2－1）。骨格筋は筋線維という髪の毛のような細い線維が数十本束ねられた筋束の集合体である。筋束内の筋線維は筋原線維から構成されている。さらに，筋原線維は太いミオシンフィラメントと細いアクチンフィラメントからなる。われわれが筋を動かすとき，ミオシンフィラメントにアクチンフィラメントがたぐり寄せられること（収縮）で力が生まれる。力を抜くときは，両者が離れることで筋が緩む（弛緩）という仕組みになっている。からだを動かしている時，筋線維は収縮しながら

図2－1　骨格筋の階層構造

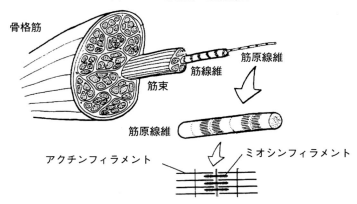

出所：深代千之ら編著『スポーツバイオメカニクス』朝倉書店，2000年，127ページを一部改変。

長さを変化させている。筋線維あるいは筋全体の長さが短くなりながら収縮することを短縮性(コンセントリック)収縮,長さが変わらずに収縮することを等尺性(アイソメトリック)収縮,長さが長くなりながら収縮することを伸張性(エキセントリック)収縮という。また,反動を伴うスポーツ動作の時には,筋が一度伸張した後に短縮する伸張-短縮サイクル(Stretch-Shortening Cycle：SSC)といわれる筋活動様式となっている。

　次に,骨格筋の形を観察してみよう。骨格筋はさまざまな形状をしており,代表的な形状として紡錘状筋と羽状筋がある(図2-2)。紡錘状筋は筋の長軸方向に対して筋線維がまっすぐに付着した形状をしている。一方,羽状筋は腱に対して筋線維が斜めに付着した形状をしている。紡錘状筋は羽状筋よりも筋線維が長いため,収縮する速度が速く,素早い動きを生み出しやすい形状となっている。羽状筋は紡錘状筋よりも筋線維が短く斜めに付着しているので,同じ体積により

図2-2　骨格筋の主な形状

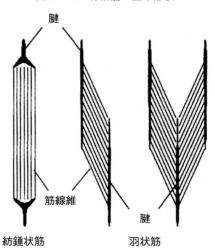

出所：深代千之ら編著『スポーツバイオメカニクス』朝倉書店,
　　　2000年,127ページを一部改変。

多くの筋線維を詰め込むことができる。そのため、羽状筋は紡錘状筋よりも大きな力を生み出せる形状となっている。骨格筋は腱組織を介して骨に付着しており、骨格筋で生み出される力はバネのような性質を持つ腱組織と相互に作用しながら関節を動かしている。

(2) 筋の横断面積と最大筋力
　最大努力で発揮する筋力（最大筋力）は、筋の横断面積に比例する。福永（1978）は、最大肘関節屈筋力と肘関節屈筋横断面積の関係を調べ、両者に有意な正の相関関係があることを示した（図2-3）。つまり、筋の横断面積が大きい人ほど、最大筋力が高いということを明らかにした。このことは、最大筋力を高めるためには、筋の横断面積を増加させること、言い換えると筋量を増やすことが重要であることを意味している。

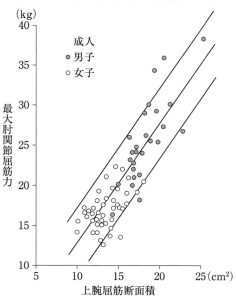

図2-3　筋の横断面積と最大筋力の関係

出所：福永哲夫『ヒトの絶対筋力』杏林書院、1978年、89ページを一部改変。

ところで，図2－3をもう一度観察すると，同程度の筋の横断面積を有している者でも，最大筋力にばらつきがあることが読み取れる。これは，筋の横断面積以外の要因も最大筋力に関係していることを意味している。この他の要因として，神経系の興奮水準と筋線維タイプが関与していることが知られている。神経系の興奮水準は低い者に比べ高い方が大きな力を発揮できる仕組みになっている。また，筋線維タイプについてはこの後で詳細を説明するが，遅筋線維よりも速筋線維の方が大きな力を発揮できるため，相対的に速筋線維を多く含む者の方が最大筋力は高くなる。

(3) 筋線維タイプ

ここまで筋の量が最大筋力向上に関わるという話をしたが，ここでは筋の質が競技力に関わるということを説明する。魚で白身（ひらめ，たら）と赤身（まぐろ，かつお）があるように，人間にも白身タイプと赤身タイプの筋が存在する。白身タイプは速筋線維（FT線維）といい，収縮速度が速く，発揮する力は大きく，疲労しやすい特性を持つ。一方，赤身タイプは遅筋線維（ST線維）といい，収縮速度が遅く，発揮する力は小さく，疲労しにくいという特性を持つ。

一流の競技スポーツ選手の筋を調査してみると，パワー系の種目の人は速筋線維を多く含んでおり，持久系の種目の人は遅筋線維を多く含んでいることが報告されている（図2－4）。一方，速筋線維や遅筋線維の占める割合には個人差が大きく，マラソン選手においては遅筋線維の占める割合が85％程度の選手もいれば，50％程度の選手もいたと報告されている。そのため，勝田（2007）はどちらの筋線維タイプが多いかによって競技力のすべてが決定するわけではないと指摘している。

図2-4 さまざまな種目の競技選手の速筋線維（FT線維）と遅筋線維（ST線維）の占める割合

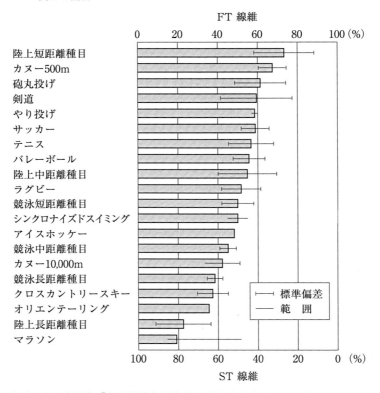

出所：勝田茂編著『入門運動生理学 第3版』杏林書院，2007年，15ページ。

1-2　筋を動かす神経系の仕組み

(1) 神経系の構造と機能

　筋を動かすためには，筋に「動け」という信号を送らなければならない。その役割を果たしているのが神経系である。神経系は脳と脊髄（中枢神経系），そこから枝分かれしている脳神経と脊髄神経（末梢神経系）で構成されている（図2-5）。

　末梢神経系を機能的役割ごとに分類すると，体性神経と自律神経に分けられる。さらに体性神経は，運動神経（筋に運動指令を伝える神経）

第 2 章　スポーツ生理学　23

図 2 − 5　神経系の解剖学的構造

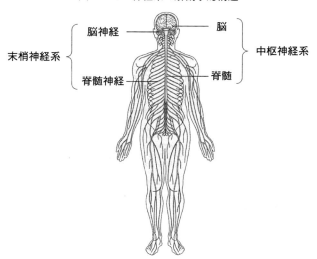

出所：Drake, R. L., Vogl, W., Mitchell, A. W. W., 塩田浩平・瀬口春道・大谷　浩・杉本哲夫（翻訳）『グレイ解剖学（原著第一版）』エルゼビアジャパン，2007 年，16 ページを一部改変。

と感覚神経（筋や皮膚からの感覚を脊髄に伝える神経）に分けられる。スポーツを行っていると，運動神経がよいとか悪いとか耳にするが，解剖学的に解釈するとスポーツの上手，下手に関わらずみな同じ運動神経を持っている。

　自分の意志で行う運動（随意運動）の指令は，脳の運動野を介して出される。運動野から出された「動け」という信号は脊髄を通って，アルファ運動神経を経由して筋へ伝わる。アルファ運動神経は図 2 − 6A のような形をしており筋線維につながっている。アルファ運動神経は，脳からの信号を時速約 250km 〜 432km の速さで伝えることができる。また，ある 1 つの筋には複数のアルファ運動神経が関与しており（図 2 − 6B），発揮する力の大きさによって活動する数が変化する。

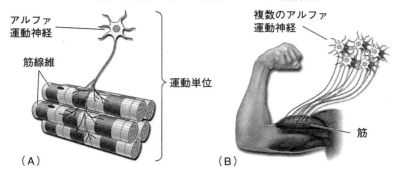

図2-6 （A）運動単位：アルファ運動神経と支配される筋線維群
　　　（B）骨格筋を支配する複数のアルファ運動神経

出所：McArdle, W. D., Katch, F. I., Katch, V. L., *Exercise Physiology* (7th), Williams & Wilkins, 2010, p.385 を一部改変。

(2) 力の調節と運動単位

　われわれは鉛筆を持つ時には小さな力を，米袋を運ぶ時は大きな力を発揮するように，スポーツの場面においても，場面に応じて力を調節する能力が必要となる。力の調節で重要な役割を果たしているのが運動単位である。運動単位とは，1つのアルファ運動神経とそれが支配する複数の筋線維を組み合わせたものである（図2-6A）。1個のアルファ運動神経が支配する筋線維の数は筋によって異なる。例えば，眼筋や指の筋のように微細な運動が必要な筋は数本の筋線維しか支配せず，大きな力が必要な上肢・下肢の筋は数百本の筋線維を支配する。

　運動単位には大きく3つの種類があり，小さな力を出すときに活動するもの（Sユニット），中くらいの力を出すときに活動するもの（FRユニット），大きな力を出すときに活動するもの（FFユニット）に分けられる（図2-7）。Sユニットは相対的に小さな運動神経であり，細い筋線維（遅筋線維）を支配している。FFユニットは相対的に大きな運動神経であり，太い筋線維（速筋線維）を支配している。FRユニットはその中間である。1つの運動単位が支配する筋線維の数は，Sユ

図2-7 力発揮に伴う各種運動単位の動員様相

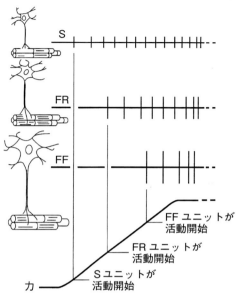

出所：米田継武「ニューロン活動から力学的出力へ」『バイオメカニクス研究』6，2002年，29ページを一部改変。

ニットよりもFFユニットの方が多いのが特徴である。これら3つの運動単位は，力の増大に伴ってS→FR→FFという順序で活動する（サイズの原理）。言い換えると，力の調節は活動する運動単位の数によって調節されているのである。

活動する運動単位の数の増加に加えて，力の大小を調節するもう1つの機構がある。それは，脳からの指令の頻度を変えることである（頻度変調）。ある運動単位に脳から1秒に20回の頻度で信号が伝わる場合と50回伝わる場合では，後者の方が大きな力を出すことができる仕組みになっている。この仕組みを利用して，ある1つの運動単位が出す力を増大させることが可能になる。

以上のように，力の大きさの調節は，活動する運動単位の数と頻度変調によって調節している。スポーツ場面において，うまく力の調節

ができる人とできない人の違いは，運動神経の良しあしではなく，運動単位へ到達する脳からの神経回路がうまく構築されているか否かの違いといえる。特に，幼少期において，さまざまな力調節を行う動作や運動を経験することで多くの神経回路を構築することが重要である。このような能力は協応性，敏捷性，平衡性という体力要素と関与する（本章第3節参照）。

(3) レジスタンストレーニングによる神経−筋系の適応

　スポーツ選手は，筋力を高めるためにレジスタンストレーニングを行う（第3節参照）。レジスタンストレーニングによって筋力が向上する理由は2つある。1つは神経系の適応であり，2つ目は筋が太くなるからである（筋肥大）。

　まず，レジスタンストレーニング初期（トレーニング開始1ヵ月～3ヵ月）に最大筋力が向上する要因は，神経系の適応によるところが大きい。神経系の適応とは，活動する運動単位の数の増大や，運動単位の活動するタイミングが同期化することであり，これによってより大きな力を発揮できるようになる（図2−8）。

　次に，レジスタンストレーニング中期以降に生じる最大筋力の向上には，筋が肥大することによるところが大きい。筋を構成する筋線維自体が肥大し，1つの筋線維が発揮できる力が向上するというメカニズムである。これまでの研究では，トレーニング方法によって，遅筋線維と速筋線維の肥大率が異なることがわかってきている。遅筋線維と速筋線維の含まれる割合は個人差があるため，同じトレーニングをしても肥大の仕方が変わってくる可能性もある。

　ところで，高齢になるとレジスタンストレーニングをしても若者ほど効果が得られないのではという声を耳にする。確かに若者に比べて高齢者は高重量を扱うことは困難であるが，適切なトレーニングを継続すれば筋力は必ず向上する。高齢者の場合，筋肥大よりも神経系の

図2−8 レジスタンストレーニングによる神経−筋系の適応

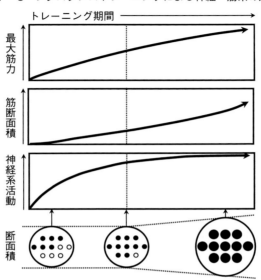

出所：健康・体力づくり事業財団『健康運動実践指導者養成テキスト』
南江堂，2009年，220ページを一部改変。

適応によって筋力が向上することがわかっている。

第2節　エネルギー供給，呼吸と循環

2−1　筋にエネルギーを供給する仕組み

(1) エネルギー供給機構と運動強度

　筋を動かすためにはエネルギーが必要となる。エネルギーは体内にあるアデノシン3リン酸（ATP）を分解するときに放出され，このエネルギーを使って筋が動く仕組みになっている。ATPは食事から得られる糖質（米，パン，パスタなど）と脂質（肉，魚の脂身部分など）を利用して作られる。

　人間のからだの中には，ATPを生み出す方法が3つある。1つ目

はATP-CP系，2つ目は解糖系，3つ目は有酸素性エネルギー供給
機構である。ATP-CP系は筋内にあるクレアチンリン酸を分解して
ATPを再合成する方法であり，解糖系は筋内の糖質（グリコーゲン）
を乳酸まで分解してATPを再合成してエネルギーを生成する方法で
ある。ATP-CP系と解糖系は無酸素性エネルギー供給機構に分類さ
れ，主に運動強度が高い場合に利用される。高強度の運動には一度
に大量のATPが必要になるが，筋内にあるクレアチンリン酸やグリ
コーゲンは限られているため，これらのエネルギー供給によって長時
間の運動を持続することはできない。

　一方，有酸素性エネルギー供給機構は主に運動強度が低い場合に利
用される。この機構では，酸素を利用して筋内でATPを再合成し，
その場で作られたATPを使って筋を動かすことができる。糖質や脂
質が体内にある限り，ATPを生み出すことができるので，長時間の
運動を持続することができる。

　一般的にパワー系のスポーツ種目では無酸素性エネルギー供給機構
が主に使われ，持久系のスポーツ種目では有酸素性のエネルギー供給
機構が主に使われるとされている。ただし，30秒程度で疲労困憊に
なる運動においても有酸素性エネルギー供給機構の貢献度は35％程
度あることから，パワー系の種目においても有酸素性エネルギー供給
能を高めることも必要である。

(2) 体脂肪を落とすために必要なエネルギー消費量

　ところで，先ほどエネルギーは糖質と脂質から作られるという説
明をしたが，エネルギーとして消費されなかった糖質や脂質は体内
に脂肪として蓄積される（体脂肪）。体脂肪1gを消費するために必要
なエネルギーは約7kcalとされており，体脂肪1kgを落とすために
は約7,000kcalを消費する必要がある。この7,000kcalを運動によっ
て消費しようとする場合，数十分から1時間程度の運動を1ヶ月以

上継続する必要がある。例えばウォーキングの場合，1km 歩くと体重 1kg あたり 0.5kcal 消費するため，体重 70kg の人が 1km ウォーキングすると 35kcal 消費することになる。ウォーキングの 1 歩の幅を 70cm とした場合，1 万歩ウォーキングすると 7km 歩いたことになり，35kcal × 7km ＝ 245kcal 消費する計算となる。この運動を 29 日継続すると，245kcal × 29 日 ＝ 7,105kcal，つまり体脂肪約 1kg 分のエネルギーを消費することになる。ジョギングの場合は，1km 走ると体重 1kg あたり 1kcal 消費するため，70kg の人が 1km ジョギングすると 70kcal 消費する。したがって，1 日 4km のジョギングをした場合，70kcal × 4km ＝ 280kcal の消費となる。この運動を 25 日継続すると，280kcal × 25 日 ＝ 7,000kcal（体脂肪約 1kg）のエネルギー消費となる。以上の計算からわかるように，一度のウォーキングやジョギングでは体脂肪をキログラム単位で落とすほどの消費カロリーにはならないため，数十分から 1 時間程度の運動を 1 ヶ月以上継続することが必要となる。以上のように，運動によって体脂肪を消費することは非常に大変であるため，食事によるカロリー摂取が 1 日の消費カロリーを上回らないようにすることも体脂肪を増やさないために重要な取り組みとなる。

(3) スポーツ選手に必要な栄養素と摂取方法

　スポーツ選手ならば知っておきたいエネルギー補給方法と，からだ作りに必要な栄養素とその摂取方法について紹介する。スポーツ選手のエネルギー源となる栄養素は糖質と脂質である。スポーツ選手の糖質摂取の目安は，1 日に体重 1kg あたり 7 〜 10g の糖質を毎日摂取することが推奨されている。体重 70kg の人であれば，490 〜 700g である。この分量の糖質をごはんだけで補給しようとすると，丼ご飯 4 〜 6 杯相当になる。さまざまなスポーツ種目の中でも持久系の種目（マラソン，トライアスロンなど）は，筋内に糖質を十分蓄えていなければ，

よいパフォーマンスを発揮することができない。練習が90分（自分自身が動いている時間）以上の場合は，高糖質な食事を毎日心がける必要がある。

　試合当日の食事は，消化・吸収にかかる時間を考えると，試合前の少なくとも3〜4時間前までにセッティングし，200〜300g程度の糖質（150g程度の普通茶碗のご飯4杯〜5杯程度）を摂取することが推奨されている。早朝に試合がある場合は，前夜の食事を糖質が豊富なものとし，夜食でも糖質の多い軽食を補給するなどして筋内のエネルギーレベルを高めておけば問題ない。

　次に，スポーツ選手のからだ作りに必要な栄養素，たんぱく質の摂取方法を紹介する。スポーツ選手はたんぱく質を1日に体重1kgあたり1.5g摂取することが推奨されている。体重70kgの人であれば，105gのたんぱく質が必要ということである。脂肪が少なくたんぱく質が多く含まれている肉は鶏肉と豚肉であり，100gあたり約20g前後のたんぱく質が含まれている。したがって，鶏肉だけでたんぱく質を摂取しようとすると，1日に約500gの鶏肉を食べる必要がある。レジスタンストレーニング後には，できるだけ早くたんぱく質を取ることが重要であるが，たんぱく質と同時に糖質も取ると筋タンパクの合成率が高いことがわかっている。特に，成長期の選手は，骨・筋を再合成するためのエネルギーが必要となるためレジスタンストレーニング後には糖質とたんぱく質を忘れずに摂取したい。

2－2　酸素を取り入れる呼吸器系の仕組み

（1）呼吸器系の構造と機能

　呼吸器系の主な役割は，酸素を体内に取り込み，二酸化炭素を体外へ排出することである。

　呼吸器系の主な構造は図2－9のようになっている。空気は口と鼻を通って，気道を通り肺へ移動する。この空気の吸い込みは，肺の下

第2章 スポーツ生理学　31

図2-9　呼吸器系の構造

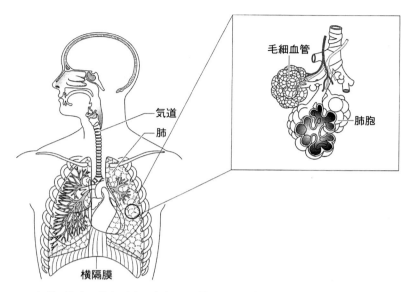

出所：健康・体力づくり事業財団『健康運動実践指導者養成テキスト』
　　　南江堂，2009年，18ページを一部改変。

にある横隔膜が収縮して下降することによって生じる。肺は小さな球状の肺胞で構成されている。このような構造をしているのは表面積を大きくし，より多くの酸素をとりこむためである。すべての肺胞を広げると，テニスコート半面分もの広さになる。肺胞の膜は非常に薄く，膜の周りには毛細血管が張り巡らされている。酸素はその薄い膜を通過して血液中の赤血球内のヘモグロビンと結合して血液の流れに乗って体内を循環する。

(2) 換気量と運動

　運動をすると多くの酸素が必要となり，1回の呼吸で吸い込む空気の量（1回換気量）と，1分間あたりの呼吸の回数（呼吸数）が増加する。両者を掛け合わせたものを分時換気量といい，運動強度が上がる

につれて増加する。安静時の1回換気量は約500ml程度であり，呼吸数は10〜15回程度である。運動時の最大1回換気量は2.0〜2.5ℓ，最大呼吸数は40〜80回であり，最大分時換気量は100〜150ℓ／分程度に達する。競技者の場合，180〜190ℓ／分まで到達する場合もある（青木，1989）。

(3) 最大酸素摂取量と無酸素性作業閾値

　酸素を1分間にどれだけ多く体内に取り込めるかという指標を最大酸素摂取量（$\dot{V}O_2max$）という。マラソンなど全身持久力を必要とする競技スポーツ選手は最大酸素摂取量が高い。また，最大酸素摂取量は一般人の健康にも大きく関わっている。例えば，成人男性を最大酸素摂取量の高い人と低い人に分けて，長期的な慢性疾患や死亡者数を調査すると，最大酸素摂取量が低い人の方が死亡する危険度が高くなることがわかっている。

　全身持久力に関わるもう1つの生理学的指標として無酸素性作業閾値（anaerobic threshold：AT）がある。無酸素性作業閾値は，運動強度を上げていくとき，利用するエネルギー供給機構が，有酸素性に加えて無酸素性エネルギー供給機構が多く動員されるポイントを示すと考えられている。無酸素性作業閾値は専門的な機器がないと測定できないが，最大酸素摂取量よりも持久的パフォーマンスとの関連が高いことが明らかにされている（荻田，2009）。長時間の持久的な競技スポーツの指導現場においては，この指標を使って，さまざまな強度設定でトレーニングが行われている。今後，科学的なデータの蓄積によって，種目別，対象者別に，どの強度でのトレーニングが適切かという指針が構築されることが望まれる。

2−3　酸素を運ぶ循環器系の仕組み

(1) 循環器系の構造と機能

　循環器系の主な役割は，血液を全身に循環させることである。これにより，酸素や栄養分が全身に運ばれ，代謝によって産生した二酸化炭素や代謝産物を運び去ることができる。循環器系は心臓と血管で構成される。心臓は血液循環の駆動源であり，血管は心臓と各器官を結ぶ通路である。心臓は，右心房，右心室，左心房，左心室の4つの部屋に分けられる（図2−10）。酸素を多く含んだ血液（動脈血）は，肺静脈を通って左心房から左心室へ移動し，心臓の拍動とともに大動脈を通って全身へ運ばれる。一方，二酸化炭素を多く含んだ血液（静脈血）は大静脈に集まり右心房から右心室へ移動する。静脈血は肺動脈を通って肺へ運ばれ，呼吸によって得られた新たな酸素を受け取り心臓（左心房）へ戻る（図2−10）。なお，成人の場合，心臓から出た血

図2−10　循環器系の構造

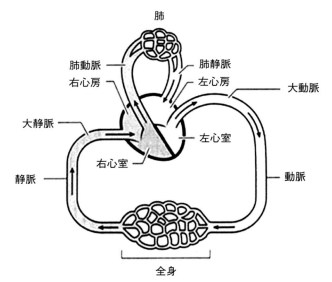

出所：健康・体力づくり事業財団『健康運動実践指導者養成テキスト』
　　　南江堂，2009年，19ページを一部改変。

液が再び心臓に戻るまでには約1分間かかる。

(2) 心拍出量と運動

1分間に心臓から出される血液量を心拍出量（しんはくしゅつりょう）という。走るスピードをあげると心拍出量（ml／分）が増大する。1回の拍動から出される血液量を1回拍出量（ml／回）といい，1分間の拍動数を心拍数（拍／分）という。心拍出量は1回拍出量に心拍数を乗じたものである。運動強度と心拍数には直線関係があり，心拍数は脈拍から簡単に測定することができる。そのため，スポーツの指導において個人の負荷強度を知るために心拍数の測定が広く活用されている。また，健康づくりのための運動処方においては，心拍数を基に運動実施者の負荷強度を推定し，運動プログラムの作成に役立てている。

人間の最大心拍数は「220－年齢」という式から推定される。個人差はあるが，競技者と一般人の差はそれほど大きくない。一方，1回拍出量は一般人に比べ競技者の方が高い。一般成人では80〜120ml／回であるが，持久的スポーツ選手では200ml／回を超える場合もあると報告されている。持久的トレーニングによって，左心室の収縮力が向上し，左心室内腔が大きくなることで1回拍出量が増加する。その結果，心拍出量が増加し，高い運動強度での運動の持続が可能となる。

(3) 筋ポンプ作用とスポーツ用コンプレッションウエア

体内の血液は約4〜6リットル（体重の約1/13）あり，そのうち約75％は静脈血である。静脈は血管内に弁が存在し，心臓へ戻る静脈血の流れ（還流（かんりゅう））が逆流しない構造をしている。静脈は動脈に比べて変形しやすく，血液を多く貯蔵できるようになっており，静脈血は重力の影響を受けて下肢（かし）に多く溜まっている。静脈血は，二酸化炭素や老廃物が含まれているため，長時間の立位姿勢や座位姿勢が続き下肢の筋内に貯留すると，筋の収縮機能に悪影響を及ぼす。そのため，体内

には静脈の還流を促進する作用が存在し，静脈血が長時間体内の同じ場所にとどまらないようになっている。

　静脈の還流を促進する作用は，心臓のポンプ作用による駆動圧によるもの，筋ポンプ作用，呼吸ポンプ作用などがある。その中でも，スポーツをする時は筋ポンプ作用が活発に作用する。筋ポンプ作用とは，筋が収縮すると，隣接する静脈が圧迫されて，静脈の還流が通常よりも増加する作用である。歩行やランニング中，ふくらはぎや太ももの筋が収縮し，下肢に溜まっていた静脈血が心臓へ戻り，その分酸素を多く含んだ動脈血が全身に循環する仕組みになっている。

　近年，スポーツ現場において，血液循環の促進による疲労回復等を目的として，末梢から中枢方向に段階的に着圧を高めるコンプレッションウエアが広く普及している。コンプレッションウエアには筋の疲労が軽減される着圧と軽減されない着圧があること（Miyamoto ら，2012）やレジスタンストレーニング後の最大筋力の回復促進に貢献する報告（Goto ら，2014）もされているが，これらの結果が生じる詳細なメカニズムまでは明らかにされていない。

第３節　体力とトレーニング

３－１　トレーニングの３原理５原則

　現在，日本のスポーツ現場では，さまざまなトレーニング理論や方法論がある。トレーニング効果を高めるためには，トレーニングの３原理５原則を理解した上で適切なトレーニング種目，負荷や頻度を設定することが重要である。

　トレーニングの３原理は「特異性の原理」，「過負荷の原理」，「可逆性の原理」であり，生理学的な知見に基づく原理である（表２－１）。５原則とは，「全面性の原則」，「漸進性の原則」，「意識性の原則」，「個別性の原則」，「反復性の原則」であり，教育学やコーチング学の視点

表2-1　トレーニングの3原理

3原理	概要
特異性の原理	実施したトレーニング刺激に対して身体は特異的に適応する
過負荷の原理	ある一定以上の負荷を越えなければ身体の機能は向上しない
可逆性の原理	トレーニングをやめるとトレーニング実施前の機能レベルに戻る

表2-2　トレーニングの5原則

5原則	概要
全面性の原則	さまざまな体力要素や全身をバランスよく鍛えること
漸進性の原則	段階を追ってトレーニング内容をレベルアップさせること
意識性の原則	トレーニングの目的や鍛えている部位や機能を意識して行うこと
個別性の原則	年齢，性別，体力レベルなどの個人差を考慮してトレーニングすること
反復性の原則	期待する効果はトレーニングを反復してはじめて得られること

から重要視されている原則である（表2-2）。

3-2　体力とトレーニング

(1) 体力の概念

　体力の概念についての議論は諸説あるが，本節では猪飼（1969年）の概念を基に話を進める。彼の概念によると，体力は身体的要素と精神的要素に分けられる（図2-11）。スポーツにおいて必要な体力は，身体的要素を中心に取り扱うことが多く，現在の文部科学省で実施している新体力テストは，身体的要素の行動体力にあてはまる。ここでは，身体的要素の行動体力に焦点をあてて体力要素を概説する。

　猪飼（1969）は身体的要素の行動体力を形態と機能に分類し，形態は体格と姿勢，機能は，筋力，敏捷性・スピード，平衡性，協応性，持久力，柔軟性に分類している。本節では，これにパワーを加えて説明する。なお，すべての体力要素は完全に独立しているわけではなく，重なる部分もあることをあらかじめ理解して読み進めてもらいたい。

　競技スポーツにおいては，体力要素のすべてを向上させることが理

図2-11 体力の構成要素

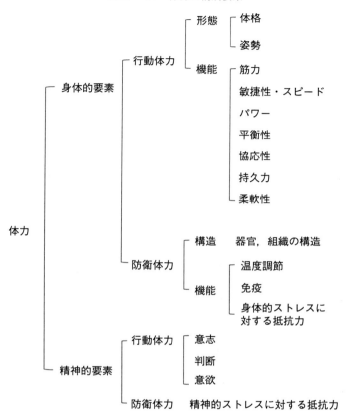

出所：猪飼道夫『運動生理学入門 改訂版』杏林書院, 1969年, 144ページを一部改変。

想であるが，限られた時間の中で成果を上げるためには，優先順位を決めてトレーニングする方がよい。一方，健康スポーツに関連する体力要素として厚生労働省では，全身持久力，筋力，平衡力，柔軟性，体格（身体組成）を挙げている。読者のトレーニング目的に応じて，以下に紹介する体力要素を理解したうえで，意識性の原則を意識しながらトレーニングに励んでもらいたい。

（2） 体力要素とトレーニング

　ここでは各体力要素とその測定方法，評価基準やトレーニング方法について大まかに紹介する。詳細な内容については他の専門書（北川，2011；高松，2019；平山，2021；松林，2020；山本，2021）を手に取って理解を深めていただきたい。

＜体　格＞

　体格は，身長，体重，腹囲，体脂肪率，BMI（body mass index）といった指標にて評価される。これらの測定は，健康診断や体力測定では必ず行われている。健康という観点からみると，体格は病気のリスクと関連がある。例えば，メタボリックシンドロームの判断基準の1つとして，おへそまわりの腹囲が用いられている。日本では，男性は85cm 以上，女性は90cm 以上が判断基準となっている。またBMI〔＝体重（kg）÷｛身長（m）｝^{2}〕が，25 以上であると肥満と判定される（日本肥満学会，2011）。

　一方，競技スポーツという観点からみると，競技や同じ競技においてもポジションによって望ましい身体組成は異なることから，競技者は目指すレベルの数値を参考にして体力トレーニングを計画，実施することが大切である。

＜筋　力＞

　筋力はどれだけ大きな力を発揮できるかという指標である。一般的な体力テストでは握力や背筋力などで測定する。一方，競技スポーツの現場では，フリーウエイトを用いて1回持ち上げられる最大の重さ（最大挙上重量：1RM）によって評価することが多い。

　筋力は健康増進のために必要不可欠な体力要素である。特に，高齢者は加齢とともに全身の筋力が低下し，上半身よりも下半身においてその低下は顕著である。健康的な生活を送るためにも，日常生活が支

障なくできる下半身の筋力を維持したい。

＜レジスタンストレーニング＞

　筋力，パワー，筋持久力などを高めるために，ウエイトや弾性チューブなどを用いて，筋に負荷や抵抗（レジスタンス）をかけて行う運動は総称してレジスタンストレーニングという。筋力，パワー，筋持久力の増大は，多くの人々の健康を増進させ，アスリートの競技力を向上させる。安全にレジスタンストレーニングを実施し，トレーニング効果を最大限に引き出すためには，科学的な根拠に基づいた適切なプログラムを計画し実践することが重要である。例えば，全米ストレングス＆コンディショニング協会のガイドライン（2016）によると，数ヶ月のトレーニング経験がある人は，最大筋力を高めるためには，週２〜３回，1RM の85％以上の負荷を用いて，６回以下の反復回数を２〜６セット，２〜５分間の休息を挟んで実施することが推奨されている。最大筋力の他にも，単発動作の最大パワー，連続動作の最大パワー，筋肥大，筋持久力の目的別に，トレーニングする際の負荷，反復回数，セット数，休息時間のガイドラインが提示されている（表2 - 3)。レジスタンストレーニングを実施する際には，トレーニング指導資格を有した指導者のもと，これらのガイドラインに沿って安全にトレーニングを進めることが望ましい。

表２－３　レジスタンストレーニングの目的毎の適切なトレーニング変数

トレーニングの目的	負荷 （％ 1RM）	目標反復回数	セット数	セット間 休息時間
最大筋力	85 以上	6 回以下	2 － 6	2 － 5 分
パワー（単発動作）	80 － 90	1 － 2	3 － 5	2 － 5 分
パワー（連続動作）	75 － 85	3 － 5	3 － 5	2 － 5 分
筋肥大	67 － 85	6 － 12	3 － 6	30 秒 － 1.5 分
筋持久力	67 以下	12 回以上	2 － 3	30 秒以上

出所：Haff, G. G. and Triplett, N. T., *Essentials of strength training and conditioning* (4th),
　　Human kinetics, 2016, pp.439-467 の表 17.1 〜 17.12 を元に作成。

一方，2000 年以降の研究から，このようなガイドラインとは異なるトレーニング方法を用いて，従来の方法と同等あるいはそれ以上のトレーニング効果が得られることが明らかにされている。例えば，上腕や大腿部に特殊なベルトを巻いて血流を制限してトレーニングを実施する加圧トレーニングという方法がある。この効果を検証した報告によると，加圧した状態での 1RM の 50％（50％ 1RM）以下のトレーニングと加圧なしの 80％ 1RM のトレーニングを比較した場合，両者とも同程度の筋肥大効果，最大筋力の向上がみられている（Takarada ら，2000）。

また，一般的なガイドラインよりも低強度（30％ 1RM）の負荷で疲労困憊まで反復した際の筋肥大効果は，80％ 1RM を疲労困憊まで反復した際と有意な差がないことも明らかにされている（Ogasawara ら，2013）。その他にも，中強度（50％ 1RM）の負荷を用いて遅い動き（7 秒）にてトレーニングを実施すると，高強度（80％ 1RM）の通常の動き（2 秒）のトレーニングと同程度の筋肥大，最大筋力の向上効果が得られることも報告されている（Tanimoto と Ishii，2005）。このような低・中強度の負荷によるトレーニングは，高強度よりも筋や関節を痛める危険性が低くなるため，運動習慣のない人や高齢者を対象としたトレーニング方法として活用できると考えられる。

2010 年代からは，競技スポーツにおいて，トレーニング動作の動作速度に着目した Velocity-based トレーニング（VBT）が注目されている。このトレーニング方法は，バーベルに小型の慣性センサー等を取り付けてバーベルの挙上速度をリアルタイムに確認しながら行うものである。従来の 1RM に対するパーセンテージを基準にした挙上回数よりも少ない挙上回数で同程度の最大筋力向上効果が見られることが報告されており（Orange ら，2019），最大筋力を高めるためには，必ずしも疲労困憊まで反復する必要はないことが示されている。この他にも，伸張性収縮に着目したエキセントリックトレーニングも研究

が進められている。エキセントリックトレーニングには，等速性筋力計を用いたもの，伸張性収縮局面に高い負荷を加える Accentuated Eccentric load トレーニング（Wagle ら，2017）があり，筋肥大，最大筋力や最大パワーなどが従来のトレーニングよりも向上することが示されている（Douglas ら，2017）。高齢者に対しては，強度の低いエキセントリックトレーニングが有効であることが示されている。例えば，短縮性収縮が多い階段上りのみの運動と伸張性収縮が多い階段下りのみの運動の効果を比較した場合，階段下り運動の方が筋力や他の運動能力が向上することが報告されている（Chen ら，2017）。

　以上のように，従来のレジスタンストレーニング方法に加えて，新たなトレーニング方法に関する有効性が科学的に証明されてきている。今後，このような新たなトレーニング方法が広く普及し，多くの人々の健康が増進し，多くの競技者のパフォーマンスが向上することを期待したい。

＜敏捷性・スピード＞

　敏捷性・スピードは，「反応するまでの素早さ」と「動作自体の素早さ」から構成されている。前者は，さらに「動作開始の素早さ」と「動作の切り換えの素早さ」に分けられる。後者は，「動作の速さ」と「身体の一部を動かす速さ」に分けられる（図 2 – 12）。いずれの要素も神経系の活動や筋の収縮速度が重要な役割を果たしている。

　一般的な体力テストでは，若者は反復横跳びと 50m 走，高齢者の場合は 10m 障害物歩行が用いられる。競技スポーツにおいては，競技特性に応じた敏捷性・スピードテスト（5m シャトルランなど）が行われる。いずれのテストも，決められたコースをいかに短い時間で動けたかという基準で評価される。これは「動作の速さ」に重点を置いたテスト項目であり，「反応の素早さ」はテスト結果にそれほど大きな影響を与えない。

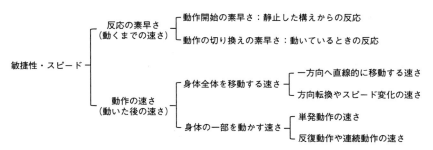

図2-12 敏捷性・スピードの構成要素

出所：麻井祥夫「Ⅱ-3-B 敏捷性・スピード」北川　薫編『トレーニング科学』文光堂，2011年，98～112ページ。

　競技スポーツ（特に球技系種目）においては，「動作の速さ」に加えて「反応の素早さ」という要素も必要になる。相手の動作やボールの動きを素早く判断し素早く動き始める能力である。これは状況判断能力ともいわれる。この能力は前述したようなトレーニングによって向上させることは難しく，試合や練習中に鍛えられる能力といえる。

＜パワー＞

　パワーを構成している要素は「力」と「速度」である。したがって，「筋力」と「動作の速度」のどちらかを向上させればパワーが向上する。競技スポーツでは，求められるパワーは種目によって異なるため，特異性の原理に基づき，実施している競技に求められるパワー発揮能力を明確にしてトレーニングメニューを選択することが大切である。

　例えば，野球での投球動作や打撃動作は，全身の関節を使うこと，下肢で生み出したパワーを体幹，上肢を介してボールやバットに伝えること，動作スピードが速いという競技特性がある。そのため，比較的軽いメディシンボールを，全身を使って投げるトレーニングなどを取り入れる必要がある。一方，ウエイトリフティング競技では，全身の関節を使うこと，高重量を挙上するという競技特性がある。そこで，

まずは高重量を持ち上げられる筋力を身につけるために，最大筋力を向上させるトレーニングを優先する必要がある。その他には，競技によってパワーを短時間発揮するだけで終わる競技もあれば，パワー発揮を何度も繰り返す競技もあるため，トレーニングメニューを作成する際には，パワーの持続性という点も考慮する必要がある。

＜平衡性（バランス能力）＞

平衡性はバランス能力と言い換えることができる。バランス能力は，ある一定の姿勢を保持する静的なバランス能力と，からだを動かしながら倒れることなく姿勢を保つことができる動的なバランス能力に分けられる。バランス能力には，主に神経と筋の機能が関与している。神経の機能は，体性感覚（皮膚感覚や運動感覚），前庭感覚（頭部の速度変化）および視覚などであり，筋の機能は，筋力，筋持久力および運動制御能力（姿勢を保持調整する能力など）である。

静的なバランス能力を測定する方法として，開眼あるいは閉眼片脚立ちがある。動的な平衡力を測定する方法として，ファンクショナルリーチテストがある。バランス能力は高齢者の健康にとって重要な体力要素であり，転倒予防という観点からもバランス能力を低下させないことが大切である。

＜協応性＞

協応性はいかに身体各部位を意のままに動かせるかという能力であり，敏捷性や平衡性と重複する部分がある。協応性はコーディネーション能力とも言われ，諸説あるが，バランス能力，リズム能力，反応能力，操作能力，認知能力の5つの要素から構成されると言われている（望月，2011）。協応性は体力テストでは，ハンドボール投げ，立ち幅跳びなど全身をうまく使えるかという観点から評価されている。

協応性をはじめ敏捷性や平衡性には神経系の機能が大きく関わって

いる。神経系の機能は3歳頃から9歳頃までの発達度合いが大きい。したがって，この時期に走る，跳ぶ，投げる，捕る，蹴る，回る，登る，泳ぐ，漕ぐ，滑るなどさまざまな動きを数多く経験させることがその後のさまざまな競技スポーツの競技力向上に役立つと考えられる。

<持久力>

　持久力は全身持久力と筋（局所）持久力に分けられる。全身持久力は走る，泳ぐ，漕ぐ，投げるなど全身を使った動作を強度に関わらずいかに長く持続できるかという能力である。筋持久力とは，ある動作を長く持続できるかという能力である。両者は完全に分けられるものではなく重なる部分も存在する。前者は，1,500m走や20mシャトルランが，後者は上体起こしが代表的なテストである。

　健康的なからだを維持するためには，全身持久力は非常に大切な要素である。全身持久力は他の体力要素に比べ早い時期（20歳以降）から低下する要素であり，この要素が低いレベルにあると生活習慣病にかかるリスクや死亡するリスクが高くなる。2013年に厚生労働省が提示したガイドライン「健康づくりのための身体活動基準2013」では，18歳〜65歳の場合，日常生活の中で歩行運動を毎日60分以上，それに加えて，息がはずみ汗をかく程度の運動を週に60分実施することが推奨されている。一方，65歳以上の場合，「横になったままや座ったままでなければどんな動きでもよいので身体活動を毎日40分行う」ことが提言されている。全身持久力の低下を防ぐために，個人の体力レベルに合わせて，ウォーキング，ジョギング，サイクリングなどの時間を毎日プラス10分だけでも実施することをお勧めする。

<柔軟性>

　柔軟性は，ある関節をどれだけ広い範囲で動かせるかという能力である。柔軟性は静的柔軟性と動的柔軟性に分けられる。また，静的柔

軟性は受動的なものと能動的なものに分けられる。一般的な体力テストでは，柔軟性は，長座体前屈のように身体の末端部位の移動距離から評価されることが多い。一方，病院での診断や障害後のリハビリテーションなどでは，関節可動域によって評価することもある。また，トレーナーなどは筋を触った感触から筋が柔らかい，硬いという評価をすることもある。

　柔軟性を高めるためには，ストレッチングが有効である。ストレッチングとは関節を曲げたり伸ばしたりすることによって筋や腱を伸ばすことであり，これによって関節可動域が広がる。柔軟性を高めるためには，筋が温まった状態で，ゆっくりと痛みの出ない範囲で 10 ～ 30 秒間伸ばし続けるスタティックストレッチングが有効な手段である。最大可動域付近での動作や運動が少なくなると動作の範囲が狭まり，日常動作に支障が出てくる（歩行の歩幅減少，腕が真上にあがらないなど）。そのため，ストレッチングなどを有効に活用して日常生活に支障が出ない程度の柔軟性を確保しておきたい。

（3）体力と技術力（スキル）

　「競技力」＝「体力」×「技術力」×「精神力」とすると，技術力の向上なくして競技力の向上は成し得ない。技術力の定義は難しく，スキル，テクニック，センスあるいは巧さなどと言い換えることができるが，ここでは大築（1996）が提案する「スキル」の概念を技術力として紹介する。

　大築（1996）によると，スキルは図 2 - 13 のような要素から構成される。このような要素から競技スポーツの動作を分析することは，適切なトレーニングメニューを提示するために必要不可欠であるといえる。目的とする動きができないのは「センスがないからだ」という一言で済ませるのではなく，どのスキル要素が足りないのかを指導者が分析し，選手に明示することが大切である。しかし，現時点では各

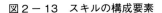

図2-13 スキルの構成要素

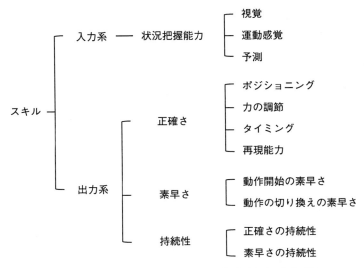

出所:大築立志「7-2. 神経」日本トレーニング科学研究会(編)『トレーニング科学ハンドブック』朝倉書店,1996年,234ページを一部改変。

スキル要素のトレーニング方法は体系的に構築されておらず,指導者の経験則によって指導されているのが現状である。

3-3 スポーツと遅発性筋痛

　スポーツや運動を行った翌日以降に,筋に痛みを感じることは誰もが経験したことがあるだろう。このような運動後数時間から24時間経過した後に生じる筋の痛みを遅発性筋痛(Delayed-onset muscle soreness:DOMS,以下,筋痛と略す)という。筋痛の大きさには個人差があるものの24～72時間後にピークに達し,1週間程度で自然に消滅する。筋痛が発生するメカニズムに関しては諸説あるが,いまのところ筋に蓄積した乳酸が原因ではなく,微小な筋の損傷や炎症反応に起因すると考えられている(Armstrongら,1984)。しかし,筋痛の大小と筋の損傷の大小が一致しないこと,一般的な炎症に効果がある

第2章　スポーツ生理学　47

図2−14　サッカーの試合後の遅発性筋痛および運動パフォーマンスの変化

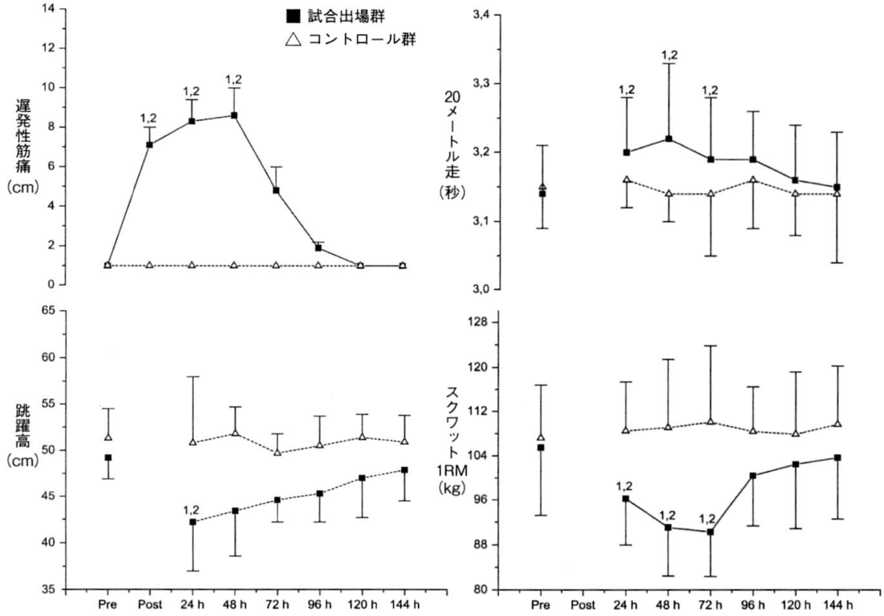

出所：Ispirlidis, I., Fatouros, I. G., Jamurtas, A. Z., Nikolaidis, M. G., Michailidis, I.,
Douroudos, I., Margonis, K., Chatzinikolaou, A., Kalistratos, E., Katrabasas, I.,
Alexiou, V., Taxildaris, K., "Time-course of changes in inflammatory and per-
formance responses following a soccer game", *Clin J Sport Med*, 18, 2008, p.245
の図1と図3を一部改変し作成。図中の1は試合前から有意な変化（$p < 0.05$）
を示し，2は群間に有意な差（$p < 0.05$）があることを示している。

抗炎症薬の効果がほとんどみられないことから，筋の損傷や炎症だけ
では筋痛のメカニズムを十分に説明できないことが指摘されている
（MizumuraとTaguchi，2016）。また，筋痛の大きさと筋の損傷や炎症
の変化量との相関関係は低く（NosakaとClarkson，1996），筋痛のピー
ク時に最大筋力や跳躍高などの運動パフォーマンスが最も低下してい
るとは限らない（Ispirlidisら，2008；図2−14）。それゆえ，筋痛の大
小のみから筋の損傷や炎症の程度を判断することや，筋痛が軽減した
ことを理由にして運動パフォーマンスも回復していると決めるつける
ことは避けた方がよい。

筋痛に関して，これまでに得られた科学的な知見をまとめると，筋痛は短縮性収縮よりも伸張性収縮による運動後に強く生じること（CleakとEston, 1992），同じ伸張性運動を数週間空けて2回実施すると，1回目よりも2回目の運動後の方が筋痛は軽減すること（Nosakaら，1991），筋痛時に筋痛を誘発した同様の伸張性運動を繰り返してもさらなる筋痛の増大はみられないこと（NosakaとClarkson, 1995），上肢の筋よりも下肢の筋の方が筋痛の程度は小さいこと（Chenら，2011），トレーニング経験者と未経験者との間には筋痛の大きさに差はないこと（Newtonら，2008），トレーニング後の筋痛が大きい程，最大筋力のトレーニング効果が大きいとは限らないこと（NosakaとNewton, 2002a），青年期前の子ども（9-10歳）は青年期の子ども（14-15歳）や成人（20-25歳）と比べて筋痛の程度が小さいこと（Chenら，2014），高齢者・中年と若者で筋痛が起こるタイミングは同じであるがその程度は若者の方が大きいこと（LavenderとNosaka, 2008）などが挙げられる。

3－4　トレーニングの実践・指導に必要な筋，骨，動きおよび身体部位の名称

スポーツを専門的に学ぶ人やスポーツ指導に関わる人ならば知っておきたい骨格筋の主な名称，骨の主な名称，動きの名称および身体部位の名称を紹介する。

図2－15　筋の名称

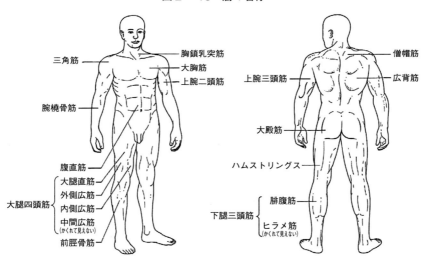

出所：川上泰雄「Ⅱ-2-①身体構造と力学的要因」佐藤祐造・川久保清・田畑　泉・樋口　満（編集）『健康運動指導マニュアル』文光堂，2008年，100ページ。

図2－16　骨の名称

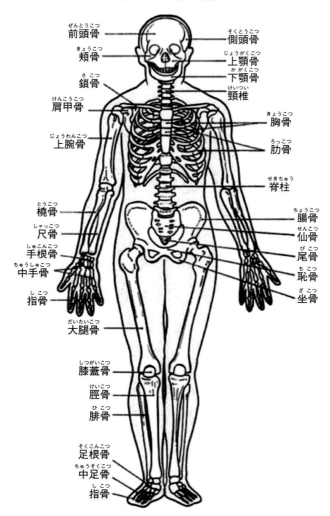

出所：健康・体力づくり事業財団『健康運動実践指導者養成テキスト』
　　　南江堂，2009年，36ページ。

第 2 章 スポーツ生理学 51

図 2 − 17 動きの名称

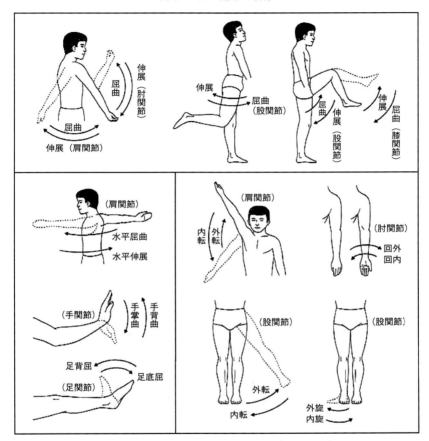

出所：柳谷登志雄「Ⅱ-2-②関節運動と全身運動」佐藤祐造・川久保清・田畑　泉・樋口　満（編集）『健康運動指導マニュアル』文光堂，2008 年，106 ページ。

図2-18 身体部位の名称

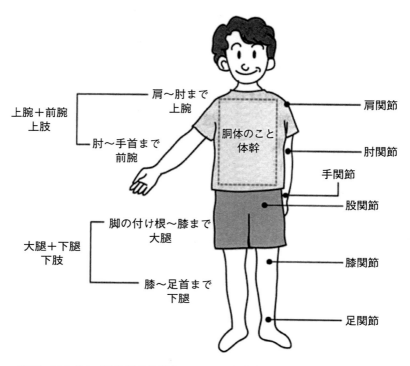

出所：福永哲夫『貯筋運動指導者マニュアル』保健同人社，2006年，8ページ。

第２章　スポーツ生理学　53

主要引用・参考文献

Armstrong, R. B., "Mechanisms of exercise-induced delayed onset muscular soreness: a brief review", *Med Sci Sports Exerc*, 16, 1984, pp.529-538.

Chen, T. C., Lin, K. Y., Chen, H. L., Lin, M. J., Nosaka, K., "Comparison in eccentric exercise-induced muscle damage among four limb muscles", *Eur J Appl Physiol*, 111, 2011, pp.211-223.

Chen, T. C., Chen, H. L., Liu, Y. C., Nosaka, K., "Eccentric exercise-induced muscle damage of pre-adolescent and adolescent boys in comparison to young men", *Eur J Appl Physiol*, 114, 2014, pp.1183-1195.

Chen, T. C., Hsieh, C. C., Tseng, K. W., Ho, C. C., Nosaka, K., "Effects of Descending Stair Walking on Health and Fitness of Elderly Obese Women", *Med Sci Sports Exerc*, 49, 2017, pp.1614-1622.

Cleak, M. J., Eston, R. G., "Delayed onset muscle soreness: mechanisms and management", *J Sports Sci*, 10, 1992, pp.325-341.

Douglas, J., Pearson, S., Ross, A., McGuigan, M., "Chronic Adaptations to Eccentric Training: A Systematic Review", *Sports Med*, 47, 2017, pp.917-941, doi: 10.1007/s40279-016-0628-4.

Goto, K., and Morishima, T., "Compression garment promotes muscular strength recovery after resistance exercise", *Med Sci Sports Exerc* 46; 2014, pp.2265-2270.

Ispirlidis, I., Fatouros, I. G., Jamurtas, A. Z., Nikolaidis, M. G., Michailidis, I., Douroudos, I., Margonis, K., Chatzinikolaou, A., Kalistratos, E., Katrabasas, I., Alexiou, V., Taxildaris, K., "Time-course of changes in inflammatory and performance responses following a soccer game", *Clin J Sport Med*, 18, 2008, pp.423-431.

Lavender, A. P., Nosaka, K., "Changes in markers of muscle damage of middle-aged and young men following eccentric exercise of the elbow flexors", *J Sci Med Sport*, 11, 2008, pp. 124-131.

McArdle, W. D., Katch, F. I., Katch, V. L., *Exercise Physiology* (7th), Williams & Wilkins, 2010, p.385.

Miyamoto, N., Hirata, K., Mitsukawa, N., Yanai, T., Kawakami, Y., "Effect of pressure intensity of graduated elastic compression stocking on muscle fatigue following calf-raise exercise", *J Electromyogr Kinesiol*, 21, 2011, pp.49-54. doi: 10.1016/j.jelekin.2010.08.006.

Mizumura, K., Taguchi, T., "Delayed onset muscle soreness: Involvement of neurotrophic Factors", *J Physiol Sci*, 66, 2016, pp.43-52.

Newton, M. J., Morgan, G. T., Sacco, P., Chapman, D. W., Nosaka, K., "Comparison of responses to strenuous eccentric exercise of the elbow flexors between resistance-trained and untrained men", *J Strength Cond Res*, 22, 2008, pp.597-607.

Nosaka, K., Clarkson, P. M., McGuiggin, M. E., Byrne, J. M., "Time course of muscle adaptation after high force eccentric exercise", *Eur J Appl Physiol Occup Physiol*,

63, 1991, pp.70-76.

Nosaka, K., Clarkson, P. M., "Muscle damage following repeated bouts of high force eccentric exercise", *Med Sci Sports Exerc*, 27, 1995, pp.1263-1269.

Nosaka, K., Clarkson, P. M., "Changes in indicators of inflammation after eccentric exercise of the elbow flexors", *Med Sci Sports Exerc*, 28, 1996, pp.953-961.

Nosaka, K., Newton, M., "Concentric or eccentric training effect on eccentric-induced muscle damage", *Med Sci Sports Exerc*, 34, 2002, pp.63-69.

Ogasawara, R., Loenneke, J. P., Thiebaud, R. S., Abe, T., "Low-load bench press training to fatigue results in muscle hypertrophy similar to high-load bench press training", *Int J Clin Med*, 4, 2013, pp.114-121.

Orange, S. T., Metcalfe, J. W., Robinson, A., Applegarth, M. J., Liefeith, A. "Effects of In-Season Velocity- Versus Percentage-Based Training in Academy Rugby League Players", *Int J Sports Physiol Perform* 30: 2019, pp.1-8.

Tanimoto, M., Ishii, N., "Effects of low-intensity resistance exercise with slow movement and tonic force generation on muscular function in young men", *J Appl Physiol* (1985), 100, 2006, pp.1150-1157.

Wagle, J. P., Taber, C. B., Cunanan, A. J., Bingham, G. E., Carroll, K. M., DeWeese, B. H., Sato, K., Stone, M. H., "Accentuated Eccentric Loading for Training and Performance: A Review", *Sports Med*, 47, 2017, pp.2473-2495.

青木純一郎「第 4 章 運動と呼吸循環」石河利寛・杉浦正輝（編）『運動生理学』建帛社，1989 年，145 〜 182 ページ。

北川　薫編『トレーニング科学』文光堂，2011 年。

浅見俊雄『スポーツトレーニング』朝倉書店，1985 年，16 〜 20 ページ。

猪飼道夫『運動生理学入門 改訂版』杏林書院，1969 年，143 〜 173 ページ。

大築立志「7-2. 神経」日本トレーニング科学研究会（編）『トレーニング科学ハンドブック』朝倉書店，1996 年，228 〜 242 ページ。

小澤瀞司・福田康一郎（総編集）『標準生理学（第 7 版）』医学書院，2009 年。

荻田　太「無酸素性作業閾値（AT）」『トレーニング科学』21, 2009 年，257 〜 268 ページ。

勝田　茂編著『入門運動生理学 第 3 版』杏林書院，2007 年。

川上泰雄「Ⅲ -3.3 筋出力の推定」深代千之・桜井伸二・平野裕一・阿江通良（編著）『スポーツバイオメカニクス』朝倉書店，2000 年，126 〜 130 ページ。

佐藤祐造・川久保清・田畑　泉・樋口　満（編集）『健康運動指導マニュアル』文光堂，2008 年。

健康・体力づくり事業財団『健康運動実践指導者養成テキスト』南江堂，2009 年。

厚生労働省「健康づくりのための身体活動基準 2013」，2013 年。

高松薫『体力トレーニング論』大修館書店，2019。

樋口　満（編著）『新版コンディショニングのスポーツ栄養学』市村出版，2007 年。

Drake, R. L., Vogl, W., Mitchell, A. W. W., 塩田浩平・瀬口春道・大谷　浩・杉本哲夫

第 2 章　スポーツ生理学　55

　　（翻訳）『グレイ解剖学（原著第 1 版）』エルゼビアジャパン，2007 年，16 ページ。
日本肥満学会「肥満症診断基準 2011」『肥満研究』臨時増刊号，2011 年。
平山邦明（編）『アスレティックパフォーマンス向上のためのトレーニングとリカバ
　　リーの科学的基礎』文光堂，2021。
福永哲夫（編）『筋の科学事典』朝倉書店，2002 年。
八田秀雄『乳酸と運動生理・生化学―エネルギー代謝の仕組み―』市村出版，2009 年。
福永哲夫『ヒトの絶対筋力』杏林書院，1978 年。
福永哲夫『貯筋運動指導者マニュアル』保健同人社，2006 年。
松林武生（編）『フィットネスチェックハンドブック』大修館書店，2020。
望月明人『小学校コーディネーション運動』明治図書出版，2011 年。
山本正嘉『アスリート・コーチ・トレーナーのためのトレーニング科学』市村出版，
　　2021。
米田継武「ニューロン活動から力学的出力へ」『バイオメカニクス研究』6，2002 年，
　　25 〜 33 ページ。

第3章 スポーツバイオメカニクス

　アスリートが技術の習得や修正，あるいはトレーニングによってパフォーマンスの改善を図る際，何を達成したいのか，そのゴールをイメージしながら実践することが重要であろう。そして，改善を図るための具体策は様々で，1）教科書や指導書を参考にする，2）トップ選手の動きをまねる，3）指導者の指示を仰ぐ，4）自身の感覚や，撮影した映像を頼りにトライアル・アンド・エラーを重ねる，など様々な方法が考えられる。さらに，近年ではテクノロジーの進化により，自分の動き（フォーム）を計測できるデバイスやアプリが続々と販売されており，計測ツールが身近になっている。ただし，数値化された自分の動きに対して，改善のために焦点を当てるべきポイントの見極めや，目標に向けた合理的な手順や道筋を見出すことは容易ではない。そんな時に，身体運動を力学的に解釈し，改善の道筋を立てるツールとして用いられるのが，バイオメカニクスである。バイオメカニクスは，Biology（生物学）と Mechanics（力学）を組み合わせた用語であり，生物（生体）に力学の原理を適用させ，運動とその原因となる力との関係を法則づける学問領域，として定義されている。

　バイオメカニクスなどの専門分野がスポーツパフォーマンスにどのように貢献するのかは，車体の能力とドライバーの能力に分解したカーレースの例がわかりやすい（Cleather, 2021）。アスリートの持つ身体的なパフォーマンス発揮能力が車体の能力で，競技環境内でこの身体能力をいかに発揮するかという能力が，ドライバーの能力となる。この2つの能力は相互に関係しており，当然のことながら車体の

第3章　スポーツバイオメカニクス　57

性能を高めることと，その性能を競技の場で最大限に発揮するドライ
ビング技術の両方が相まって，パフォーマンスが高められる。バイオ
メカニクスという学問分野は，1つ1つの部品自体の性能や，状況判
断能力を細かく分析するというよりも，部品同士がしっかりと噛み合
い，適切なエネルギー供給により最大限の力を発揮できているかどう
か，というところへ焦点が向けられる。そのため，各アスリートのパ
フォーマンスのどこに課題が潜んでいるのかや，もう少し広い視点で
みると，その競技の勝敗に影響する力学的因子がどこに存在するのか
といった，課題の洗い出しや強化ポイントの見極めとして，真っ先に
取り組まれることが多い。

　本章では，スポーツにおけるバイオメカニクスの果たす役割を学
び，身体運動の成り立ちや「からくり」を理解することで，競技パ
フォーマンス向上のための方策や手がかりを解説する。1節では，身体
運動を客観的に捉えるための下準備として，力学と数学の基礎を紹介
する。第2節以降では，身体運動を8つの要素【立つ・歩く・走る・
跳ぶ・回る・投げる・打つ（蹴る）・泳ぐ】に分類し，運動の巧拙を
規定する力学的因子を解説することで，アスリートの競技力向上のた
めの方策を考察していく。

第1節　身体運動を評価するためのバイオメカニクス的手法

1－1　身体のモデル化

　身体運動をバイオメカニクスで用いられる速度や角度，トルク，パ
ワーといった力学変量を用いて評価するとき，ほとんどの場合，指先
1本1本の動きや，身体のわずかな歪み，一人一人の体のパーツごと
のサイズを考慮した事細かな分析までは行わない。分析に多大なコス
トがかかることや，そこまでの詳細データを必要としないことが大半
だからである。そのため，通常は目的に応じて身体運動を簡便に分析

図3-1 身体（物体）をモデル化するいくつかの方法

質点モデル　　剛体リンクモデル　　筋骨格モデル　　有限要素モデル

できるよう身体をモデル化する。代表的な方法は，質点モデルと剛体モデルである（図3-1）。質点モデルは，実際に分散した質量を一か所の集結した点として捉えるモデルであり，大きさを持たない。物体の質量中心（重心）の動きだけに着目する場合に多く用いられるが，物体がどの方向を向いているか，また回転運動を含めるときには，点ではなく形のある物体として捉える必要がある。身体を，上腕や前腕，胴体などの部位ごとに形のある変形しない物体として記述するのが剛体モデルである。そして，各部位が関節を経由して接続されたモデルを，剛体リンクモデルという。他にも，筋肉の配置や起始・停止までを含めた筋骨格モデルや，物体を変形の伴う弾性体として捉える有限要素モデルなどがある。

1-2　運動の種類

　全ての運動は，「並進運動」と「回転運動」，もしくはこれら2つを組み合わせた「一般運動」として記述できる（図3-2）。並進運動は，大きさのある物体のすべての部分が同一方向に，同一時間で，同一距離進むように移動することを指す。したがって並進運動は，スケート選手が同じ姿勢で直進するような運動だけでなく，姿勢を変えないスカイダイビングも曲線的な並進運動に該当する。また，物体の向きの変化を扱わないのが並進運動であるため，その物体の代表的な点（例えば重心）の時間経過に伴う位置の変化は，並進運動として記述される。これ

図3-2 3種類の運動の記述

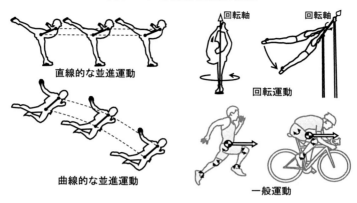

に対し，回転運動は物体の角度（向き）が変化する運動を指す。回転運動には，必ず回転の軸があり，その軸回りにスピンするスケート選手や，鉄棒選手の動きが該当する。また，一般運動は並進運動と回転運動の組み合わせだけでなく，回転運動と回転運動の組み合わせも該当するため，関節運動によってもたらされる身体運動は，ほとんどが一般運動にあたる。なお，この運動の記述は，運動を外から観察して分類したものに過ぎないが，その運動を取り巻く外力や内力を理解するのに役立つ。

1-3　力学変量による運動の記述

　スポーツ技術を客観的な数値で記述する際に用いられる力学変量には，様々なものがある。これらは，力学的な性質に基づき，身体運動の状態そのものを表すキネマティクス（運動学）的変量と，身体運動の発生要因を表すキネティクス（動力学）的変量に分けられる。スポーツに携わるコーチは，これらの力学変量を選手へのコーチングに生かすことも多いが，用語に対しての解釈を誤ることも多い。解釈の誤りが頻発してしまうのは，「力・仕事・運動量」などの力学変量が，異なる意味で日常の言語としても使用されていることに起因する。さらに，例えば「力」は，観測データによって導き出された理論的概念であり，

表３－１　並進運動と回転運動の対応表

	並進運動				回転運動		
キネマティクス変量	位置, 距離, 変位	位置, 距離, 変位	$(xyz)\ s\ r$	[m]	角度, 角変位	θ	[rad, deg]
	速さ	速度	v	[m/s]	角速度	ω	[rad/s, deg/s]
	速さの変化率	加速度	a	[m/s²]	角加速度	α	[rad/s², deg/s²]
キネティクス変量	運動の勢い	運動量	$p = mv$	[kg·m/s]	角運動量	$L = I\omega$	[kg·m²/s]
	運動を変化させる量	力	$F = ma$	[N]	力のモーメント, トルク	$T = I\alpha$	[N·m]
	運動量の変化量	力積	Ft	[N·s]	角力積	Tt	[N·m·s]
	運動のエネルギー	並進運動エネルギー	$\frac{1}{2}mv^2$	[J]	回転運動エネルギー	$\frac{1}{2}I\omega^2$	[J]
	エネルギーの変化量	仕事量	$W_t = Fs$	[N·m]	仕事量	$W_r = T\theta$	[N·m]
	仕事率	パワー（並進）	$P_t = Fv$	[W]	パワー（回転）	$P_r = T\omega$	[W]
	慣性	質量	m	[kg]	慣性モーメント	I	[kg·m²]
	時間, 時刻				時間, 時刻	t	[s]

人の目に見える「もの」ではない。そのため，日常生活から「力」を直観的にイメージできても，コーチが自分の言葉で説明する際に誤ってしまうのは，ある意味自然なことといえる。また，体育・スポーツ系の学部に所属するバイオメカニクスの初学者が躓いたり，苦手意識を持ったりするのも，用語の定義を理解するのが難しいためと思われる。

　表３－１に，スポーツバイオメカニクスで良く扱われる変量を，並進運動と回転運動で対応するように示した。それぞれの力学変量は，完全に独立しているわけではなく，ニュートンの運動法則に基づいて，数学的あるいは物理的な結びつきを持つ。例えば，バーベルを担いでスクワットを行うような，その場で上下する運動モデルは，変位・速度・加速度の間に，図３－３のような時間についての微積分の関係が成り立つ。

1－4　ニュートンの運動法則

　いかなる身体運動も，全て力学の法則に従う。その基盤となるのがニュートンの運動法則であり，３つの法則により成り立つ。

第１法則：物体に作用する外力がつりあっているならば，その物体は初めの運動状態を維持する。「慣性の法則」

図3-3 微分・積分による位置や（加）速度の導出

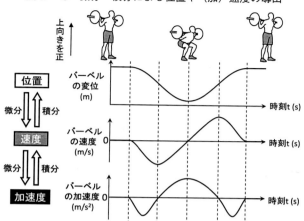

図3-4 力がつり合っているときの運動状態

　物体に作用する外力の総和（合力）が0の時，すなわち力がつり合っているときは，静止する物体は静止し続け，等速直線運動する物体は等速直線運動を続ける（図3-4）。誤解を招きやすいところではあるが，静止する物体には力がいっさい作用しておらず，移動する物体には必ず力が作用している，というのは誤りである。慣性は，その物体が現在の運動状態を維持しようとする性質であり，その大きさは質量として測られる。大きな慣性（質量）を持つ物体の運動を変化させるには，それだけ大きな力を必要とする。それが第2法則につながる。

第2法則：物体の運動は，作用した力に比例して変化し，力が加えられた方向に向かって起こる。「運動方程式：$F = ma$」（図3-5）
　Fは力，mは質量，aは加速度を表す。物体に複数の外力が作用す

図3-5 力の作用線と加速度の向き

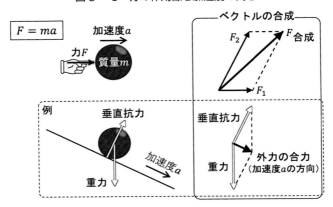

る場合には，力（F）の大きさと方向は，全ての外力を足し合わせた合力に従う（図3-5）。物体に与える力の影響を考える際には，重力や垂直抗力，摩擦力などの力は，ベクトルにより図示することで理解を助けられる。力を可視化した図を自由物体図（フリーボディーダイアグラム）といい，複数のベクトルを合成することで，結果として生じる効果を知ることができる。また，第2法則は並進運動について表したものだが，回転運動にも拡張できる（表3-1参照）。

　ニュートンの第2法則が直感と一致し難いのは，その瞬間における力と速度との間には，関係式が存在しないという点にある。物体に力を与えれば速度が生じ，その力が大きいほど速度も大きくなる，つまり，力と速度との間に因果関係が存在する，そう感じるのも日常生活の中では自然ではあるが，直接的な関係は，力と加速度の間で成立する。

第3法則：2つの物体が互いに力を及ぼし合うとき，対をなす2つの力は，同じ大きさ，同じ作用線を持つが，向きが反対となる。「作用・反作用の法則」（図3-6）

　作用・反作用の法則は，ある物体に力を加えると，必ず逆向きに同じ大きさの力が返ってくるという性質を指す。垂直跳びの例では，人が地面を蹴るという行為（作用）に対し，その反作用が人を跳び上がらせる。

図3-6 作用・反作用の関係

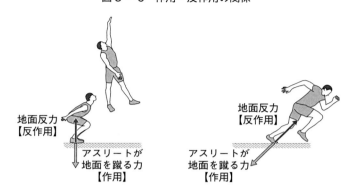

1-5 運動量と力積

　物体の質量（m）と速度（v）を掛け合わせた物理量を運動量（p）といい，その物体の運動の勢いを表す（図3-7）。速度0の物体に運動量を与える，あるいは物体の持つ運動量を，方向を含めて変化させるには，外力が必要である。また，同じ大きさの力でも，力の作用時間を延ばすことで運動量はより大きく変化する。力の大きさと力が作用した時間との積を力積といい，力積によって運動量は変化する（図3-8）。力積と運動量の関係は，次式によって表される。

$$mv_0 + F\varDelta t = mv_1$$

図3-7　任意の速度を与えられた各種ボールの運動量

	質量m	速度v	運動量p
バスケットボール	0.6 [kg]	10.0 [m/s]	6.0 [kg・m/s]
ボーリング	6.0 [kg]	10.0 [m/s]	60.0 [kg・m/s]
ゴルフ	0.045 [kg]	60.0 [m/s]	2.7 [kg・m/s]

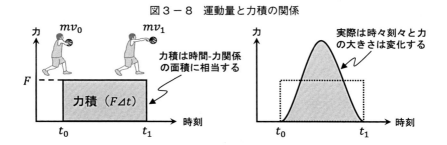

図3-8 運動量と力積の関係

　v_0 は力 F が作用する直前の速度，v_1 は力 F が作用した直後の速度である。F は作用した力の平均値であり，Δt は力が作用した時間となる。図3-8のようなチェストパスによってボールに運動量を与える場合，ボールに作用する力は一定ではなく，時間経過とともに非線形に変化する。力積を構成する力と時間の関係を，人が台の上からジャンプした時の着地や，勢いのあるボールをキャッチする運動を例にみると，力の作用時間，すなわち衝撃を受け止める時間を長くすることで力 F の最大値を抑えることができる。

　スポーツパフォーマンスを向上させるために，力積は重要な指標といえるが，果たして力積を増大させるには，どのような手段があるのだろうか。1つ目は，力の最大値を向上させることだろう。2つ目は，力を素早く立ち上げる（発揮する）能力を表す RFD（Rate of Force Development；時間に対する力の変化率）を高めること，3つ目には，力の作用時間を延長することがあげられる。ただし，3つの方法は互いに影響を与えるため，力の最大値が高まることと引き換えに力の作用時間が減少することもある。そのため，最終的に力積が高められたかを確認することが重要である。

1-6　仕事とエネルギー，パワー

　床に置かれた荷物を重力に逆らって持ち上げる際，その荷物が重いほど，そして荷物をより高くまで持ち上げる時ほど，大きな労力を伴

第3章　スポーツバイオメカニクス　65

図3－9　力と移動距離に対する（力学的）仕事の関係

う。物体に力を作用させてその物体を移動させたとき，（力学的）仕事をしたという。重量挙げのアスリートがバーベルを真上に持ち上げる場合（実際は真上ではない），アスリートがバーベルに作用した力の作用線と移動した方向が同一直線上にあれば，仕事（W）は物体に作用した力（F）とその力によって移動した距離（s）との積で表される（図3－9）。ただし，アスリートが作用した力と，その力によって移動する方向は一致しないことが多い。バーベルを担いでスクワットを行う時，バーベルの移動する方向は上昇局面と下降局面で正反対の向きとなる。ただし，アスリートは沈み込む局面でもバーベルの移動する方向とは相反して上向きに力を作用させている。アスリートの力がバーベルに作用する重力を上回れば上昇し，下回れば下降するという力加減の問題であり，沈み込む局面では負の仕事がなされたといえる。また，人が運動中に発揮できる力は，その時点での姿勢に強く依存する。力によって加速度が発生すれば姿勢も変化するため，実際は，移動を伴う運動で一定した力を発揮し続けることはできない。そのため，重量挙げの選手がバーベルにした仕事を計算する際には，時々刻々と変化する力と，その力によって移動した距離の情報が細かく必要となる。

　力学的仕事により質量 m のバーベルを高さ h まで上げたとすると，そのバーベルには位置エネルギー（mgh）が与えられる（図3－10）。mgh の位置エネルギーを持つ荷物が自由落下するとき，位置エネル

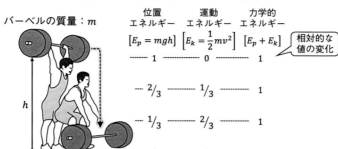

図3-10 力学的エネルギーの保存

ギーの減少とともに運動エネルギー（1/2mv²）が増加していく。位置エネルギーと運動エネルギーの総和を力学的エネルギーと呼び，保存力*（位置エネルギーを有する力）を除き，外力が付加的に与えられない限り力学的エネルギーは保存される。これをエネルギー保存の法則という。

力Fの作用を受けて物体が距離sだけ動くとき，力Fのした仕事は，力Fが作用する前後の運動エネルギーの変化分に等しい。これを仕事とエネルギーの原理といい，次式によって表される。

$$\frac{1}{2}mv_0^2 + F \cdot s = \frac{1}{2}mv_1^2$$

また，単位時間当たりの仕事量は，仕事率（パワー）と定義される。競技パフォーマンスでは，短時間で大きな仕事をすることが求められるため，時間の要素が含まれない仕事量よりも，仕事率（パワー）によって評価されることが多い。また，次式に示すように，パワーにはスピードの要素が含まれるため，物理量としての意味合いが力とは明確に異なる。

　　仕事率（パワー）＝仕事量÷時間
　　　　　　　　　　＝力×距離÷時間
　　　　　　　　　　＝力×速度

なお，筋肉による力発揮には，力－速度関係（Hill 1938）として知られる特性があり，筋線維の短縮速度が高い時ほど発揮される力は小さい。一方で，力学の法則の中に，その瞬間における力と速度を直接的に結び付けるものは存在しないということは，ニュートンの運動法則の項で説明したが，アスリートに与えられた荷重が大きいほど，最大努力に対する実行速度が低下するのは一般的である。その一方で，最大荷重のスクワットよりも重量挙げの方が運動速度が高いという理由で，一概にスクワットの方が大きな力の運動として分類できる，というのが正しくないこともイメージできるだろう。アスリートのパフォーマンスを評価する上で難しいのが，1つの運動でも力が最大となる局面とパワーが最大となる局面，またスピードが最大となる局面が，それぞれ異なるフェーズで発生するということも理由として挙げられる。フィールドでは最大パワーに焦点を当てられることが多いが，パワーの最大値は，力の最大化とは異なる場面で発生するため，動きとリンクさせながら応用する際には注意が必要である。なお，発揮される力と速度の関係から，パワーの最大値は，最大筋力の30～35％の力で得られるのが通常である。

$$
\begin{aligned}
\text{仕事率（パワー）} &= \text{仕事量} \div \text{時間} \\
&= \text{力} \times \text{距離} \div \text{時間} \\
&= \text{力} \times \text{速度}
\end{aligned}
$$

第2節　立つ（姿勢の安定性と身体重心）

立つ，座る，横たわるといった静的な状態にある姿勢のうち，2本足で長時間「立つ」姿勢を維持できるのは，人類と鳥類のみである。さらに，身体の長軸を重力の方向と平行に支持して立つ直立姿勢は，人類固有の特性といえる（図3－11）。ペンギンは外見上，直立姿勢

図3-11 人間とペンギンの骨格の違い

図3-12 3種の平衡状態

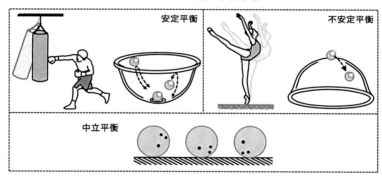

に見えるが、股関節と膝関節が曲がっているため、直立姿勢には該当せず、さらには「立つ」よりも「しゃがんでいる」方に近い。

　スポーツにおいて選手の動きや状態を表す際、時に「バランスが良い」という表現が用いられ、安定しているさまを指す。現時点でバランスが取れている平衡状態にあったとしても、その状態は自然と維持されるとは限らず、置かれる状況によって、1）安定平衡、2）不安定平衡、3）中立平衡の3つに分けられる（図3-12）。安定平衡はいったん物体が移動しても（傾いても）元の位置に戻ろうとする性質を持つ平衡状態を指し、不安定平衡はいったん移動し始めると、平衡位置から離れていく性質を持つ。中立平衡は、元の位置へ戻る性質も、さ

図3－13　安定性を高める力学的要因

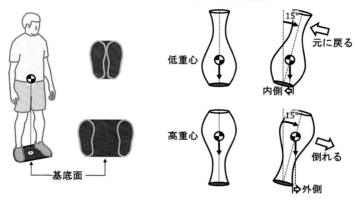

らに離れる性質もない平衡状態を指す。

　物体の安定性を高める要素には，1）基底面が広い，2）重心が低い，3）重い（質量が大きい）の3つが挙げられる（図3－13）。基底面とは，身体を支える接地面で覆われた範囲のことで，複数の点や面で支えられている場合はそれらの最も外側で囲んだ範囲となる。したがって，足裏の面積が同じでも，両足を閉じて立つよりも，開いて立つ方が基底面は広くなる。重心の低さが安定性を向上させることは，人が立位時に安定性を高めるために中腰姿勢をとることからも直感的に理解できよう。同じ質量，かつ同じ基底面をもつ物体でも，重心が高ければ，同じ角度だけ傾いたときに重心が基底面の外側に外れやすい（図3－13）。重心が基底面の内側にあれば，元の姿勢に戻ろうとするが，外側に外れると，そのまま倒れてしまう。3つ目の「重さ」は，物体の慣性を表しており，大きな質量をもつ物体ほど，元の運動状態から変化しにくい性質を持つ。これは，物体を滑らそうとする場合も，倒そうとする場合も同じであり，慣性の大きな重い物体ほど，高い安定性を有する。

　重心位置は，重力の作用点を表しており，質量中心位置と等しい。重心位置の測定には様々な方法があるが，より直接的な推定方法とし

図3−14　リアクションボード法による身体重心の推定
なお，簡略化のため板の質量を無視している。

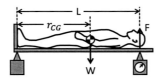

て，リアクションボード法がある（図3−14）。水平に置いた板の上に人を横たわらせ，踵まわりの力のモーメントのつり合い式から，重心位置を算出する。

$$W \cdot r_{CG} = F \cdot L$$

$$r_{CG} = \frac{F \cdot L}{W}$$

　この方法では，身体の1次元的な長軸方向への重心位置を，精度よく測定できる。身体重心は，立位時ではへその奥あたりに存在するが，姿勢を変えれば自ずと位置も変化する。時々刻々と変化する運動時の重心位置は，身体各部をモデル化することで推定できる。頭や腕といった身体各部を形状の決まった剛体とみなして，部位（セグメント）ごとの質量や重心位置を算出し，それらを合成していく。この算出で用いられるのが身体部分慣性係数（図3−15）であり，各セグメントの全身に対する質量比（%）や，部分重心がセグメントの端から何%に位置するのかという質量中心比（%），角運動量などのキネティクス変数の算出に必要な慣性モーメント（本章では割愛）などが含まれる。

　下肢の2次元平面上の重心位置を例に，算出手順を確認する（図3−16）。合成重心の算出には，各セグメントの質量と重心位置が必要となる。セグメントの質量は，質量比を用いて算出すればよいが，セグメントの重心位置（g_x, g_y）は，座標として算出する必要があるため，セグメントの質量中心比とセグメントの端点座標をもとに，例えば大

図3−15 身体セグメントの分割と身体部分慣性係数（一部分）

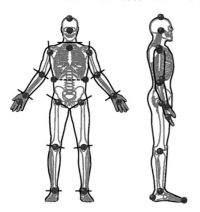

日本人男子アスリートの身体部分慣性係数
（阿江ら，1992）

部位	質量比[*1]	質量中心比[*2] （相対重心位置）
頭	6.9	82.1
胴体	48.9	49.3 ←胸骨上縁から
上腕	2.7×2	52.9
前腕	1.6×2	41.5
手部	0.6×2	89.1
大腿	11.0×2	47.5
下腿	5.1×2	40.6
足部	1.1×2	59.5 ←足先から
上胴	30.2	42.8
下胴	18.7	60.9

[*1] 体重を100としたときの割合[%]
[*2] 部分長に対する中枢端からの比[%]

図3−16 重心位置の算出

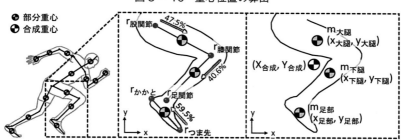

● 部分重心
● 合成重心

腿の重心座標ならば，以下のように算出される。

$$g_x = (1 - 0.475) \cdot r_{x/股関節} + 0.475 \cdot r_{x/膝関節}$$
$$g_y = (1 - 0.475) \cdot r_{y/股関節} + 0.475 \cdot r_{y/膝関節}$$

最後に，各セグメントの重心位置を合成し，下肢全体の重心位置（$X_{合成}$, $Y_{合成}$）を算出する。

$$X_{合成} = \frac{m_{大腿} \cdot x_{大腿} + m_{下腿} \cdot x_{下腿} + m_{足部} \cdot x_{足部}}{m_{大腿} + m_{下腿} + m_{足部}}$$

$$Y_{合成} = \frac{m_{大腿} \cdot y_{大腿} + m_{下腿} \cdot y_{下腿} + m_{足部} \cdot y_{足部}}{m_{大腿} + m_{下腿} + m_{足部}}$$

全身の身体重心を3次元座標として算出する場合には，上記の方法をそのまま拡張すればよい。

　身体重心は，姿勢を変えることによってその相対的な位置関係が変化する。一方で，身体重心の空間的な位置は外力によってのみ変化するため，ひとたびジャンプすれば重力に従って放物運動を描く。そのため，重心の最高到達点が同じジャンプであっても，空中で両手を挙げる姿勢や，脚部を抱えるように曲げた姿勢では，身体に対する相対的な重心位置が変わってくる（図3－17）。ジャンプ時の手先の最高到達点を最大限引き上げるには，もう片方の手やその他の部位をできるだけ低くすることが重要である。また，バスケットボールのレーンアップと呼ばれるダンクシュートでも，ジャンプ中に姿勢を変えることで，目線を一定の高さに保つ工夫がなされている（図3－18）。

図3－17　異なる姿勢でジャンプした時の重心高が同じだった場合の身体各部の高さ

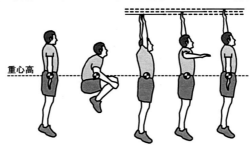

図3－18　ダンクシュート時の身体重心と目線の高さ

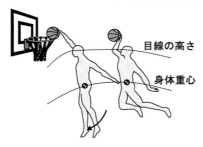

第3節　歩く

　陸上で生活する多くの脊椎動物は，4本の脚で移動するが，人と鳥類は日常的に2足歩行で移動する。歩行運動は，どちらかあるいは両方の足が常に地面と接しているため，両足がともに地面から離れる局面が存在しない。歩行は左右の脚を交互に前方移動させる周期的な運動であり，例えば右足が接地する瞬間からもう一度右足が接地するまでを，1周期として表す（図3-19）。これを1歩行周期という。足が地面に接地する局面を立脚期（支持期・接地期），足が地面から離れている局面を遊脚期（回復期）という。普通の歩行速度ならば，片方の足が地面に接地する時間は，1歩行周期の60％程度であり，1歩行周期の20％程度は，両足がともに接地する両足立脚期となる。両足立脚期の時間は，歩行速度が大きくなるにつれて短くなり，競歩ではほぼ0となる。

　歩行時の脚の関節運動に着目すると，股関節は脚を前方に振り出す際に屈曲し，地面を蹴る時に伸展するように，1歩行周期の間で屈曲・伸展が1回ずつ行われる（図3-20）。膝関節は，踏み出した脚を身体が乗り越えるときに小さく屈曲し，さらに，蹴りだした脚を前に振りだすときに大きく屈曲する。従って，股関節と膝関節は，関節の屈伸運動が1歩行周期の中で異なるタイミングで起きていることになる。

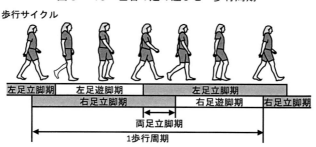

図3-19　左右の足の運びと一歩行周期

図3－20　1歩行周期における股関節と膝関節の角度変化

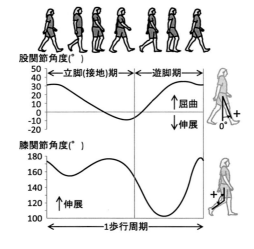

図3－21　歩行運動における位置エネルギーと運動エネルギーの転換

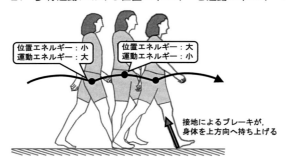

　歩行動作はシンプルなモデル化によって，よくその運動を逆さ（倒立）振り子と表現したり（Bramble & Lieberman 2004），コンパス歩行モデルと呼んだりする。振り子運動は，位置エネルギーと運動エネルギーが交互に受け渡されるため，結果として総エネルギーが保存されるが，歩行においても似た現象を観察できる（図3－21）。ただし，歩行中の［位置・運動］間におけるエネルギーの授受は完全ではなく，筋活動による身体の内部エネルギーにより補われている部分もある（Cavagna et al 1976）。

歩行を倒立振り子運動にモデル化すると，以下の原理によって，人の歩くことができる最大速度を推定できる。接地する脚が，完全伸展の状態で接地点を中心に回転運動するという仮定において，身体重心の軌道は図3-22のように円運動の一部として表現できる。すると，歩行者には円軌道の中心に向かって向心力が作用すること，および円軌道の最高点に達した時の向心力は鉛直下向きに作用することが分かる。身体に作用する鉛直下向きの外力は重力のみであることから，向心力の鉛直成分は重力から得ていることになる。歩行速度の上昇に伴って円軌道を維持するために必要な向心力は増大するが，重力を上回る速度で歩行を試みた場合，身体重心は円軌道を維持できず足が地面から離れてしまう。実際に，歩行中の地面反力を観察すると，早歩きほど立脚期の中盤で上下（鉛直）成分の力が一時的に小さくなっていることが分かる（図3-23）。足が地面から離れると地面反力が0に

図3-22　歩行時の重心移動を等速円運動にモデル化した時の最高歩行速度

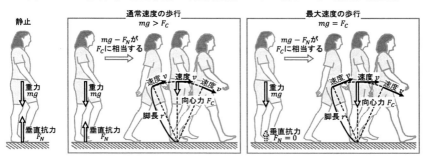

図3-23　3種の速度で歩いた時の接地局面の地面反力（1例）

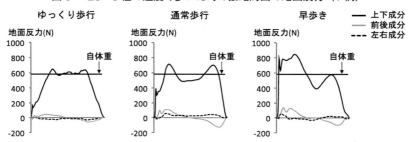

図3-24 上下動の少ない競歩の動き

なるため，身体に作用する重力（mg）と向心力（F_C）が一致するときに理論上の最大速度が得られる。

$$F_C = m\frac{v^2}{r} \quad \cdots 向心力算出のための公式$$

$$mg = m\frac{v^2}{r}$$

$$v = \sqrt{gr}$$

この時の v が，円軌道の接線速度となり，重力加速度（g）と回転半径（r）によって説明できる。回転半径（r）は，およそ脚の長さに相当し，$r = 1\,[m]$ ならば，速度 v は3.23m/sとなる。一方で，20km競歩の現在の世界記録は1時間16分36秒（2015年）であり，このタイムを平均速度に換算すると，4.35m/sとなる。実際の歩行速度が理論値よりも大幅に高いのは，モデル化による誤差に加えて，競歩特有の歩き方（図3-24）が，重心の上下動を小さくし，推進力を確保しつつも地面から足が離れないよう役目を果たしていると考えられる。

第4節　走る

走運動は，人が歩行よりも速いスピードで移動する際に用いられる。多くの子供が同学年の子と初めて競うことになるのが「かけっこ」であり，走る能力は数ある身体運動の中でも重要な要素に位置づけら

図3-25 歩行と走行における足の運びの違い

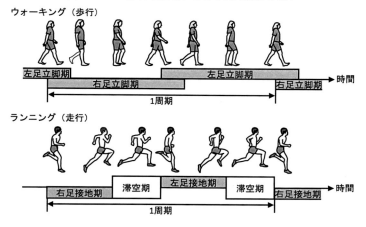

図3-26 歩行と走行の運動モデルとエネルギー変化の違い

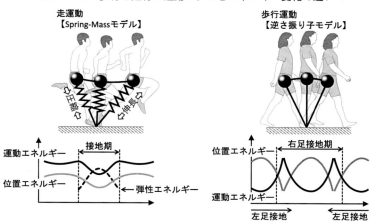

れる。走行は，両足がともに地面から離れる局面（滞空期）が存在する点で，歩行とは異なる（図3-25）。また，弾むような動きに特徴があり，走行では接地中に蓄えられた弾性エネルギーを解放することで推進力に生かしている（Blickhan 1989；McMahon & Cheng 1990）（図3-26）。そのため，位置エネルギーと運動エネルギーの転換を利用して移動する歩行とはエネルギーの受け渡し方が異なる。さらに，人

図3-27 100m走におけるピッチとストライドの変動に伴う疾走速度の変化

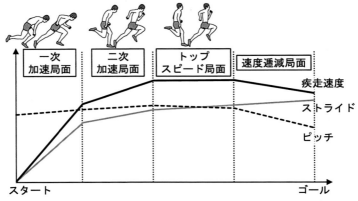

出所：日本トレーニング科学会編「スプリントトレーニング―速く走る・泳ぐ・滑るを科学する―」『シリーズ [トレーニングの科学]』6，2009年より引用・改変。

は「歩く」から「走る」への変化を，移動速度の上昇に合わせて徐々に変えていくのではなく，エネルギーコストや筋への負荷，脚の構造的な観点から，自分にとって好ましい速度で切り替えている（Hreljac et al 2008；De Witt et al 2014）。

　疾走速度（m/s）は，ピッチ（1/s = Hz）とストライド長（m）の掛け算によって決まる。100m走では，スタート直後から急速に増加していくストライド長によって疾走速度が高まる（図3-27）。ピッチはスタート直後から高く，ピッチの増加に起因するスタート局面の加速は小さい。疾走速度はエリート選手ならば60m付近でトップスピードに達し，最後はゆるやかに減速する。ゴール前の疾走速度の低下は，ピッチの低下によるところが大きい。疾走速度が大きな選手の特徴を，ピッチとストライド長の関係から調査した報告（Hunter et al 2004）によると（図3-28），疾走速度はストライドが長い人ほど大きいが（r = 0.73），ピッチとはほとんど関係しない（r = -0.14）。そのため，ピッチを落とさずにストライド長を伸ばすことが，疾走速度の向上には重要となろう。また，ストライド長は接地距離と滞空距離に分

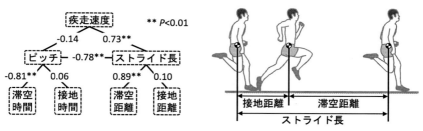

図3－28　疾走速度を説明する変数同士の関連性
数値は相関係数を示している。

出所：Hunter, J. P., Marshall, R. N., McNair, P. J., "Interaction of step length and step rate during sprint running", *Medicine and Science in Sports and Exercise*, 36, 2004, pp.261-271.

けられるが（図3－28右），このうちの滞空距離がストライド長と強く関連する（r＝0.89）。ただし，滞空距離を伸ばすための高く弾むような動きは，滞空時間も増大させるため，ピッチの低下をもたらす。従って，ピッチを落とさずにストライド長を伸ばすために，アスリートは身体を効果的に前方へ運べるだけの大きな推進力を与えなければならない。接地距離がストライド長とほとんど関係しないことからも分かるように，地面を強く蹴るためであったり，ストライド長を伸ばしたりするために，脚を完全に伸展させようとする行為は望ましくない。

　そして，タイムの良い選手の特徴を最もよく表しているのが，100m中の最大疾走速度である（図3－29）。つまり，多くの選手にとって，トップスピードを上げることが課題であり，ピッチやストライド長といった基礎的なデータを観察することも，パフォーマンス向上のための1つのアプローチとなろう。

　リレーは，個人種目の多い陸上競技の中で，オリンピック唯一の団体種目である。4×100mリレーの世界記録（2012年）は36.84秒だが，この記録は100mの世界記録（9.58秒, 2009年）を4倍したタイム（38.32秒）よりも優れている。そのため，走行距離の短い4×100mリレーでは，

図3-29 100mのゴールタイムと最大疾走速度との関係

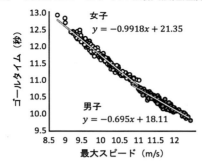

出所：日本トレーニング科学会編「スプリントトレーニング―速く走る・泳ぐ・滑るを科学する―」『シリーズ［トレーニングの科学］』6，2009年より引用・改変。

図3-30 バトンパスの方法と受け渡し区間における典型的な速度変化

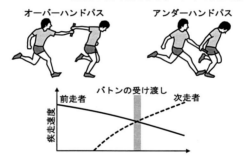

　各走者の疾走能力とともにスムーズなバトンパスが特に重要となる。バトンパスの方法には，オーバーハンドパスとアンダーハンドパスの2種類があり（図3-30），それぞれに長所と短所がある。オーバーハンドパスは，前走者と次走者が腕を伸ばすため，両者が離れた所でバトンパスできる反面，走り自体が窮屈になりやすい。アンダーハンドパスは，バトンを受け取る腕をやや下後方に位置させるだけで良いため，次走者の加速の妨げにならない。ただし，オーバーハンドパスよりも前走者が次走者に近づく必要があるため，距離が長くなるという点では劣る。いずれにしても，可能な限り高速なバトンパスを達成するための次走者の加速が重要である（Radford & Ward-Smith 2003）。

第3章　スポーツバイオメカニクス　81

第5節　跳ぶ

　高く，そして遠くへ跳ぶ能力は，跳んだ距離がそのままパフォーマンスに反映される陸上競技だけでなく，多くの競技に必要である。ジャンプ動作は，距離や高さといったシンプルな計測値で評価でき，かつ計測自体も簡便なことから，選手のパワー発揮能力の指標としても多く用いられる。ただし，ジャンプ時に身体各部が到達できる高さは姿勢によって変わるため（第2節参照），計測の際にはルールを設ける必要がある。垂直跳びの場合，滞空時間の計測によりジャンプ高を推定するのが1つの方法である。ジャンプ中の身体重心は，重力にのみ影響を受けるため，自由落下の公式に従って，最高到達点（y）は次式により得られる。

$$y = v_0 t + \frac{1}{2} g t^2$$

　数値を当てはめる際，区間の初めと終わりを適切に設定することが重要であり，最高到達点で静止する瞬間を区間の初め，着地する瞬間を区間の終わりにすると，鉛直方向の初速度 v_0 は 0m/s となる。すると，滞空時間（t）は半分の時間で計算され，次式のように簡略化される。

$$y = v_0 \frac{1}{2} t + \frac{1}{2} g \left(\frac{1}{2} t \right)^2$$
$$= \frac{1}{8} g t^2$$

　また，空中にある身体重心は自由落下するため，垂直跳びの最高到達点は，離陸時の鉛直初速度が分かれば推定できる。高く跳ぶには地面を強く蹴ることが重要だが，初速度は地面反力の瞬間的な最大値では決まらず，踏切動作中の力積によって定まる（図3-31）。ただし，

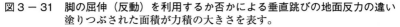

図3-31 脚の屈伸（反動）を利用するか否かによる垂直跳びの地面反力の違い
塗りつぶされた面積が力積の大きさを表す。

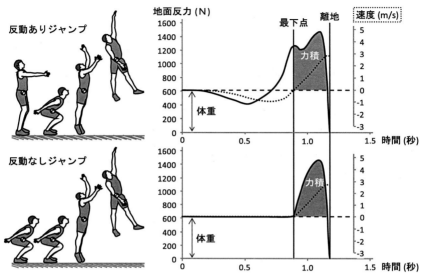

図3-32 力積を増やすための力のタメを利用した『デコピン』とタメを使わない『デコピン』

ジャンプのために地面を蹴りだすと，その時点から体は上向きに加速し始めるため，力の作用時間を延長させるにも限度がある。ジャンプの直前で抜重により深くしゃがみ込む反動ジャンプは，最下点での地面反力が自体重よりも大きくなるため，反動を使わないジャンプよりも結果的な力積が増大する（Linthorne 2001）。このことは，図3-32に示した2種類の「デコピン」で考えるとイメージしやすい。主たる運動方向へ動き出す前に，主働筋が収縮する状態を予備緊張といい，反動ありの垂直跳びでは力積を増やすために反動による予備緊張を利用している。

図3-33 各種ジャンプの踏切動作における身体重心の鉛直速度の変化

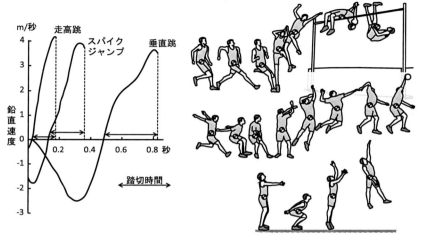

出所：阿江通良・湯海鵬・横井孝志「日本人アスリートの身体部分慣性特性の推定」
『バイオメカニズム』11，1992年，23～33ページより引用・改変。

図3-34 水平速度を利用した走高跳の踏切モデル

　垂直跳びと同様に，高く跳ぶことを目的とするジャンプでも，走高跳やバレーボールのスパイクジャンプは，踏切前の助走の勢いを鉛直速度へ瞬時に変換しており，力積を獲得するための準備動作がその場での垂直跳びとは幾分異なる（図3-33）。走高跳における重心位置は，踏切動作を行う脚が接地する前からやや低い状態にあり，接地とともに上方への移動が始まる。そのため，接地中の膝の屈伸動作は，垂直跳びのような重心を上下させる方向ではなく，常に体を起こす方向に動いている（図3-34）。バレーボールのスパイクジャンプでは，走

図3−35 走幅跳の跳躍記録を構成する要素

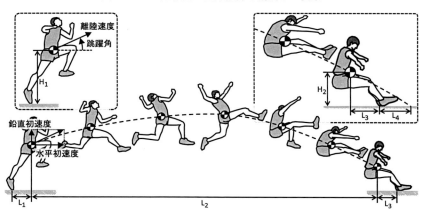

高跳よりも重心の上下動が大きいものの，助走の勢いを一気に鉛直速度へ切り替えるために踏切時間が垂直跳びよりも短い。

　走幅跳の飛距離を規定する因子は，踏切の巧拙を除けば，次の3つを組み合わせた跳躍距離として記述できる（図3−35）。離地した瞬間の踏切脚のつま先と選手の重心との間の水平距離（離陸距離：L_1），競技選手の重心が空中で移動する水平距離（飛行距離：L_2），体の一部が砂に着いた瞬間の重心と距離計測のための砂地の跡との間の水平距離（着地距離：L_3）である。飛行距離は，空気抵抗の影響を無視すると，離陸時の水平初速度と滞空時間の積によって決まる。滞空時間は，鉛直成分についてのみ考えればよく，離陸時の鉛直初速度と踏切および着地時の重心高（H_1とH_2）によって変動する。着地時の重心高は，飛行中の重心軌道の延長線上に近い位置で接地できるか（すなわち，図3−35右上のL_4を短くできるか）といった着地距離にも影響する。跳躍距離を最もよく反映するのは飛行距離だが，この飛行距離の規定因子は，跳躍選手がイメージ（コントロール）しやすい変数に置き換えると，離陸速度と跳躍角に簡略化される（図3−35左上）。跳躍角には多少の個人差があるものの，飛行距離に多大な影響を与えるほどの差では

図3－36　三段跳における各踏切のフォームと移動速度

ないため，いかにして離陸時に大きな速度を獲得できるか，つまり助走速度を高められるかが重要となる（Hay 1993）。

　三段跳は，ホップ・ステップ・ジャンプと3回跳び，トータルの距離を競う。各踏切の着地直前における水平速度は，ホップ時が最大であり，徐々に低下していく（図3－36）。踏切時の地面反力の鉛直成分は，ホップからの着地時に体重の22倍かそれ以上とされる（Hay 1992, 1993）。走り幅跳びの踏切では，体重の約11倍もの力が身体に作用するが（Luhtanen & Komi 1979），三段跳はそれ以上であり，強い衝撃に対して脚がつぶれないよう耐えなければならない。そのため，着地時の脚の曲げをできるだけ小さくし，硬いバネで弾くように跳ぶことが重要となる。なお，身体の剛性や柔軟性は，材料特性としての定義が存在する反面，あいまいな表現がなされることが多い。それは，剛性が高いことが望ましい場面と低いことが望ましい場面とが，身体運動を表現するときに混在してしまっていることが原因と考えられる。

第6節　回る

　真っすぐに移動する歩行運動や，座った姿勢から立ち上がる動作も，複数の関節まわりの回転が積み重なった結果として起こる。関節

図3-37　回転の方向と回転軸

まわりの回転運動は，多くの場合，筋の収縮が関節を跨いで付着する骨どうしを引っ張ることで生じる。スポーツにおいては，体操や飛び込み，フィギュアスケートやフリースタイルスキー・スノーボード等，空中で全身を回転させる運動や，球技スポーツのようなボールに回転を与える運動など，多くの場面で回転運動が駆使される。回転運動を記述する際には，回転速度だけでなく，軸の向きも必要となる。回転軸の向きは，右ネジの法則に従う（図3-37）。

　物体全体が回転するかどうかは，物体に作用する外力が，その物体の重心を通るか否かで決まる。回転効果の大きさを，力のモーメントといい，力の作用線が回転中心からどれだけ離れているのかを表すモーメントアーム（r）と，物体に作用する外力（F）との掛け算によって決まる（図3-38）。

　　　力のモーメント＝$r \times F$

　モーメントアームは物体の重心から力の作用線までの垂直距離であり，仮に物体の同じ位置に同じ大きさの力が作用しても，その方向が異なれば，モーメントアームも異なるため，力のモーメントは変化する。自転車のようにペダルを回転させる運動では，クランクの軸が回転中心となり，ペダルを回転させる円軌道に沿って力を作用させ続けることで効率的に力のモーメントを最大化できる。しかし実際は，重力を利用した上下動や，下肢3関節の姿勢変化に伴う力発揮能力の変

第3章 スポーツバイオメカニクス　87

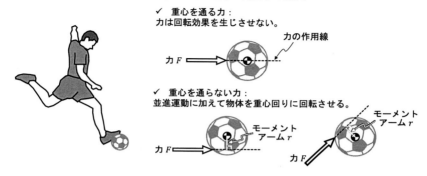

図3-38　回転運動が発生する要因

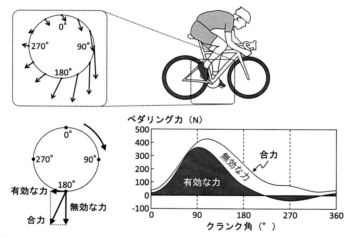

図3-39　ペダルを回転させる円軌道に対する接線方向への有効な力と法線方向への無効な力

出所：Patterson, R. P., Moreno, M. I., "Bicycle pedalling forces as a function of pedalling rate and power output", *Medicine and Science in Sports and Exercise*, 22, 1990, pp.512-516 と Álvarez, G., Vinyolas, J., "A new bicycle pedal design for on-road measurements of cycling forces", *Journal of Applied Biomechanics*, 12, 1996, pp.130-142 をもとに作図。

化に伴い，接線方向から外れた力も発生している。

　ペダルへ作用させる力を，接線方向への有効な力と，法線方向への無効な力に分解すると（図3-39），クランク角度が90〜360°までの広い範囲で，ペダルの回転に寄与しない力が大きく発生しているこ

表3-2 てこの種類とその効果

てこの種類	支点・力点・作用点の配列	テコ比 (r_W/r_F)	力学的効果
第1種	力点—r_F—支点—r_W—作用点	<1 >1	力点に必要な力を縮小できる 作用点を大きく動かせる
第2種	支点—r_W—作用点—r_F—力点	<1	力点に必要な力を縮小できる
第3種	支点—r_F—力点—r_W—作用点	>1	作用点を大きく動かせる

図3-40 筋収縮による関節の回転

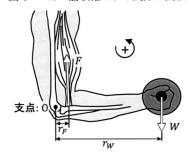

とが分かる。

　回転効果を利用して操作者に利点をもたらすのが「テコ」である。テコには，支点・力点・作用点からなる3つの点があり，その配列により3種類に分類される（表3-2）。3種類のテコにはそれぞれ特性があり，大きな質量の物体を持ち上げる時には，第2種や場合によって第1種のテコが用いられる。手に持ったダンベルを肘関節まわりの回転効果により持ち上げる運動は第3種があてはまる。作用点であるダンベルを大きく動かせる反面，力点ではより大きな力を必要とする（図3-40）。ダンベルの荷重（W）に対して上腕二頭筋で保持するために必要な張力（F）は，力のモーメント（M）のつり合い式から求め

図3-41　バットの持つ位置を変えた際の回転中心まわりの慣性モーメント

図3-42　回転中心の移動による慣性モーメントの変化
なお，シンプルなモデル化により表現は誇張されている。

られる。

$$\sum M_0 = r_F \times F + r_W \times -W = 0$$

$$F = \frac{r_W}{r_F} \times W$$

　質量の大きな物体を動かすには，大きな力を要する。類似した関係は，物体を回転させる場合にも存在する。回転運動における慣性の大きさは，慣性モーメントとして定義されるが，この物理量はその物体の質量だけでなく，物体をどの向きに回転させるのか，またどの軸を中心に回転させるのかによっても変化する。同じバットを通常よりも短く持ってスイングすると軽く感じられるのは，回転中心まわりの慣性モーメントが縮小することで，力学的に回転させ易くなるためである（図3-41）。ソフトボールのウィンドミル投法において，リリース直前にブラッシングと呼ばれる腕を腰あたりにぶつける動きは（図3-42），回転中心の移動により慣性モーメントを縮小させ，瞬時に

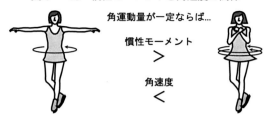
図3 - 43 慣性モーメントと角速度の関係

角速度を高める役割がある。

また，並進運動の勢いを表す運動量と同様に，回転運動にも勢いを表す角運動量と呼ばれる物理量が存在する。フィギュアスケート選手が，ある角運動量で回転するとき（日常で例えるならば回転椅子上を回転する場合），広げた腕を体の近くに引き寄せると回転スピードが上昇するのは，角運動量に次式の関係が成り立つためである（図3 - 43）。

角運動量 (L) ＝ 慣性モーメント (I) × 角速度 (w) ［表3 - 1参照］

角運動量は外力によるモーメントを受けない限り保存されるため，摩擦係数の低い氷上で回転するならば保存されたものとみなせる。従って，回転するスケート選手が腕の位置を体に近づけると，角速度は慣性モーメントの減少に伴って増加する（図3 - 43）。角運動量保存の法則は，人と道具を1つの系（システム）とした場合でも適用される。ただし角運動量は，人と道具との間，すなわちシステム内部では移動する。図3 - 44のような回転椅子上に座った人が回転する車輪を持つ2つの例を参考に，角運動量のシステム内部での移動を確認する。なお，2例ともシステム全体では上向きの角運動量 (L) を持っている（向きについては図3 - 37参照）。例1）回転椅子上に静止する人が回転する車輪を静止させると，あらかじめ持っていた車輪の角運動量 ($L_{車輪}$) が人へと移動するため，回転していた車輪と同じ向きに人が回転し始める。例2）回転椅子上に静止する人が回転する車輪を

図3-44 角運動量保存の法則に起因する角運動量の転移

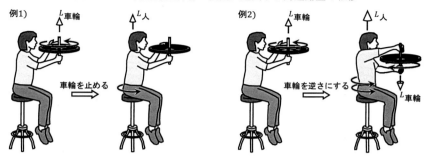

図3-45 角運動量獲得のための力学的方策

上下逆さまにすると，車輪の角運動量ベクトルが下向きになるため，システム全体の角運動量を保存させるために，人は例1の時よりも大きなスピードで回転する。

　運動量の変化が力積（外力の大きさと力が作用した時間との積）によってもたらされるように，角運動量の変化も角力積（外力によるモーメントとその作用時間との積）によってもたらされる（図3-45）。大きな角運動量を得るには，外力による回転効果を大きくすることと外力の作用時間を長くすることが必要だが，選手自身が回転するような競技では，1秒にも満たない時間で角運動量0の状態から本人のみの力でそれ以上に加算できない角運動量にまで達する。そのため，大きな角運

動量を獲得するためには，可動域を大きく使うことや，回転とは反対の方向へ捻っておくなど，力のモーメントや作用時間を長くするための工夫が必要となる。実際，ダンスのピルエット（Kim et al 2014）や，フィギュアスケートのジャンプ（Albert & Miller 1996）など全身を回転させる競技では，角運動量を増大させるための動作戦略を観察することができる（図3－45）。

第7節　投げる

　投げる動作は，手に持ったボールなどの物体を，遠くへ，速く，正確に投射するなどの目的を果たすために行われる。ボールを投げる動作は，ボールを持つ腕だけでなく，全身を生かした動きに特徴があり，身体を構成する各部位が，骨盤，胸郭，上腕，前腕，手部の順に加速していく（図3－46）。近位部から遠位部へと身体各部を順序良く動かして速度やエネルギーを加算していくことを（投げ型）運動連鎖といい，これによりボールが最大化された速度で放たれる（Atwater 1979）。ただし，実際の投球動作では，エリートアスリートの中でも図3－46のようにきれいに順序良く加速する選手もいれば，遠位側の部位が近位側よりも先に最大速度へ到達する選手もいる。投動作における運動連鎖の特徴は多種多様で，投射物の質量や大きさ，求めら

図3－46　野球の投球動作における身体各部の運動連鎖のイメージ図

出所：Kreighbaum, E., Barthels, K. M., *Biomechanics: A qualitative approach for studying human movement. 3rd edition*, 1990 をもとに作図。

第3章 スポーツバイオメカニクス 93

図3-47 押し型から投げ型への連続性

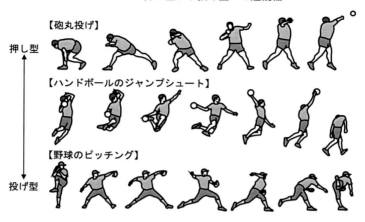

れる技能によって異なり，「投げ型」や「押し型」に分けられる（図3-47）。投げ型は，近位側の身体部位から順次加速していき，近位部の（角）速度が最大値に達したときに，遠位側に隣接する部位が追い越すように加速していく運動連鎖の特徴が前面に現れる。野球ボールのような小さく軽いボールに対しては，通常「投げ型」が用いられる。これに対し，押し型は，大きな力発揮や正確性を目的とする場面で多く用いられ，連動する複数の身体部位がほぼ一斉に運動を開始し，ボールを投射する手部が直線的に移動することが特徴である。砲丸投げやダーツ，バスケットボールのシュート動作がその典型である。しかし，あらゆる投げ動作が押し型または投げ型のどちらかに当てはまるわけではなく，連続したつながりをもつ（Kreighbaum & Barthels 1990）。

　野球の投球動作のような身体の末端部を加速させる運動は，自由度の高い肩関節の動きに特徴がある（Feltner & Dapena 1986）。肩関節を3軸，肘関節を1軸回りの回転として投球中の肩と肘の関節角度を観察すると（図3-48），特に肩関節の内／外旋角がリリース直前で大きく外旋したのちに鋭く内旋していることが分かる。それに対し，肩

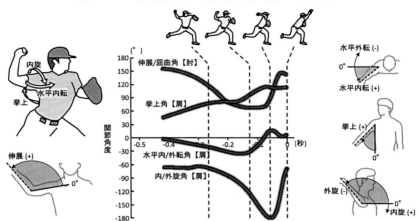

図3−48　投球動作時の各関節（肩と肘）の角度変化

出所：Sakurai, S., Ikegami, Y., Okamoto, A., Yabe, K., Toyoshima, S., "A three-dimensional cinematographic analysis of upper limb movement during fastball and curveball baseball pitches", *Journal of Applied Biomechanics*, 9, 1993, pp.47-65 と Konda, S., Yanai, T., Sakurai, S., "Configuration of the shoulder complex during the arm-cocking phase in baseball pitching", *The American Journal of Sports Medicine*, 43, 2015, pp.2445-2451 のデータをもとに作成。

　関節の挙上角や水平内／外転角は，肩関節が外旋する局面で大きく角度変化するものの，リリース直前は緩やかな変化となる。肘関節も，肩関節が最も外旋したあたりから鋭く伸展するが，伸展しながらリリースしているわけではない。総合すると，前方へ向けて腕を水平内転するときに肩関節は逆方向へ捻られ，その後，リリースへ向けて急速に内旋させるのが特徴といえる。ただし，肩関節を鋭く内旋させる前の外旋運動は，随意的に逆方向へ捻るのではなく，胸郭の前方回旋と肩関節の水平内転が急速に起こるために遠位部の前腕が遅れをとる，といったように受動的に生じる運動である（Putnam 1993）（図3−49）。ムチのように振る舞われるこの動作は，テニスのサーブやバドミントンのスマッシュなど身体遠位部を加速させる運動に共通してみられる。また，リリース前に起こる肘関節の伸展運動も，高速回転によって受動的に引き伸ばされた結果であり，むしろ肘関節には屈

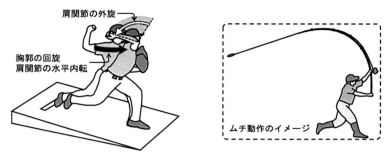

図3-49 肩関節の外旋を生み出す身体近位部の回旋動作
投げ釣りの絵は，身体の遠位部が相対的に遅れてムチのようにしなる動きをイメージしている。

曲方向の関節トルクが作用している（Fleisig et al 1995）。したがって，競技中の動作とトレーニング時の動作が仮に同じ関節角度で変化していても，動員される筋肉が同じとは限らない。ダンベルを持ったりバーベルを担いだりするトレーニングは，重力に逆らう方向への力発揮が主となる一方で，競技動作は高速運動ゆえに慣性によって運動の変化が起こることも多い。そのため，特に回転運動を高めるためのトレーニングには工夫が必要である。同様の観点で，トップ選手の動きを模倣する際は，スピードや関節角度だけでなく，力の生成も考慮しなければその選手の技術の神髄を捉えられない可能性が高い。

　投手は打者のタイミングを外すために緩急を使うが，例えばカーブと呼ばれる球種は，球速が直球よりも遅いだけでなく，軌道も直球とは異なる。軌道の変化には流体力が影響しており，野球だけでなく，高速移動する人・物体を扱う多くのスポーツでは，流体力を考慮する必要がある。陸上の100m走では風速が追い風2.0m/sを超えると公認記録にはならず，スキーのジャンプでは風の影響を考慮して得点の加減が行われる，などの例もある。セーリングのような風を操る競技は言わずもがなである。流体力には，進行方向への速度を低下させる抗力と，進行方向を変化させる揚力が存在する。飛翔体が抗力により減速する主な理由は，進行方向に対して，物体の前面と後面で圧力差

図3-50 抗力と揚力の発生要因

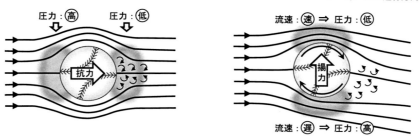

が生じるためである（圧力抵抗，図3-50左）。揚力は，抗力に直交する向きに作用する力であり，バックスピン回転で飛翔するボールに対して上向きに作用する（図3-50右）。回転しながら飛翔するボールの場合，回転する方向にボール表面の空気が引き込まれるため，バックスピンならばボール上部の流速が下部の流速よりも高くなる。ボールの上下で発生した流速差は，ベルヌーイの定理に基づく圧力差を生じさせる。物体は圧力の高い所から低い所へ移動する性質があるため，ボールは揚力により上向きに進路を変える。回転するボールの進路を揚力により変化させる現象をマグナス効果という。揚力はボールの回転数が高いほど大きくなるが，回転軸の向きによっても変動する。揚力は，概ね回転軸と進行方向を表すベクトルを外積した方向に作用するため（図3-51），進行方向と回転軸の方向が90°の時に最大となり，進行方向と回転軸が一致した時には0となる。そのため，きりもみ回転で飛翔するジャイロスピンは，揚力が作用せずに自由落下と同じ軌道となる。

第3章　スポーツバイオメカニクス　97

図3－51　ボールの進行方向と回転軸の向きによって決まる揚力の作用方向

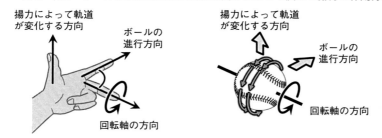

第8節　打つ・蹴る

　スポーツにおける打つ動作は，バットやラケットなどの打具や手部を用いて小さな対象物（多くはボール）を打撃する行為である。打つ動作には，打具や身体の末端部を短時間で振りぬく力量もさることながら，ボールを正確に衝突（インパクト）させる高い巧緻性も必要となる。加えて，対戦相手（外的要因）に左右される部分が大きいというのも特徴である。このような対戦競技に求められる技能をオープンスキルといい，対して自身の間合いで動作を遂行できる競技に求められる技能をクローズドスキルという。打つ動作はほとんどがオープンスキル競技なため，常にベストな体勢でのスイングを実行できるわけでは

ない。このような条件においても，ベストに近いインパクトを実行す
るために，熟練者はスイングごとのばらつきをインパクトに向けて収
束させていく工夫をしている（Bootsma & Wieringen 1990）。そのため，
スイング序盤，あるいはその準備段階に現れる動作の変動は，むしろ
人の動きに機能的な役割をもたらすよう，環境の変化に適応する柔軟
さとして捉えられている（Bartlett et al 2007）。このような動作の再現
性や技術の習得に関する研究は，スポーツで扱われるよりもずいぶん
前から行われている。Nikolai Bernstein（1896–1966）は，肉体労働者
の生産性を向上させるために，鍛冶職人のハンマーの軌道を計測し，
正確な打撃を実行できていた一方で，その軌道には大きな変動が含ま
れていたことから，これを「繰り返しのない繰り返し」と呼んでいる。

　2物体間の衝突は，相対運動として観察することが重要である。と
もに速度を持つ2つのボールが正面衝突する場合は（図3 – 52），例
えばボールAからみたボールBの速度（相対速度）として考えると良
い。BからみたAの速度でも良いが，正の方向を予め決めておく必
要がある。衝突後の相対速度は衝突前の相対速度よりも小さく，その
程度は2物体間の復元特性として評価される。衝突前後における相対
速度の比を反発係数（e）といい，次式によって表される。

$$- e = \frac{衝突後の相対速度}{衝突前の相対速度}$$

$$e = -\frac{v_B{}' - v_A{}'}{v_B - v_A} \quad (0 \leq e < 1)$$

　反発係数は同じボールでも衝突する他方の物体によって異なるた
め，2物体間の反発係数として表される。ボールが硬い床に衝突する
か柔らかいスポンジの上に衝突するかの違いは言わずもがなだが，テ
ニスボールとラケットの衝突では，同じボールでもストリングのテン
ションが低いほど跳ね返り速度が大きいことが知られている（Elliott

1982；Haake et al 2003)。なお，ボールのみで示される反発係数は，他方の物体が大理石や鉄板など規格化された硬い対象物に衝突させた計測値が用いられている。

インパクトを伴うスポーツでは，図3－52のような正面衝突による跳ね返りよりも，両者が斜めに衝突することの方が多い。斜め衝突では，2物体の速度を衝突する接触面に対して水平な成分と垂直な成分（法線成分）に分けて考えるが，片方の物体が速度を持たない床面ならば，ボールの運動のみを観察すればよい（図3－53）。ボール中心を通過し，かつ接触面に垂直な線分を衝撃線といい，衝突前後のボール軌道と衝撃線とのなす角を，それぞれ入射角・反射角という。衝突後のボールの速度は，法線成分については正面衝突のときと同様に反発係数によって定まる。接線成分は，摩擦力が作用しなければ衝突前と同じ速度を持つ。摩擦力はボールの運動を妨げる力として作用するが，摩擦力の及ぼす方向は物体同士が接触する点の速度に依存するため，ボールが回転していれば，回転を加味した床との接触点の合

図3－52　2つのボールが正面衝突する現象の捉え方

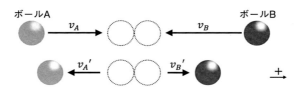

図3－53　ボールが床面に斜め衝突するときの速度の分解

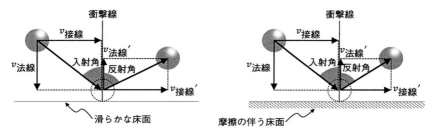

図3-54 回転するボールが床面に斜め衝突するときのボールの部分速度と摩擦の効果

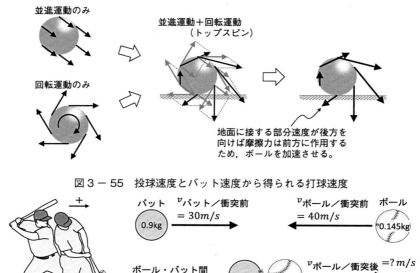

図3-55 投球速度とバット速度から得られる打球速度

成速度を知る必要がある（図3-54）。バックスピンの場合は，ボールの回転が，床と接する点の前向き速度を増大させるため，速度を減衰させる後ろ向きの摩擦力が増加する。これに対し，トップスピンの場合には並進速度と回転速度の割合によって，床との接触点における合成速度の前後向きが変化する。図3-54の場合には，接触点の合成速度が斜め後ろ向きとなるため，ボールに作用する摩擦力は前向きとなり，接線方向の並進速度が衝突によって増大する。

野球の打撃を想定して，打球速度の変動要因を検討する。質量0.145kgのボールと質量0.9kgのバットが，それぞれ40m/s，30m/sの速度で正面衝突する状況を想定する（図3-55）。ボール・バット間の反発係数を0.4とし，この時に得られる打球速度（$v_{ボール/衝突後}$）を導出する。右向きを正の方向とし，まずは衝突前後の相対速度の比と反発係数の関係をみる。

$$0.4 = -\frac{v_{\text{ボール／衝突後}} - v_{\text{バット／衝突後}}}{-40 - 30}$$

$$v_{\text{ボール／衝突後}} - v_{\text{バット／衝突後}} = 28 \cdots\cdots (1)$$

　ボールとバットの運動量（mv）の総和は，衝突の前後で保存されることから（運動量保存の法則），両者の関係は以下の通りとなる。

$$0.145 \cdot (-40) + 0.90 \cdot 30 = 0.145 \cdot v_{\text{ボール／衝突後}} + 0.90 \cdot v_{\text{バット／衝突後}}$$

$$0.145 \cdot v_{\text{ボール／衝突後}} + 0.90 \cdot v_{\text{バット／衝突後}} = 21.2 \cdots\cdots (2)$$

　(1)(2)より，打球速度（$v_{\text{ボール／衝突後}}$）は44.4m/sが導かれる。また，ボールをバットの芯で捉えたと仮定した場合の打球速度は，以下の式でも近似される（Nathan 2003）。

$$v_{\text{ボール／衝突後}} \cong 0.2 \times v_{\text{ボール／衝突前}} + 1.2 \times v_{\text{バット／衝突前}}$$

　$v_{\text{ボール／衝突前}}$と$v_{\text{バット／衝突前}}$の係数により，打球速度は投球速度よりもバット速度の方が6倍影響を受けることが分かる。したがって，投球速度150km/h＋バット速度150km/hの場合と，投球速度300km/h＋バット速度0km/hの2つの条件では，相対速度が同じ300km/hであっても，獲得できる打球速度は同じにはならない。

　打つ動作において，打球速度を変動させる要素は，打具の速度だけではない。例えば，バットには「芯」や「スイートスポット」と呼ばれる位置が存在し，この位置でボールを捉えると，打球速度が最大化する。反対に，芯よりも先端側やグリップ側にボールが当たると，バットが激しく振動する（図3－56右）。手がしびれるような感覚は，バットの振動によるものであり，芯を外した打撃はボールに伝達させるはずのエネルギーを低下させ，打球速度が小さくなる。通常，バットの芯は先端から15cmほどグリップ側に位置しており，ある程度（およそ10cm）の幅がある（Cross 1998；Nathan 2000）。

図3−56 バットの振動特性と打球速度への影響
材料（バット）には固有の振動特性があり，「節」と呼ばれる位置での
インパクトは，エネルギーロスを最小化する。

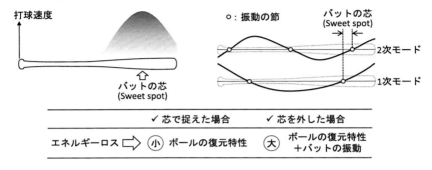

図3−57 バット短軸上のインパクト位置と打球の上下角の関係

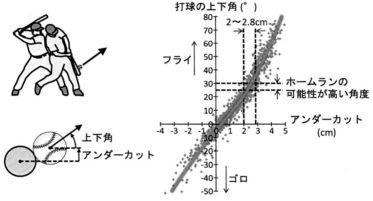

出所：城所収二・矢内利政「野球における打ち損じた際のインパクトの特徴」
『バイオメカニクス研究』21, 2017年, 52〜64ページより引用改変。

　バットにより打たれたボールのスピードや方向は，バット短軸上のインパクト位置によっても変動する。飛距離を最長化するには，水平面から25〜30°程度上向きに放たれる弾道が好ましく，その弾道を得るには，ボール中心から2〜2.5cm程度下側をインパクトする精度が必要となる（図3−57）。
　蹴る動作は，足を使って他の物体（ボール，地面，対戦相手，水など）に衝撃を与える運動である。打つ動作と同様に，力強さを求められる

ことが多く，サッカーのキックでは，守備側の準備時間を短縮できる速いシュートやパスは，有効打になりやすい。強いシュートには，足部の速度やインパクト時の足とボールの位置関係も重要だが，サッカーの場合，衝突中の足首のかため具合（柔らかさ）もボールスピードに影響する。インパクト局面のサッカーと野球の最大の差は，衝突時間の長さにある。硬式野球の場合，ボール・バット間の接触時間は0.001秒と短く，バットをどのように握っているかは，打球には影響しないとされる（Cross 1998；Nathan 2000）。しかし，サッカーではボール・足部間の接触時間が野球の10倍ほど長く，足部自体も衝突中に変形するため，衝突中の足部の剛性が，ボールのスピードにも影響する。このボールスピードの増減は，ボール・足部間の運動量保存の法則を考えた際に，足部側のみなし質量（換算質量）や反発係数が変動することによってもたらされる（Lees and Nolan 1998）。

　衝突中の足部の振る舞いは，ボールの回転にも影響する。無回転のボールを蹴るには，ボールに作用する力のモーメントが0になるよう，インパクトの間中，ボールの中心（重心）に向けて力を作用し続ける必要がある（図3-58b）。これを実現するには，足部の重心付近でボールの中心を捉えることや，ボールと接触している間中できる限り足部の変形や足関節の角度変化を抑えるよう，足部の面を常にボールに対して正対させ続けることが重要となる。

第9節　泳ぐ

　水泳競技は，陸上のトラック競技と同様にタイムを競う競技だが，身体が受ける抵抗に大きな差がある。そのため水泳では，推進力の獲得と抵抗を抑えることの2つが，同等レベルの重要性を持つ。けのび姿勢（ストリームライン）で静止状態の泳者には，鉛直下向きの重力と上向きの浮力が作用する（図3-59）。重力は物体の空気中・水中に

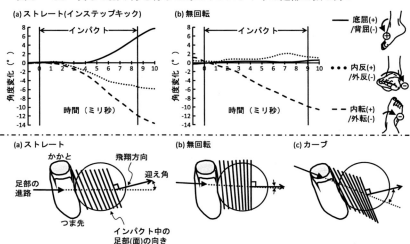

図3-58 異なる蹴り方を行った時のインパクト中の足部の振る舞い

出所：新海宏成・布目寛幸「無回転ブレ球キックのボールインパクト」『バイオメカニクス研究』12, 2008年, 252〜258ページ上段とHong, S., Kazama, Y., Nakayama, M., Asai, T., "Ball impact dynamics of knuckling shot in soccer", *Procedia Engineering*, 34, 2012, pp.200-205下段より引用改変。

関わらず同じ大きさで作用するが、浮力は水中にある体の容積に相当する水の重さ（重力）分だけ上向きに作用する（アルキメデスの原理）。身体に作用する浮力は、重力よりも大きければ体を浮上させ、体の一部が水面から浮かび上がることで低下し、重力とつりあう（図3-59上）。また、けのび姿勢をとった時に、浮心（浮力の作用点）と重心との間に水平距離があると（図3-59下）、泳者には2力による力のモーメントが作用する。通常、浮心の位置は重心よりも頭側にあるため(Gagnon & Montpetit 1981)、体は足側が沈むように傾斜する。そして、頭側の体の一部が水面から出ることで浮心の位置が足側へ移動し、つり合いが保たれる。足が沈んだ状態で泳ぐことは、泳者への受動抵抗を増大させるため（Zamparo et al 2009)、運動効率を向上させるには水平姿勢を維持することが重要となる。

　遊泳中の人が、上肢によるストロークで効果的に推進力が得られる

図3-59 浮力と重力による身体の位置と姿勢の変化

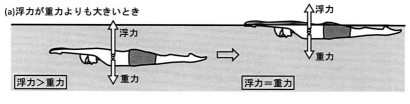

図3-60 クロール泳の肘曲げ内旋による3次元的なストロークフォーム

のは，水を後方に押し出すことの反作用で得られる抗力と，流れに垂直な方向へ作用する揚力がともに寄与するからである。しかし，流体力を利用したストロークは，昔から体系的な理論があったわけではなく，いくつかの転換点を迎えながら確立されてきている。1950年代から60年代までは，腕をぐるぐる回す風車型ストロークや，手をまっすぐ後方にかく直線型ストロークが効率的と考えられており，いずれも抗力の利用が前提とされていた。しかし，泳法を詳細に観察することで，手や腕が図3-60のように胴体の回転（ローリング）を伴いながら3次元的に動かされていることが分かった。これが1960年代後半から1970年代初期のことである。一見すると非効率な，進行方向とは異なる左右への動き（S字プル）は，発想の転換により揚力の

図3-61 クロール泳と平泳ぎの揚力・抗力による推進力の獲得
点線は静止している水を基準にした手部の軌道を描いている。

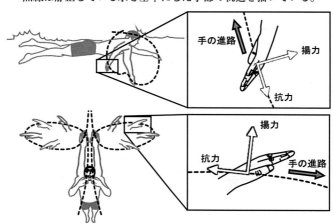

貢献が提唱されるきっかけを作った。

　揚力は流れに垂直な向きへ作用するため，掌の向きと進路が密接に関わる。このことは，クロール泳でも平泳ぎでも同じであり（図3-61），掌の向きがさほど変わらなくとも，掌自体が曲線的な進路を辿るため，揚力・抗力の向きと大きさは，迎え角の変化とともに時々刻々と変化する。実際，最も大きな推進力を獲得するストロークの後半（図3-61で示した付近）では，揚力が優位に寄与しているが（Toussaint et al 1992），いずれにしても抗力と揚力を合成した力を，いかに身体を前進させる方向へ作用させるかが重要となる。

　平泳ぎは，ストローク中に大きな推進力を獲得できる反面，抵抗の大きなフォームであることも特徴である。平泳ぎとクロール泳の世界記録のタイムを平均のスピードに換算すると，クロール泳は平泳ぎよりも1.2倍ほど速いが，静止状態での水中牽引力（推進力）はクロール泳よりも平泳ぎの方が大きい（Yeater et al 1981；Morouco et al 2011）。身体の加速は，キックと腕によるストロークで得られるが，キックの後に脚を身体へ引き付けるリカバリー局面で流れの方向に逆

図3-62 平泳ぎの1ストローク内における速度変化（1例）

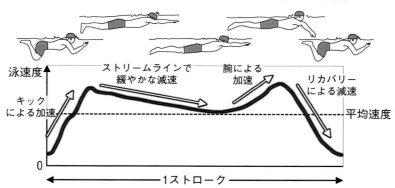

らって脚部が前方へ移動するため，ここで流体抵抗が急増して大きく減速する（Takagi et al 2004）（図3-62）。進行方向に対する推進力と流体抵抗の足し引きが，移動スピードとなって現れるため，平泳ぎの推進力がクロール泳を上回ってもそのままスピードやタイムに反映されるわけではない。

　クロール泳では，腕や脚が左右交互に次々とストロークしていく。腕のストロークによって得られる推進力はキック動作（バタ足）によって得られる推進力よりも大きく，高速領域のキック動作（バタ足）は効果的な推進力を生み出せないと考察されている（Counsilman 1968）。そのため，キック動作には，推進力とは別の役割が存在する（図3-63）。けのび姿勢では，浮心の位置が重心よりも頭側にあるため，浮力と重力による回転効果により，足側が沈む。しかし，キック動作を行うことで，その反作用が足を浮かせる方向に回転効果を生じさせる。これにより，理論上は両者の回転効果が打ち消されるわけだが，実際のクロール泳では，ストローク中に腕を時計回りに回転させるため（図3-63），その反作用により足を沈める方向への回転効果を生んでいる。その一方で，腕によるストロークでは，リカバリー局面で腕や頭の一部が水面から浮上するため，浮心の位置が足側に移動

図3－63　クロール泳におけるキックの役割

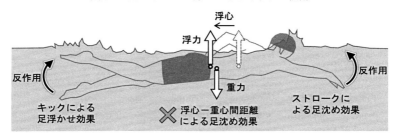

出所：Yanai, T., "Rotational effect of buoyancy in frontcrawl: Does it really cause the legs to sink?" *Journal of Biomechanics*, 34, 2001, pp.235-243 をもとに作図。

し，浮心－重心間距離に起因する回転効果が打ち消される。従って，キック動作は，主に，腕を時計回りに回転させることの反作用から生じる足沈め効果を打ち消し，身体の水平姿勢を維持する役割が大きいということになる。

主要引用・参考文献

Albert, W. J., Miller, D. I., "Takeoff characteristics of single and double axel figure skating jumps", *Journal of Applied Biomechanics*, 12, 1996, pp.72-87.

Alexander, R. McN., "Simple models of human movement", *Applied Mechanics Reviews*, 48, 1995, pp.461-470.

Álvarez, G., Vinyolas, J., "A new bicycle pedal design for on-road measurements of cycling forces", *Journal of Applied Biomechanics*, 12, 1996, pp.130-142.

Atwater, A. E., "Biomechanics of overarm throwing movements and of throwing injuries", *Exercise and Sports Sciences Reviews*, 7, 1979, pp.43-85.

Bartlett, R., Wheat, J., Robins, M., "Is movement variability important for sports biomechanics?" *Sports Biomechanics*, 6, 2003, pp.224-243.

Blickhan, R., "The spring-mass model for running and hopping", *Journal of Biomechanics*, 22, 1989, pp.1217-1227.

Bootsma, R. J., van Wieringen, P. C. W., "Timing an attacking forehand drive in table tennis", *Journal of Experimental Psychology*, 16, 1990, pp.21-29.

Bramble, D. M., Lieberman, D. E., "Endurance running and the evolution of Homo", *Nature*, 432, 2004, pp.345-352.

Cavagna, G. A., Thys, H., Zamboni, A., "The sources of external work in level walking

第3章　スポーツバイオメカニクス　109

and running", *Journal of Physiology*, 262, 1976, pp.639-657.

Cleather, D., *Force: The biomechanics of training*, 2021.

Counsilman, J. E., *The science of swimming*, 1968.

Cross, R., "The sweet spot of a baseball bat", *American Journal of Physics*, 66, 1998, pp.772-779.

De Witt, J. K., Edwards, W. B., Scott-Pandorf, M. M., Norcross, J. R., Gernhardt, M. L. "The preferred walk to run transition speed in actual lunar gravity", *Journal of Experimental Biology*, 217, 2014, pp.3200-3203.

Elliott, B., "The influence of tennis racket flexibility and string tension on rebound velocity following a dynamic impact", *Research Quarterly for Exercise and Sport*, 53, 1982, pp.277-281.

Feltner, M., Dapena, J., "Dynamics of the shoulder and elbow joints of the throwing arm during a baseball pitch", *International Journal of Sport Biomechanics*, 2, 1986, pp.235-259.

Fleisig, G. S., Andrews, J. R., Dillman, C.J., Escamilla, R.F., "Kinetics of baseball pitching with implications about injury mechanisms", *The American Journal of Sports Medicine*, 23, 1995, pp.233-239.

Fukashiro, S., Iimoto, Y., Kobayashi, H., Miyashita, M., "A biomechanical study of the triple jump", *Medicine and Science in Sports and Exercise*, 13, 1981, pp.233-237.

Gagnon, M., Montpetit, R., "Technological development for the measurement of the center of volume in the human body", *Journal of Biomechanics*, 14, 1981, pp.235-241.

Haake, S. J., Carre, M. J., Goodwill, S.R., "The dynamic impact characteristics of tennis balls with tennis rackets", *Journal of Sports Sciences*, 21, 2003, pp.839-850.

Hay, J. G., "Citius, altius, longius (faster, higher, longer): The biomechanics of jumping for distance", *Journal of Biomechanics*, 26, 1993, pp.7-21.

Hay, J. G., "The biomechanics of the triple jump: A review", *Journal of Sports Sciences*, 10, 1992, pp.343-378.

Hong, S., Kazama, Y., Nakayama, M., Asai, T., "Ball impact dynamics of knuckling shot in soccer", *Procedia Engineering*, 34, 2012, pp.200-205.

Hreljac, A., Imamura, R. T., Escamilla, R. F., Edwards, W. B., "The relationship between joint kinetic factors and the walk-run gait transition speed during human locomotion", *Journal of Applied Biomechanics*, 24, 2008, pp.149-157.

Hunter, J. P., Marshall, R. N., McNair, P. J., "Interaction of step length and step rate during sprint running", *Medicine and Science in Sports and Exercise*, 36, 2004, pp.261-271.

Kim, J., Wilson, M. A., Singhal, K., Gamblin, S., Suh, C., Kwon, Y., "Generation of vertical angular momentum in single, double, and triple turn pirouette en dehors in ballet", *Sports Biomechanics*, 13, 2014, pp.215-229.

Konda, S., Yanai, T., Sakurai, S., "Configuration of the shoulder complex during the arm-cocking phase in baseball pitching", *The American Journal of Sports Medicine*, 43, 2015, pp.2445-2451.

Kreighbaum, E., Barthels, K. M., *Biomechanics: A qualitative approach for studying human movement. 3rd edition*, 1990.

Lees, A., Nolan, L., "The biomechanics of soccer: A review", *Journal of Sports Sciences*, 16, 1998, pp.211-234.

Linthorne, N. P., "Analysis of standing vertical jumps using a force platform", *American Journal of Physics*, 69, 2001, pp.1198-1204.

Luhtanen, P., Komi, P. V., "Mechanical power and segmental contribution to force impulses in long jump take-off", *European Journal of Applied Physiology and Occupational Physiology*, 41, 1979, pp.267-274.

McMahon, T. A., Cheng, G. C., "The mechanics of running: How does stiffness couple with speed?", *Journal of Biomechanics*, 23, 1990, pp.65-78.

Nathan, A. M., "Dynamics of the baseball-bat collision", *American Journal of Physics*, 68, 2000, pp.979-990.

Nathan, A. M., "Characterizing the performance of baseball bats", *American Journal of Physics*, 71, 2003, pp.134-143.

Patterson, R. P., Moreno, M.I., "Bicycle pedalling forces as a function of pedalling rate and power output", *Medicine and Science in Sports and Exercise*, 22, 1990, pp.512-516.

Putnam, C. A., "Sequential motions of body segments in striking and throwing skills: Descriptions and explanations", *Journal of Biomechanics*, 26, 1993, pp.125-135.

Radford, P. F., Ward-Smith, A. J., "The baton exchange during the 4×100m relay: a mathematical analysis", *Journal of Sports Sciences*, 21, 2003, pp.493-501.

Sakurai, S., Ikegami, Y., Okamoto, A., Yabe, K., Toyoshima, S., "A three-dimensional cinematographic analysis of upper limb movement during fastball and curveball baseball pitches", *Journal of Applied Biomechanics*, 9, 1993, pp.47-65.

Takagi, H., Sugimoto, S., Nishijima, N., Wilson, B., "Swimming: Differences in stroke phases, arm-leg coordination and velocity fluctuation due to event, gender and performance level in breaststroke", *Sports Biomechanics*, 3, 2004, pp.15-27.

Toussaint, H. M., Beek, P. J., "Biomechanics of competitive front crawl swimming", *Sports Medicine*, 13, 1992, pp.8-24.

Yanai, T., "Rotational effect of buoyancy in frontcrawl: Does it really cause the legs to sink?" *Journal of Biomechanics*, 34, 2001, pp.235-243.

Zamparo, P., Gatta, G., Pendergast, D., Capelli, C., "Active and passive drag: the role of trunk incline", *European Journal of Applied Physiology*, 106, 2009, pp.195-205.

阿江通良「高さをねらいとする跳のバイオメカニクス的特性—垂直跳，バレーボールのスパイクジャンプおよび走り高跳びの踏み切りの比較—」『身体運動の科学』Ⅴ,

1983 年，182 〜 188 ページ。

阿江通良・湯海鵬・横井孝志「日本人アスリートの身体部分慣性特性の推定」『バイオメカニズム』11，1992 年，23 〜 33 ページ。

城所収二・矢内利政「野球における打ち損じた際のインパクトの特徴」『バイオメカニクス研究』21，2017 年，52 〜 64 ページ。

新海宏成・布目寛幸「無回転ブレ球キックのボールインパクト」『バイオメカニクス研究』12，2008 年，252 〜 258 ページ。

日本トレーニング科学会 編「スプリントトレーニング─速く走る・泳ぐ・滑るを科学する─」『シリーズ［トレーニングの科学］』6，2009 年。

コラム　スポーツ現場における動作分析用の映像撮影

　近年，ビデオカメラやスマートフォン，タブレット機器等の発展にともない，スポーツにおける映像撮影はとても身近なものとなった。さらに，これらの機器はその場で分析することが可能なため，映像とその分析結果はコーチングに頻繁に用いられるようになった。中でも自分や他者の動作自体をデータ化する動作分析のニーズはとても高いと言える。しかしながら，動作分析で使用する映像はとてもシビアなものが求められるにも関わらず，練習中や大会中のパフォーマンスを分析するためのスポーツの現場では，選手のパフォーマンスを阻害しないで撮影をする必要があるうえに撮影上の様々な制限がある。ここでは，大会や練習中といったスポーツ現場における，動作分析用の映像撮影について触れたい。

　映像撮影が手軽になった昨今では，スポーツの現場では映像の流失防止のため撮影場所に制限がかかることも多いうえ，撮影の途中でも撮影の中断や場所の変更を余儀なくされることがある。実験室での撮影のように，動作分析に適した撮影状況を作れるとは限らない。むしろスポーツ現場では，撮影状況を整えるというよりは撮影場所に応じた撮影方法や機器選定をすることがほとんどである。そのため，予めどのような場所での撮影が可能であるか，その場所での電源確保は可能か，撮影スペースがどのくらい取れるのかといった事前の情報収集は非常に重要であり，それに応じて機器や撮影方法を考えていく。状況によっては，人一人立てる分しか撮影場所を確保できず，実験室でも用いられるような高価なハイスピードカメラではなく，家庭で用いられるようなビデオカメラを使用することもある。

　また，天候に左右されてしまう屋外での撮影では言うまでもな

く，室内の撮影においても常に一定の条件で撮影できるとは限らない。例えば，大会直前に機器の設置を完了しても，大会本番時で使用される照明が異なることや，大会演出のため十分な明るさが得られないこともしばしばである。さらに，出場する選手が急きょ入れ替わり，予定していなかった時間や順番での撮影といったことも求められ，それに応じて当初予定のなかった撮影者が対応しなければならなくなるといったこともある。

　以上のようにスポーツ現場では，様々な状況においても臨機応変に映像撮影を行えることが必要である。そのため，映像についての知識，機器の設定変更ができる技術，そして撮影するスポーツのルールの知識を保持するといった個人の準備と，綿密で柔軟性をもったスケジュールと役割分担，機材の用意といったチームでの準備がとても重要となる。　　　　　　　　（加藤恭章）

第4章 スポーツ心理学

はじめに

スポーツ心理学は，運動やスポーツにおけるさまざまな現象を心理学という眼鏡を通して解明しようとする学問である。取り扱う内容も運動・スポーツ全般に渡り，例えば，運動・スポーツに取り組み継続する力を理解する動機づけ，あがりをはじめとする競技実施上の心理的問題とそれを解決するメンタルトレーニング，運動・スポーツ活動が精神的な健康をもたらすメカニズムなど非常に多彩である。

本章ではスポーツ心理学のポピュラーなトピックスとして「運動制御と運動学習」「動機づけ（モチベーション）」「メンタルトレーニング」「運動・スポーツとメンタルヘルス」について解説する。

第1節　運動制御と運動学習

運動制御と運動学習の理論は，「より効果的な練習とは何か」というコーチングの問題ばかりではなく，リハビリテーションにおける運動療法上の問題にまで一筋の光明を与える大変重要な理論である。

1－1　運動制御とは

人の動きがどのようなメカニズムで実行されているのかを説明するのが運動制御である。目的とする運動を行うための中枢神経系の働きと筋骨格系との連携，そして運動の実行によって生じる感覚情報の処理といったことが重要なトピックスとなる。これについて人をコンピ

ュータのような一つの情報処理システムとみなして運動制御のメカニズムを理解しようとする情報処理モデルから説明する。ここでの重要な概念がフィードフォワード制御とフィードバック制御である。

1-2 フィードフォワード制御

「野球のバッティング」で考えてみよう。ボールを打撃ポイントまでじっくり待ってからバットを振ったのではもちろんボールを打つことはできない。なぜなら人はボールに反応してからバッティング動作を実行するまでに時間がかかるからである。その時間とは，刺激を受けてから反応するまでの時間（反応時間）と反応してから運動を完遂するまでの時間（運動時間）である。したがって，野球のバッティングのようなケースでは「未来を予測して行うべきことを予め決定し，先回りして運動を開始する」というやり方が必要である。このような制御システムをフィードフォワード制御（feedforward control）という（図4-1）。

フィードフォワード制御における重要な要素は，「どうするか」という事前の正確な予測と「どのように動かすか」という事前の正確な運動計画である。この運動計画を運動プログラム（motor program）という。フィードフォワード制御では事前の"あて"が当たれば良い結果につながるが，はずれれば失敗となる。また，"あて"が当たっていたとしても身体の動きが正確でなかったらやはり目的を果たすことはできない。フィードフォワード制御は単純そうに見えて実は正解を

図4-1　フィードフォワード制御

| 目標
（基準量） | 制御器
（中枢・抹消神経系） | 運動指令
（操作量） | 制御対象
（身体・環境） | 身体運動
（制御量） |

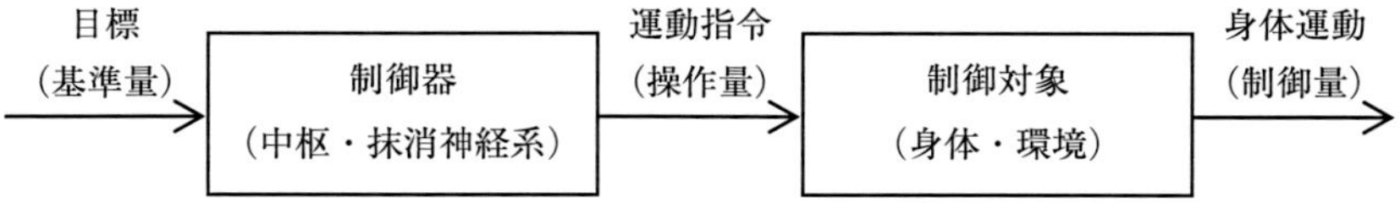

出所：木村英紀『制御工学の考え方』講談社，2002年，77ページを参考に作成。

導くにはとても難しい制御方式である。なるべく正解に近づくためには多くの練習（経験）を積むことによって正確な予測と運動計画を形成していかなければならない。

1－3　フィードバック制御

　フィードバック制御（feedback control）は「自分の実行中もしくは実行した運動（結果）を情報として取り入れ，中枢神経系に戻し，誤差検出と誤差修正を行って，次の運動をより目的に合うように修正する制御方式」である（図4－2）。

　「お手本にならってポーズをとる」というケースで考えてみよう。まず，お手本のようなポーズを取るとこのような感じになるはずだという内的基準（目標）が作られる。また，現在の身体に関する位置についての情報が筋紡錘や腱紡錘などさまざまな感覚センサーを通じて取り入れられ，内的基準との比較がなされる。そして内的基準に近づけるためにどのように身体を動かせば良いかが決まり，筋に指令が出され，運動が実行される。運動が開始されるとさまざまな感覚センサー由来の感覚情報が生じる。その情報を取り入れて（出力から入力へ），内的基準と比較がなされ，両者に差があると認識した場合は，それを打ち消すような運動指令が出され，身体各部位の位置の感覚と内的基準が一致したところで運動を止める指令が出され，お手本のポーズが完成するのである。このように実行した身体の動き（運動）

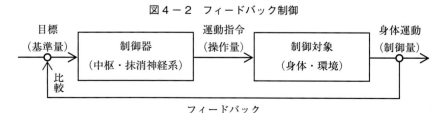

図4－2　フィードバック制御

出所：木村英紀『制御工学の考え方』講談社，2002年，72ページを参考に作成。

に関する情報をうまく使いながら目的が達成されるように制御がなされるのがフィードバック制御である。

　さて，本当に正しくお手本のとおりにポーズがとれたかどうかについては，目標に対する結果のフィードバックが必要である。感覚ではうまくやっているつもりでも実際にビデオで見ると動きがイメージと違っていたということがあるように，自分の感覚と実際の動きが乖離することは珍しいことではない。実際にお手本通りだったかどうかは鏡で自分のポーズを見たり，ほかの人にチェックしてもらわないと確認できない。もし，結果のフィードバックによってお手本との間に誤差が認められたら内的基準を修正するとともに再び誤差の検出と修正の過程をたどる。こうした過程を繰り返すことで目標を達成させる運動がなされるようになっていくのである。このように運動学習とは目標とする運動についての正確で明瞭な内的基準（後述の再認スキーマ）を形成することだと考えることもできる。

　スポーツパフォーマンスを高めるためには，いかに「行った結果，どうだったか」や「どのように行っているか」というフィードバック情報が大切かがよくわかる。

1－4　運動学習とは

　スポーツパフォーマンスは「心」「技」「体」の3つの要素によって支えられており，どれもおろそかにできない。それぞれのバランスは種目や個人によって異なるかもしれないが，必ずこの3つの要素がスポーツパフォーマンスに含まれている。

　運動学習は「技」がどのようなメカニズムで習得されていくのかについて扱う。ここでは「技」を「運動技能（motor skill）」や「スポーツスキル（sports skill）」という。類似する言葉にテクニックがあるが，これは"やり方""実施方法"という意味である。運動技能には"やり方を身につける（学習する）"という意味が含まれており，シュミッ

ト（1994）は運動技能を「比較的複雑な運動を最小の時間とエネルギー消費によって効率的かつ確実に遂行する学習された能力」と定義している。つまり，運動技能とは合目的的でなおかつ効率的な動きを遂行する練習によって養われた能力ということである。運動学習はそのプロセスにアプローチし，それがどのようなメカニズムでなされているのかを明らかにする理論である。したがって運動学習を学ぶことはより効率的な練習方法を探ったり，実践することにつながるのである。

　運動学習は「熟練パフォーマンスの能力に比較的永続的変化を導く練習や経験に関係した一連の過程」（シュミット R. A., 1994）と定義される。わかりやすく言えば，運動学習とは練習によって上手になり，忘れることなく，いつでもできるようになるまでの過程である。それぞれのスポーツ種目において理想とされる効率的な動きを目指して練習し，身につけていくプロセスが運動学習であり，その結果身についた能力が運動技能である。練習による変化には一過性のものと永続的な変化がある。これをシュミットは「ゆで卵と湯」で例えている。火を練習とすると，学習による永続的な変化とは火を止めれば再び水に戻る "湯" の方ではなく，"ゆで卵" の方であり，"ゆで卵" をどのようにすれば効率よく作れるかを考えるのが運動学習理論なのである。

　運動学習の過程は，大きく３つの段階に分けることができる（Fitts P. M., et al., 1967）。まず認知段階である。これから覚えようとする運動やフォームを頭で理解し，一つ一つの動きに注意を払いながら運動を実行する段階である。過去に覚えた運動を流用してみたり，新しい運動プログラムを作るために試行錯誤する段階である。次は，何度も反復して練習を行い，次第に運動が安定してできるようになっていく運動段階である。この段階では運動を実施することで得られるさまざまなフィードバック情報（感覚情報や結果の情報）を使いながら，合目的的な運動が実施できるように運動を調整し，動きを磨き上げていく段階である。この段階が数ヶ月から数年続くこともある。さらに学習

が進むと自動化の段階に達する。意識せずとも遂行することが可能になる段階で小脳に運動プログラムが形成・記憶されると考えられている（永雄ら，2008）。この段階まで至ると動きに向けられる注意は解放され，余裕ができた注意は周りの状況を把握するために使用することができるようになり，状況判断が可能になる。サッカーを習い始めの人は，自分の動きにばかり注意が向いてしまって，試合状況に合ったパスができないことはこのことが原因の一つである。動きがきちんとできるようになってこそ，しっかりとヘッドアップして戦略的なパスができるのである。

1－5　スキーマ理論

運動学習を説明する理論は一つではない。現在も新しい理論が創出されている。その中で体育指導においても有用な知識を与えてくれるスキーマ理論（Shema theory）（Schmidt R. A., 1975）を紹介する。

スキーマ理論におけるもっとも重要な構成概念は，一般運動プログラムと運動反応スキーマ（再生スキーマと再認スキーマ）である。一般運動プログラムが動かし方を提供し，運動反応スキーマがそれをどのように動かすかのスパイスを加えて，目的を達成する運動プログラム（運動計画）が作られ，運動器に伝達され運動が実行される。そして，運動の実行によって生じるさまざまなフィードバック情報を用いて，目的を達成する運動が実行されるよう磨き上げられていくのである。

運動反応スキーマには再生スキーマと再認スキーマがある。再生スキーマとは運動プログラムを作成する際の機構であり，再認スキーマは運動プログラムが実行された時の運動感覚イメージを作成するときに利用される（図4－3)。

1－6　スキーマ理論から運動学習を促進させるヒント

スキーマ理論から見えてくる運動学習へのヒントに多様性練習

図4−3 スキーマ理論のダイアグラム

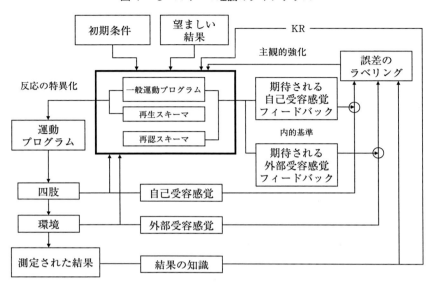

出所：シュミット R. A.（調枝孝治監訳）『運動学習とパフォーマンス』大修館書店，1994年，272ページと大橋ゆかり『セラピストのための運動学習ABC』文光堂，2004年，105ページを参考に作成。

(variable practice) が挙げられる。例えば，ゴルフでは正確な距離感とそれに応じた微妙な力加減が重要な運動技能の一側面であるが，これを導き出す運動反応スキーマを洗練するためには同じ距離（あるいは力加減）ばかりで練習するのではなく，ランダムに距離を設定して練習を計画したほうが効率が良い。また，いくつかの異なる運動からなる課題を練習する際にも同じことをひと通り練習をしてから次の課題に移るのではなく，これもランダムに練習を計画したほうが有効である。これを文脈干渉効果（contextual interference）という。

1−7 運動学習を促進するフィードバック情報

運動に関連するフィードバック情報には，大きく分けると運動の実行そのものから得ることのできる情報と，外的な他の何かから得るこ

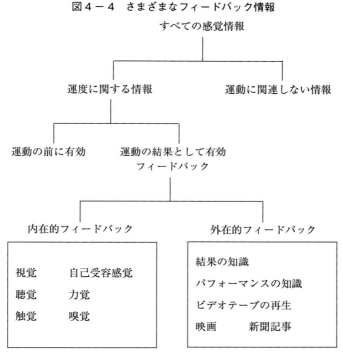

図4-4 さまざまなフィードバック情報

出所：シュミット R. A.（調枝孝治監訳）『運動学習とパフォーマンス』
大修館書店，1994年，234ページを参考に作成。

とのできる情報に分けることができる。前者を内在的フィードバック，後者を外在的フィードバック（付加的フィードバック）という（図4-4）。

　内在的フィードバックとは，運動の実行から自然と得られる情報である。例えば，ジョギングをすると景色がどんどん後方へと流れていく様子を視覚情報としてとらえることができる。そして，風を切る音の聴覚情報，地面を蹴る足裏の皮膚感覚，そして大腿四頭筋の筋感覚や動きの運動感覚などが感じられる。これらはすべて「走る」という運動を実行することで自然と得ることができる情報であり，これらを内在的フィードバック情報という。一方，ジョギングをしているときに誰かにビデオを撮ってもらってフォームを確認したり，最近ではス

マートフォンの加速度計を利用して走った分のカロリー計算ができたりするが，そのような形で知り得た情報は外的なものがあってはじめて得ることのできる情報である。こうした情報を外在的フィードバック情報あるいは付加的フィードバック情報という。外在的フィードバック情報には指導者からの声掛けやビデオ映像を利用したフォームの確認といった情報も含まれる。外在的フィードバックは誤差情報を提供してくれるなど運動をより最適なものにするにあたってとても重要な情報である。

　ところが，外在的フィードバックに依存しすぎると返って学習を妨げてしまうことがある。例えば，鏡でどこに刃を当てるのかを確かめながら顔を剃る人は，鏡が無い状態ではスムースに剃ることができなくなる。これは，外在的な鏡による視覚フィードバックに過度に依存すると運動感覚をはじめとした内在的フィードバックを用いた情報処理を行わなくなるからである（工藤，1984）。これをガイダンス仮説（Salmoni A. W., et al., 1984）と言う。大きな鏡の前で練習するダンスでも同じようなことが言えなくはない。したがって，鏡の前で練習することも正しくできているかどうかを確認するうえで必要だが本番では目の前に鏡は無いので，動いている時に生じるさまざまな内在的フィードバック情報にも注意を向けておく必要がある。そのためのフィードバック利用法として，徐々にフィードバックを与える頻度を減らす漸減的フィードバック，いくつかの試行分をまとめて与える要約フィードバック，一定の範囲から外れた場合にのみ与える帯域幅フィードバックがある。これらはすべて，運動学習において重要とされる内在的フィードバック情報の処理を活性化させる方法である。無論，鏡を見ながらも内在的フィードバック情報は生起し中枢へと送られているが，それへの注意が十分に注がれていないと右から左へと通り過ぎていってしまう。習いはじめには内的基準をより正しいものへと形成させるために鏡を見ながら練習することは間違いではないが，

良い動きができるようになったらその時の身体の感覚など内在的なフィードバック情報へと注意を向けて内的基準を形成する必要がある。こうした過程を繰り返すことで運動技能がより洗練されたものへとなっていくのである。

第2節　動機づけ（モチベーション）

「運動やスポーツは心身に良い」とは現代の常識である。その恩恵にあずかるにはある程度の期間は運動やスポーツを続けなくてはならないが，長らく親しむには強い心理的エネルギーが必要である。これを扱うのが動機づけである。

人の行動には理由がある。行動のなぜを説明する概念を動機づけ（motivation）といい，「行動を特定の方向に向けて生じさせ，持続させる過程や機能の全般」（中島ら，1999）と定義されている。人の行動を引き起こすエネルギーを動機といい，「〜したい」という要求（欲求）である。動機と一口に言っても内容は様々で，生理的安定性を求めるホメオスタシス性動機や達成，親和，獲得，承認といった社会的動機などがある。そして，求める対象である目標に向かって行動が生起するのである（図4－5）。したがって，動機づけには行動を駆り立てる働き，目標へと行動を向ける働き，行動を強化し持続させる働きがある。

図4－5　動機づけの概念図

出所：青木　高・太田壽城（編）『健康・スポーツの心理学（フィットネスシリーズ）』建帛社，1996年，50ページを参考に作成。

２－１　外発的動機づけと内発的動機づけ

　外発的動機づけとは，行動を起こしている理由がその行動の外にある報酬（または罰からの回避）を満足するために生起している場合の動機づけをいう。例えば，就職に有利だから体育会系運動部に所属している場合はこれに相当する。一方，内発的動機づけとは行動そのものに報酬が内在している形で動機づけられている状態をいい，例えばサッカーをすることそのこと自体が楽しいからサッカー部に所属し，部活動に励んでいる場合がこれにあてはまる。

　運動・スポーツへの動機づけを考えるとき，前述のように「いかに長らく楽しむことができるか」を重視すれば，内発的動機づけのほうがより良く見える。なぜなら就職に有利だから体育会運動部に所属しているというように外発的に動機づけられている場合，別の行動でより有利に就職活動を進めることができることを知ってしまったら，きっとその人は部活動をやめてしまうだろう。その一方で，サッカーにそのものに内発的に動機づけられている場合は，サッカー独特の楽しさや喜びが報酬となっているので，サッカーをすれば報酬を得ることができ，やればやるほど行動が強化されるからである。こうした理由から，やる気を持続させるためにも運動・スポーツの恩恵を享受するためにも内発的に動機づけることは大変重要なのである。

２－２　内発的動機づけ

　1940年頃の伝統的な心理学では，性的な動因ないしはホメオスタシスなど生理的な欠乏や不均衡が行動の基盤にあると考えられていた。それに対して，有機体の刺激や情報を積極的に求めていく傾向，本能に支配されずに環境に能動的に対処していく人間観が提唱される中，内発的動機づけの概念が成立されていった（鹿毛，1994）。

　内発的動機づけの研究者であり認知的評価理論を提唱したデシ（1975）は，内発的動機づけの本質は人が生まれながらに欲している

有能さと自己決定であるとし，「内発的に動機づけられた行動とは，人がそれに従事することによって，自らが有能で自己決定的であると感知することのできるような行動である」と定義した。すなわち，内発的動機づけでは外的な報酬が無くても有能さ（White R. W., 1959）と自己決定（deCharme R., 1968）の感覚を得るために行動するのであり，行動それ自体が目的・報酬となるのは，その行動が有能さ（環境を効果的に処理することのできる人の能力もしくは力量）と自己決定（ある行動が自分自身の決定によるものであると認知すること）の感覚という内的報酬をもたらすからである（杉原，2003）。

　このような内発的な動機づけは，自分の実力に見合った適切な目標の設定を導く。なぜなら適切に設定された目標だからこそ努力すれば達成できるのであり，その達成は有能さの認知につながるからである。

❖トピック：運動有能感（sport competence）❖──────

　運動有能感とは，運動の上達・成功体験から生まれる，やればできるという自己の運動能力に対する自信であり，このような自信が運動行動に影響を及ぼし，さらに活動的・積極的な行動傾向や低い劣等感と結びついていくと考えられている（杉原，2003）。一方，発達段階が高くなるに従って，運動有能感が低下する傾向があることが報告されている（岡沢ほか，1996；西田，1995）。

　岡沢ほか（1996）は運動に内発的に動機づけられるためには運動有能感が重要であるとし，その構造を「身体的有能さの認知」「統制感」「受容感」から明らかにした。身体的有能さの認知とは，自分の運動能力や運動技能に対する肯定的認知のことで「運動を上手にできる」という自信のことである。統制感とは，自分の努力や練習によって運動がどの程度できるようになるのかという見通しであり，「頑張ればできるようになる」という自信のことである。受容感とは，運動場面で教師や仲間から自分が受け入れられているという認知であり，「み

んなに受け入れられている」という自信のことである。運動有能感について，杉原は（2000）幼児期・児童期の運動経験によってその基礎がつくられると報告している。

2-3　自己決定理論

これまで外発的動機づけと内発的動機づけについて別々に説明をしてきたが，両者はまったく質の異なるものではない。自己決定性の強さによって，そのつながりを説明できる（図4-6）。それが自己決定理論である（竹中，2005）。

「無動機」の段階は何も動機づけられていない状態である。「外的調整」とは他者からの強制によってしかたなく行っている状態であり，ほとんど自己決定的ではない。「取り入れ的調整」はまだまだ消極的

図4-6　自己決定理論

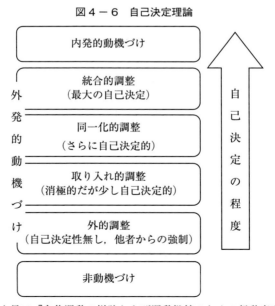

出所：竹中晃二『身体運動の増強および運動継続のための行動変容マニュアル』ブックハウス・エイチディ，2005年，54ページを参考に作成。

第4章　スポーツ心理学　127

ではあるが少し自己決定的である状態である。さらに自己決定的になると「同一化的調整段階」,「統合的調整段階」となる。この段階は最大の自己決定であり, 内発的動機づけの状態に最も近い。

　初めは誰かに誘われてはじめたバレーボールが, 上達するにつれていつの間にかバレーボールが好きになり, 誘った人がやめてしまった後も夢中になって続けていたというように, 自己決定的になるには経験を積む中で有能さを認知することが大切である。そう考えると有能さと自己決定は密接に関連しあう概念であることがわかる。したがって, いかに成功経験を積み, 有能さを感知することができるかが重要であり, これこそスポーツ指導者の腕の見せどころではないだろうか。

２−４　指導現場において内発的動機づけを高める方法

　前述の通り, 内発的に動機づけることは行動の継続性という観点から見てより望ましい。内発的動機づけを高めるには,「達成可能な目標を明確に設定する」「結果の知識を与える（KRの提示）」「努力へ因果帰属させる」「自分の力で成功した喜びを感じ取らせる」「賞罰を適切に与える」「行動の主体は自分であると認識させる」などの方法がある（松田ら, 2001）。どれも有能さと自己決定の認知を促したり, 現在の実力に照らして適度な難しさを提供するような目標設定など内発的動機を刺激するものである。また, 松田らは成功と失敗のバランスも重要であると述べている。成功や失敗の意識は, 結果に対する自分の目標や期待（要求水準）と関係があり, 結果が要求水準よりも高ければ成功, 低ければ失敗と認識する。そしてこれには自我関与（対象をどれだけ大切と思えるか）の強さと関連がある。ほめるという行為は成功経験を与える一つの方法であり, 動機づけを高める有効な方法であるが, ほめすぎても飽きを生じさせ, 返ってマイナス効果をもたらすこともある。ただほめてさえいれば良いのではなく, 時には失敗も必要であり, むしろ失敗から学んで成功させたときの喜びは有能感を

高め，内発的動機づけを高めるエネルギーとなる。ここでも指導者の適切なリードが求められる。

2−5　動機づけを高めるメンタルトレーニング—目標設定—

　動機づけを高める方法に目標設定がある。目標設定はメンタルトレーニングの中核をなす重要なトレーニングの一つであり，適切に目標を設定することは動機づけ（やる気）の向上につながる。上手に目標を立てることで目標が達成され，有能さの認知につながるのである。

2−6　目標設定の方法

　目標を立てると一言にいっても方法を誤ると返って動機づけ（やる気）を低めたり，自信を無くしたりしてしまうので注意が必要である。以下に目標設定の重要なポイントを挙げる（杉原，2003）。

(1) 具体的目標の設定

　「1500m 走を 4 分 30 秒で走れ」というように数値化するなど客観的に評価することが可能な具体的な目標が良い。よくみかける「全力を尽くす」という目標は，実際どこまでやればよいのかという到達点がはっきりとしないために効果的な目標ではない。数値化できない場合には「○○ができるようになる」のように到達点を明確にすると良い。

(2) 挑戦的かつ現実的目標の設定

　目標が動機づけを高めるのは，現在の状態よりも高い目標を掲げることで心理的に不均衡状態になるからである。しかし，高すぎる目標は達成できそうにもないというマイナスの期待感を高めたり，取り組んだところでいつまでも達成できなかったりするし，逆に低すぎる目標は簡単に達成してしまうためにいずれにしても有能さの認知にはつながらない。まず，現在の真の能力を踏まえた上で達成可能性 50 ％

第4章　スポーツ心理学　129

「できるかできないかわからないが努力すればできそうだ」程度の目標を設定することが効果的である。

(3) 長期・中期・短期目標の設定

目標が達成するまでの期間という観点から長期目標，中期目標，短期目標に分けられる。最終的な到達地点を示す長期目標，途中の中間目標，今取り組むべき短期目標である。それぞれの目標がリンクしていることを自覚することが最終目標の達成に向けた動機づけを高める。

(4) 行動目標の設定

行動目標とは特定の結果を導くために必要な行動についての目標であり，結果目標は勝ち負けなど結果を重視した目標である。スポーツ現場では「優勝するぞ」のような結果目標を掲げがちだが，結果目標は自分の努力ではコントロールできない要素（敵の能力や努力，運など）が含まれており，いくら自分が努力しても報われない可能性がある。一方で，「失敗を引きずらない」「自分の演技に100％集中する」といった良い結果につながる行動を目標とする行動目標は，すべて自らのコントロール下にあり，自分の努力次第で達成できるという点から動機づけのためにはより良い。

(5) 目標へのコミットメント

目標は自分自身にとって達成すべき大切なものでなければならない。そうでなければ失敗をしても自分の能力や努力に帰属できず，その後の努力促進につながらない。

(6) 結果のフィードバック

あらかじめ設定した期間が来たら，きちんと結果（成果）を評価し，達成されていれば目標をさらに高め，達成されていなければ目標や方

法・計画を見直す必要がある。こうした循環の中で取り組んでいるスポーツや運動，自己に対する理解を深めたり，創意工夫，自主性が生まれてくる。

目標達成の先に得るものは目標達成という成功経験とそれによる本当の自信（有能さの認知）の形成である。一歩一歩目標を確実に登ってきたという経験は，なにがあってもゆらがない自信へとつながるだろう。特に，危機的な場面を目の前にして「震えるか？」それとも「力が入るか？」はこれまで自分が何をどれだけ積んできたかに依存する。背伸びをしすぎない目標で十分である。着実なステップアップで，真の自信を養うことが何よりも大切である。

2－7　達成目標理論（achievement goal theory）

達成目標理論とは，個人が達成場面で設定する目標の種類や意味づけが動機づけを規定すると考える理論である。デュエック（Dweck, 1986）によると，個人の達成目標（achievement goal）やそれに伴う達成行動のパターンには，自身の能力をどのように捉えているかが関係しているという（表4-1）。達成目標は，「課題目標」と「自我目標」

表4－1　達成目標と達成行動

能力観		達成目標	現在の能力についての自信		行動パターン
固定的理論 （能力は固定的）	→	自我目標 （目標は有能さについて肯定的な評価を受け，否定的な評価を避けること）	高い場合	→	熟達志向型 挑戦を求める 高い持続性
			低い場合	→	無力感型 挑戦を避ける 低い持続性
拡大理論 （能力は可変的）	→	課題目標 （目標は有能さの拡大）	高い場合 もしくは 低い場合	→	熟達志向型 挑戦を求める 高い持続性

出所：松本裕史「Ⅰ部6章目標設定と動機づけ」荒木雅信（編著）『これから学ぶスポーツ心理学　改訂版第3刷』，2021年，48ページ。

の二つに分類されている。それぞれをスポーツ場面で考えてみると，課題目標は新しい技術を身につける，スキルを向上させるなど練習の過程や努力を重視する目標である。自我目標は，能力に価値を置いて他者と比較することで自分がより優れていることを示して高い評価を得ることを目標とするものである。

　この理論は，これら二つの達成目標の背景として自分の能力をどのように捉えているかということが存在しており，それによって行動パターンは影響を受けるというものである。換言すると，能力は柔軟で拡大するという「拡大理論」であれば，自分の能力をどのように拡大させることができるかに関心があるので，課題目標を設定する傾向が強く，熟達志向的な行動になる。しかしその一方で，能力は固定されたものであり，変化することはないという「固定的理論」であれば，課題に対して自分の能力が足りているか否かに興味があることから，自我目標を設定しやすい傾向が強く，自身の能力が高いと認知している場合は成功できる可能性が高いので熟達志向的になるが，自身の能力が低いと認知している時には失敗する可能性が高いと判断することになるので，課題に取り組む意欲は低く，失敗を恐れて挑戦を回避し，無力感に陥りやすい。

　さらに，達成目標を個人の特性として捉えるものには，「課題志向性（task orientation）」と「自我志向性（ego orientation）」があり，これを目標志向性（goal orientation）という。

　課題志向性は，何かに熟達することや能力を伸ばすことなど熟達や学習のプロセスそのものを重視する志向性である。自我志向性は能力に価値を置き，他者との比較を基にした達成を重視する志向性である（松本，2021）。デュダほか（Duda et al., 1995）は内発的動機づけと目標志向性との関連をみたところ，課題志向性との間には正の相関，自我志向性との間には負の相関がみられることから，内発的動機づけを高めるという観点からも学習の過程を重視する課題志向性の重要性を示

している。

スポーツ場面における目標志向性は，課題志向性が自我志向性より動機づけに望ましい影響を与えることが明らかになっている。指導者の位置づけとしては，課題志向性は失敗を能力やスキルの向上のための情報として捉えるのに対して，自我志向性は評価の情報として不安を喚起するものと捉える。つまり，課題志向性では指導者を良き導き手として捉えるのに対して，自我志向性では指導者を評価者，判定者として捉えるのである。

2−8　健康づくりへの動機づけ　トランスセオレティカル・モデル

現代は，車，バス，電車を使いこなせば，完全なドア to ドア生活を送ることもできる。このような便利な世の中で，身体的にも精神的にも健康を維持するためにはやはり意識的な運動の実施が不可欠である。

ところが，「わかっているけど，やれない」のが運動である。どのようにすれば多くの人に運動やスポーツを実施してもらえるのであろうか。ここでは健康行動の行動変容にきわめて有効とされるトランスセオレティカル・モデルについて説明する。

トランスセオレティカル・モデル（Trance-Theoretical Model，以下TTM）は，プロチャスカとディクレメンテら（1992）によって提唱された，実施する人の「やる気」に合わせた介入方法を教えてくれるモデルである。TTM は，変容ステージ，セルフエフィカシー，意思決定のバランス，変容プロセスの4つの要素によって構成され，根底となる理論は，ステージ理論とプロセス理論である。

変容ステージは，過去および現在における実際の行動とその行動に対する準備性と実践の程度によって，「前熟考ステージ」（行動も意志もない），「熟考ステージ」（行動は生起していないが，意志はある），「準備ステージ」（行動は生起しているが不安定），「実行ステージ」（行動を

生起して6か月未満)，「維持ステージ」(行動を生起して6か月以上) の
5つのステージに分類される。セルフエフィカシー (self-efficacy) と
はバンデューラ (1986) が提唱した，ある特定の行動を成功裡に遂行
できると信じる信念であり，ここでは健康行動の実施に対する自信で
ある。意思決定バランスとは，行動することの恩恵と負担のバランス
の知覚である。変容プロセスとは，変容ステージをより高いステージ
へと移行させるための戦略のことで，認知的方略と行動的方略がある
(表4-2)。

　変容ステージが高まっていくについて，セルフエフィカシーや恩恵

表4-2　変容プロセスと定義

【意識的方略】

	定　義
意識の高揚	その人が，新しい情報を探したり，問題行動に関する理解やフィードバックを得るための努力
ドラマティック・リリーフ	変化を起こすことに関する情動的様相
自己再評価	問題行動に関してその人が見積もる感情的認知的価値の再評価
環境的再評価	問題行動がどのように物理的，社会的環境に影響を与えているかをその人が考えたり，評価したりすること
社会的解放	代替行動をとったり，問題行動のないライフスタイルの促進が社会でどのように進んでいるかをその人が気づいたり，利用する可能性を探ったり，受容すること

【行動的方略】

反対条件づけ	問題行動への代替行動を行うこと
援助関係	問題行動を変化させる試みの最中に，気遣ってくれる他者の援助を信頼し，受諾し，使用すること
強化マネジメント	問題行動を制御したり，維持したりする際に随伴する内容を変化させること
自己解放	問題行動を変化させるために行うその人の選択や言質のことで，誰もが変化できるという信念を含む
刺激コントロール	問題行動のきっかけとなる状況や他の原因を制御すること

出所：竹中晃二「トランスセオレティカル・モデル TTM の概要」『心療内科』8(4)，
　　2004 年，264 ～ 269 ページを参考に作成した。

の知覚が高まっていく。どうしても前熟考ステージや熟考ステージにいる人は，運動行動を続けていく自信が低かったり，目の前の負担にばかり気が向いてしまう傾向が強いので，運動することによる変化を身体レベルから行動レベルまでフィードバックして本人に気づかせたり，楽しさを共有したり，恩恵に目を向けさせるような介入が必要である。

❖トピック：自己効力感（self-efficacy）❖

　自己効力感とは，「期待」と「行動」との関係が重視されているもので，ある「結果」を達成するために必要な「行動」をどの程度うまく行うことができるかという個人の確信であり，社会的認知理論の中核をなす概念とされている（Bandura, 1977）。この理論では，「期待」は効力期待感（自己効力感）と結果期待感に分類されており，それぞれが「行動」や「結果」に影響するというものである（図4-7）。人と行動の関係を繋ぐ効力期待感は，人がある行動をどの程度実行できるかという信念を示しており，これが自己効力感である。行動と結果を結ぶ結果期待感は，ある行動がどのような結果をもたらすかという期待感を意味している。

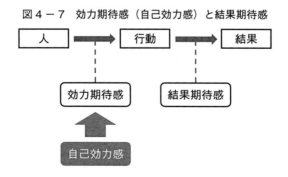

図4-7　効力期待感（自己効力感）と結果期待感

　スポーツ場面での自己効力感に関する研究はこれまで数多く行われており，自己効力感の高まりがパフォーマンスに対してポジティブに

作用することが示されている。

　社会的認知理論において自己効力感を形成，変容させる4つの情報源があるとされている（Bandura, 1997）。一つ目は，遂行行動の達成（mastery experiences）である。自分が何かを達成，成功するという経験を重ねると自己効力感を高めることにつながるという最も重要な要因である。二つ目は，代理的説得（vicarious experiences）である。他人が何かを達成するのを観察することによって，自分にもできるという信念が生起することをいう。三つ目は，言語的説得（verbal persuasion）である。他者からの励ましやアドバイスなどを言葉で受けて，自信を高めることをいう。四つ目は，生理的状態（physiological state）である。身体の状態や気分などの生理的，情動的な変容が自己効力感に影響すると考えられている。

第3節　メンタルトレーニング

3－1　メンタルトレーニングとは

　スポーツ現場では辛いことや苦しいことがあってもチームからはずされまいと我慢して口外しなかったり，昔は"気合"や"根性"で乗り切ることを善しとする傾向があったと思われる。しかし，最近ではメンタルトレーニングやメンタル面の強化という言葉をよくスポーツ現場で耳にするようになった。心理面のサポートを受けることに選手やコーチの抵抗がなくなり，またはその意義を知り，体力トレーニングと同様に重要なものとして思われるようになってきたのではないかと大変うれしく思う。

　そもそも，わが国におけるメンタルトレーニング（mental training）の始まりは，1964年東京オリンピックにおける射撃や体操，水泳選手を対象としたリラクセーション技法の適用であった（日本スポーツ

心理学会編，2004)。その後，メンタルトレーニングの勢いは一時停滞
したが，1984年のロサンゼルスオリンピックを契機にメンタルトレー
ニングが本格的に導入され，さまざまな研究プロジェクトが立ち上が
り今に至っている。2000年には日本スポーツ心理学会認定のスポー
ツメンタルトレーニング指導士（補）が発足した。

　メンタルトレーニングは「スポーツ選手や指導者が競技力向上のた
めに必要な心理的スキルを獲得し，実際に活用できるようになること
を目的とする，心理学やスポーツ心理学の理論と技法に基づく計画的
で教育的な活動」（日本スポーツ心理学会編，2016）と定義されている。
ポイントは競技力に関与する心理的側面を心理的スキルとしていると
ころである。つまり，だれでも学んで身につけることができるという
ことである。大舞台でも緊張せず，堂々とやってのける選手を見て，
それを彼の素質とあきらめてはいないだろうか。まずその意識改革が
メンタルトレーニングの第一歩である。

3－2　選手の心理的問題―あがり―

　スポーツに限らずさまざまな場面で"あがり"を経験したことは
誰でもあるだろう。あがりはスポーツ現場の心理的問題のなかでも
非常に身近な存在である。あがり（stage fright, audience anxiety）は
「スポーツ等で試合に臨む時などに体験される心身の緊張状態をいう」
（中島ら，2000），また「さまざまな原因によって，過度の情緒的緊張
や興奮が生じ，試合の場面に上手く適応できなくなるような心理的，
生理的現象」（松田ら，2001）と定義されている。あがりは不安や緊張
と密接に関わっている。

　人は自己の内外からさまざまな刺激を受けて緊張感を高めたり，不
安を感じたりする。緊張や不安の高さといった心理的指標を横軸，縦
軸にパフォーマンスを取ると図4－8のようにきれいな曲線を描く。
このように緊張とパフォーマンスとの関係は逆U字の関係にあり，

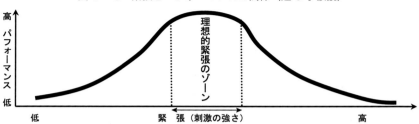

図4-8 緊張とパフォーマンスの関係（逆U字仮説）

これを逆U字仮説という（日本スポーツ心理学会編, 2016）。つまり, 緊張が低すぎても高すぎても発揮されるパフォーマンスは低く, 最高のパフォーマンスを発揮するには適切な緊張の範囲（理想的緊張ゾーン）があることと同時に, 上がりすぎてしまった緊張を下げることで最高のパフォーマンスを発揮できることを示唆している。

あがりへの対処法の一つとしてリラクセーション技法がある。これは過緊張の状態を弛緩させて最良のパフォーマンスを発揮するにふさわしい緊張状態にする方法である。一方で緊張が低すぎる状態を"さがり"といい（杉原, 2003）, そのような場合には興奮を高めるアクティベーション（活性化）の適用が必要となる。ちなみに最高のパフォーマンスを導く理想的緊張のゾーンはすべて真ん中あたりが良いというわけではなく, 種目特性や性格といった個人特性などによってそのゾーンは異なってくる（図4-9, 10）。ちなみにこのような逆U字の関係は緊張状態だけでなく, 不安, 動機づけ, ストレスなどほかの心理状態を横軸にあててもほとんど同じような関係が成り立つ。つまり心理状態というものには"ちょうど良い"が存在するのである。

自分にとっての理想的緊張のゾーンは日頃の練習や試合の中で, 自分の心理状態とパフォーマンスをモニターし, 見いだしていくしかない。そこで役に立つのが練習や試合のたびに書きつける日誌である。パフォーマンスとその時の心理状態を記録することでどのようなときに何をどうすればどうなるかがみえてくる。そうすれば対処法もわか

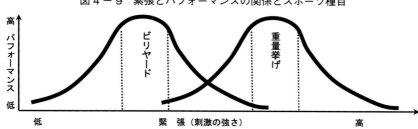

図4-9 緊張とパフォーマンスの関係とスポーツ種目

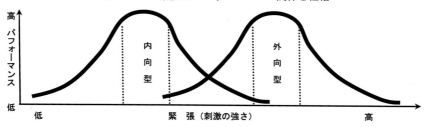

図4-10 緊張とパフォーマンスの関係と性格

表4-3 あがり時の心と身体の症候

心理的症候	生理的症候
・頭に血がのぼったような感じで何も考えられなくなる「頭が真っ白になった」 ・プレーにまったく自信がなくなる ・失敗に対する不安や恐れが強い ・周りの選手が強くて落ち着いているように見える ・自分のプレーの良し悪しがわからなくなる ・落ち着こうと努力するがますます緊張してくる ・注意があちこちに向けられ集中できなくなる ・足が地につかないような感じがする ・その場から逃げ出したくなる	・呼吸が乱れ息苦しくなる ・顔面がこわばる ・心臓がドキドキする ・いつもより喉が渇く ・手足が思うように動かない ・手の平にベッタリ汗をかく ・全身がほてるような感じ など

出所：市村操一『トップアスリーツのための心理学』同文書院，1993年，36～37ページを参考に作成。

るのである。

　あがりの心理的，生理的症候には表4-3のようなものが挙げられる。これらについて市村（1993）は①自律神経系，特に交感神経系の緊張の因子（「ドキドキする」など），②心的緊張力の低下の因子（「集

中できない」など），③運動技能の混乱の因子（「思うように動かない」など），④不安感情の因子（「不安を感じる」など），⑤劣等感情の因子（「相手が大きく見える」など）の５つの因子に分類している。

あがりの原因は多様である。まずは見物効果（audience effect）である。観衆の多さ，特別な人の応援など他人が存在することによる心理的な影響である。二つ目は，競技相手の認知である。強敵の相手との対戦など勝つか負けるかわからないときにあがりやすいというものである。人は不確実な事態に遭遇すると不安を感じやすいという傾向がある。三つ目は，周囲の期待である。オリンピック・パラリンピックや世界選手権大会では，国民からの日本選手への期待は想像もできないほど大きいものになる。それが，励みになる選手もいるがプレッシャーとなって委縮してしまう選手もいる。四つ目は，試合の質である。優勝戦や入れ替え戦など大切な試合となると緊張するというのがこれに当たる。そこでの勝ち負けが大きな価値を持つからである。五つ目は，高い水準の要求・期待である。これも価値観と深く関連している。例えば，サッカーが大好きでとても大切だと感じている人が，サッカー人生の真価を問う試合に臨むときにはどうしても緊張してしまう。このように対象に強い自我関与が生じている場合，そこでの経験は自分自身の自尊心や感情に強く影響するために緊張するのである。六つ目は試合経験の乏しさや，自分自身に対する自信の欠乏など自信不足に関するものである。経験もしくは成功経験不足といっても大きい大会になればなるほど多くの経験を積むことは難しい。そこで効果を発揮するのはメンタルリハーサルである。メンタルトレーニングの一つであり，イメージを使って頭の中でリハーサルをするというものである。五感豊かにイメージを描くことで経験不足を補うことができる。また，成功イメージを描くことで自信をつけることもできる。繰り返しになるが，ポイントは五感豊かなイメージである。最後は，スポーツ選手の性格（パーソナリティ）特性である。特に内向型は外向

型に比べ強い刺激に敏感に反応しやすい。さらに，心配性や神経質傾向，不安傾向の強い人，自尊感情の低い人，社会的体格不安が高い人などがあがりやすいといえる（松田ら，2001）。

3−3　あがりのメンタルトレーニング

　あがりを克服するためには，自らへの気づきを高めることが大切である。やみくもにリラクセーション法をおこなってもその効果は期待できない。リラクセーション法を適用する過程の中で生じるさまざまな気づきが心理的問題の解決には大変重要なのである（星野，2001）。

　あがりを解消する現場的方法には，不安な技能が熟達するまで練習したり，試合を想定した練習で心理的負荷を高めたり，何度も試合に出場して慣れたり，対戦相手を研究して不安要素を減らすといった方法がある。

　あがりのメンタルトレーニングでよく適用されるのはリラクセーション技法である。これは緊張した心をリラックスさせる心理技法である。特に身体にアプローチするリラクセーション技法はフォームチェックなど"身体と対話"する機会の多い選手にとって親和性が高く，身体は実感できるため操作がしやすい。心と身体はお互いに関連しあっている（心身相関，心身一如）ことを利用して，身体をリラックスさせることで心をリラックスさせるのである。

　こうしたリラクセーション技法の代表に漸進的筋弛緩法がある。漸進的筋弛緩法は，筋の緊張をゆるめることが心身の病気を改善したり，予防するという考えのもとにジェイコブソン（Jacobson, 1929）が開発した筋弛緩のための技法である。この技法では，身体のある部分の筋（右手など）をまず緊張させ，次いで力を抜いて緩める。その部分がリラックスしたことをはっきりと感じとることができたら，次に右腕全体，そして両腕というように身体全体のリラクセーションが得られるようにする（漸進的の意味）方法である。全身が弛緩した状態にな

第4章　スポーツ心理学　141

ることで，中枢神経系の興奮の鎮静化などをもたらすとされている。

　リラックスするためには，まず自分の身体が緊張しているのかそうではないのかに気づく必要がある。しかし，人間の身体は自分が思っている以上に気づきが低い（星野，2001）。この技法では緊張させてから弛緩させているために両者の感覚の違いに気づきやすく，リラックスや身体への気づきを高めやすい。余談だが，筋力トレーニングのマニアが魅了される理由にトレーニング後のリラックス感があるらしい。強い筋緊張の後は過弛緩が生じることが知られている。

　もう一つ忘れてはならないリラクセーション技法に呼吸法がある。呼吸法は呼吸というもっとも身近な身体運動を用いたリラクセーション法であり，効果の高い方法である。

　呼吸（もしくは呼吸活動）の主な目的は，酸素の摂取と二酸化炭素の排出である。呼吸中枢は橋から延髄にかけての部位にあり，呼吸の周期的なリズムを作り出している。呼吸中枢には末梢からの神経入力と同時に上位の皮質性支配によって自動的ばかりでなく意識的に呼吸をコントロールすることもできる。

　呼吸法では呼吸の呼（はく）と吸（すう）を意識して行う。基本的には横隔膜を使って大きくおなかが動くようにゆっくりとスムースに口から息を吐いて，鼻から吸うように行う。息を吐くときに口を大きく開けていると，空気圧の関係でゆっくりと息を吐き出すことはできないために口はすぼめて行うのが良い。こうしたゆっくりとした呼吸を行うことで副交感神経が亢進し，心身のリラックスが図れるのである。したがって，呼吸法の最中は心身のリラックス感に集中することが重要である。逆に「シュッ」と鋭く短く息を吐くような呼吸をすると緊張感が高まってくる。

　このように呼吸は心身のあり方，さらには動きともと密接に関連している。一度，心理状態と呼吸，動きと呼吸あるいは優れたプレーヤーはどのような呼吸しているのかを観察してみるとよい。意外なパ

フォーマンス向上のヒントがあるかもしれない。

　他にリラクセーション法には動作法，自律訓練法など様々な技法がある。対症療法的ではあるが，こうしたリラクセーション技法を適用することで，緊張した身体をリラックスさせ，心と身体の相互作用関係を利用して心のリラックスを図ることができる。

　さて，これまでリラクセーション技法を紹介してきたが，ここで大切なのはいかに「今ここの感覚」を高めることができるかである。ここで紹介したリラクセーション技法もそのための技法ではあるが，経験豊富な心理カウンセラーによれば，これから起こるかもしれないことへの不安や過去に起きたことへの不穏な気持ちが強い場合，そもそもリラクセーション技法がうまく導入できない事例もあり，その場合にはリラクセーション技法の前に，まず「今ここの感覚」を高める技法が必要なケースもあると話している。

3－4　スポーツカウンセリング

　1990年代から競技生活への不適応やバーンアウト（燃え尽き症候群），摂食障害，傷害による心への影響など，スポーツ選手の心理臨床的問題を取り扱うスポーツカウンセリングが注目されている（木塚, 2014）。スポーツ選手の心理的サポート（心理的支援）は，競技力向上から競技生活の充実，心理的問題の解決までと範囲が広い。

　スポーツ選手の競技力向上と心理臨床的問題の解決は次元の違うことのように見える。スポーツ選手の健康度を軸に，その基線を普通の健康状態とすれば，競技力向上は健康度が高い領域に分類され，その一方で心理臨床的問題は健康度が低い領域に分類されるであろう。しかし，実際はそう単純にわけられるものではなく，その両者が複雑にからみあったりしているわけで，鈴木（2006）はスポーツカウンセリングについて「競技力向上に関わる問題，競技遂行上の問題，神経症，身体的な問題，あるいは前人格的成長や引退の問題など，さまざまな

問題や悩みを抱えるアスリートに対する心理アセスメント，そしてカウンセリングや心理療法がその主たるものである。」と包括的に定義している。

　さらに体育・スポーツと心理臨床が関係する実践の場の一つに精神科リハビリテーションがある。昔から運動やスポーツが作業療法の一環で行われている医療機関は少なくなく，最近では 2003 年に日本スポーツ精神医学会の設立やフットサル大会やバレーボール大会などが開催されるようにまでなってきた（コラム参照）。しかし，未だその効果の科学的エビデンスは乏しく，これからの科学的発展が望まれるところである。スポーツと心理臨床が融合する場の一つとして注目をしていきたい。

第 4 節　運動・スポーツとメンタルヘルス

　世界保健機構（WHO）憲章（1946）の前文で「健康とは，単に病気あるいは虚弱でないというだけではなく，身体的，精神的，社会的に完全な良好な状態である」と健康について謳っている。つまり，単に「病気やケガがないから健康」ではなく，「いかに生きるか」といった主観的な要素や生活内容とその状況的・環境的要因まで包含すると述べている。その後，健康の概念は発展し続け，ヘルスプロモーションやライフスキル，生きる力などさまざまな概念が生み出され，健康観は変遷してきている。こうした中，心の健康についても「精神病ではない」だけでは無く，健康日本 21 では心の健康について，「こころの健康とは，いきいきと自分らしく生きるための条件であり，具体的には自分の感情に気づいて表現できること，状況に応じて適切に考え，現実的な問題解決ができること，他人や社会と建設的で良い関係を築けることを意味している」とし，“より良くある”ためのストレス，睡眠，心の病への対策を提言している。

スポーツは身体的のみならず精神面にも好影響をもたらすことは経験的にも明らかである。例えば，WHOは感情の安定やコントロール能力の向上，目標達成欲の向上，自信の高揚，判断力や予測力の向上，適応性の向上が運動の心理的効果として挙げている（しかし，運動やスポーツをただ実施すればよいというわけではなく，もちろんやりすぎれば身体同様に悪影響がある）。不安や快感情といった心理状態と運動強度に着目した研究（橋本ら，1996）によれば，ジョギングするときに自分が快適と感じる「快適自己ペース」での実施が気分の改善には良いとしている。また，運動後の筋弛緩は自律神経系に作用し，感情の安定や意欲の高まりといった活性化に良い影響をもたらす。そして，運動やスポーツの中で能力向上や成功・達成を経験することで有能さを認知し，自信を高めたり積極性や自主性，さらには自尊感情まで高めることができる。有能さを感知できることが重要であり，つまりは適切な目標設定によっていかに内発的動機づけを高めるかが運動やスポーツがメンタルヘルスに貢献するカギとなる。

４－１　運動・スポーツがメンタルヘルスに寄与するメカニズム

　運動やスポーツがメンタルヘルスに及ぼすメカニズムは完全に明らかにはされていない。ここでは生理学もしくは心理学的視点から謳われている仮説を紹介したい。

（1）生理学的仮説

　感情に影響する脳内神経伝達物質の分泌量が運動に伴って増加することから立てられたモノアミン仮説やエンドルフィン仮説，習慣的な運動が脳由来神経栄養因子を増大させるという説，体温上昇によるとする温熱仮説，運動ストレスによる緊張の増大のあと，リラクセーションが亢進するという反動仮説などがある。

(2) 心理学的仮説

　達成感がポジティブな感情をもたらすという統御性仮説，有益で楽しい経験が気分を改善するという活動の楽しみ仮説，非日常的な活動であるスポーツを行うことで日常のストレスを解消する気晴らし仮説などがある。また運動やスポーツの機会がコミュニケーションの機会となり，他者との交流や対人関係の改善など社会的視点からもメンタルヘルスに良い影響をもたらしていると考えられている。

主要引用・参考文献

Bandura, A., "Self-efficacy: Toward a unifying theory of behavioral change", *Psychological Review*, 84, 1977, pp.191-215.

Bandura, A., *Social foundations of through and action: A social cognitive theory*, Englewood Cloffs, N. J.: Prentice-Hall, 1986.

Bandura, A., Self-efficacy: The exercise of control, New York: Freeman, 1997.

deCharme, R., *Personal causation: The internal affective determination of behavior*, New York: Academic Press, 1968.

Duda, J. L., Chi, L., Newton, M. L., Mary, D., and Catley, D., "Task and ego orientation and intrinsic motivation in sport", *International Journal of Sport Psychology*, 26, 1995, pp.40-63.

Dweck, C. S., "Motivational processes affecting learning", *American Psychogist*, 41, 1986, pp.1040-1048.

Fitts, P. M., Posner, M. I., *Human Performance*, Belmont, CA: Brooks-Cole, 1967.

Jacobson, E., *Progressive relaxation.* The University Press: Chicago and London, 1929.

Prochaska, J. O., DiClimente, C. C., Norcross, J. C. "In search of how people change, Applications to addictive behaviors", *American Psychologist*, 47, 1992, pp.1102-1114.

Salmoni, A. W., Schmidt, R. A., & Walter, C. B., "Knowledge of results and motor learning: A review and critical reappraisal", *Psychological Bulletin*, 95(3), 1984, pp.335-386.

Schmidt, R. A., "A shema theory of discrete motor skill learning" *Psychological review*, 82(4), 1975, pp.225-260.

White, R. W., "Motivation reconsidered: The concept of competence", *Psychological Review*, 66, 1959, pp.297-333.

青木　高・太田壽城編『健康・スポーツの心理学（フィットネスシリーズ）』建帛社，1996 年。

市村操一『トップアスリーツのための心理学』同文書院，1993 年。

大橋ゆかり『セラピストのための運動学習 ABC』文光堂，2004 年。

岡沢祥訓・北真佐美・諏訪祐一郎「運動有能感の構造とその発達及び性差に関する研究」『スポーツ教育学研究』16，1996 年，145 〜 155 ページ。

鹿毛雅治「内発的動機づけ研究の展望」『教育心理学研究』42，1994 年，345 〜 359 ページ。

木塚朝博「スポーツカウンセリングが担うもの」『体育の科学』64(1)，2014 年，2 〜 4 ページ。

木村英紀『制御工学の考え方』講談社，2002 年。

工藤孝幾「運動学習における視覚フィードバックの評価− 3 −同時フィードバックと視覚優位性との関連について」『体育の科学』34（7），1984 年，556 〜 566 ページ。

シュミット R. A.（調枝孝治監訳）『運動学習とパフォーマンス』大修館書店，1994 年。

杉原　隆『運動指導の心理学』大修館書店，2003 年。

杉原　隆（編著）『新版幼児の体育』建帛社，2000 年。

鈴木　壯「スポーツカウンセリングの特徴」『体育の科学』64(1)，2014 年，5 〜 10 ページ。

竹中晃二「運動の継続に焦点を当てた行動変容理論・モデルおよび技法—指導上のミスマッチを防ぐ知恵—」『Trim Japan』97，2003 年，13 〜 20 ページ。

竹中晃二『身体活動の増強および運動継続のための行動変容マニュアル』ブックハウス・エイチデイ，2005 年。

Deci, L. E.（安藤　延・石田梅男訳）『内発的動機づけ』誠信書房，1975 年。

永雄総一・北沢宏理「小脳による運動記憶の形成機構（特集 学習と記憶—基礎と臨床）」『Brain and nerve』60(7)，2008 年，783 〜 790 ページ。

中島義明・子安増生・繁桝算男・箱田裕司編『心理学辞典』有斐閣，1999 年。

西田　保「運動への動機づけ」速水敏彦・橘　良治・西田　保・宇田　光・丹羽洋子『動機づけの発達心理学』有斐閣，1995 年，100 〜 107 ページ。

日本スポーツ心理学会編『最新スポーツ心理学—その軌跡と展望』大修館書店，2004 年。

日本スポーツ心理学会編『メンタルトレーニング教本（改訂増補版）』大修館書店，2016 年。

星野公夫「人間は自分の身体を適切に操作できるのか」『順天堂大学スポーツ健康科学研究』5，2001 年，100 〜 108 ページ。

松田岩男・杉原　隆編『運動心理学入門（第 14 版）』大修館書店，2001 年。

松本裕史「Ⅰ部 6 章目標設定と動機づけ」荒木雅信（編著）『これから学ぶスポーツ心理学　改訂版第 3 刷』，2021 年，48 ページ

147

コラム　精神障がい者スポーツの世界

　スポーツ活動の心身への恩恵はここで語るまでもなく，長年にわたる研究や調査により多くの有益性が証明されている。このことは健常者のみならず，ハンデキャップを抱える障がい者にとっても同様である。障がい者スポーツと言えば，パラリンピックをご想像する人も多いかと思うが，パラリンピックは身体障がい者のスポーツの祭典であり，精神障がい者は含まれていないのが現状である（誤解のない様に記すが，パラリンピックを否定するものではありません）。ここでは近年徐々にではあるが着実に発展している精神障がい者のスポーツ活動について紹介したい。

　日本における精神障がい者スポーツは主に精神科入院患者の余暇充実やリハビリテーションを目的として，ソフトボール，卓球，バレーボール，グラウンドゴルフ，フットサルなどが各病院内，あるいは病院間の対抗戦形式で行われてきた歴史があるが，全国規模の大会は行われていなかった。2001 年に宮城県の仙台市を開催地とし，第 1 回の全国精神障害者バレーボール大会が開催された。これが精神障がい者スポーツ初の全国大会とされている。基本的なルールは 6 人制のバレーボールと同様であるが，ソフトバレーボールを使用すること，常に 1 名以上の女性選手が出場することなどの工夫がなされている。翌年の 2002 年からは第 2 回全国障害者スポーツ大会のオープン競技（障がい者の間にスポーツを普及する観点から有効と認められる競技）として精神障がい者バレーボールが認められ，それに伴い全国大会への予選を兼ねた各地区のブロック大会（北海道東北ブロック，関東ブロック，東京神奈川ブロック，北信越ブロック，中部ブロック，近畿ブロック，中国四国ブロック，九州ブロック）も開催されるようになった。2008 年度の第 8 回大会から精神障がい者バレーボールは正式競技として認

められ，現在まで続いている。正式競技となって初めての優勝は
高知県であった。

近年の全国障がい者スポーツ大会（精神障がい者の部：ソフトバレーボール）
における上位入賞チーム

	開催地	優勝	準優勝	第三位
2010 年	千葉県	横浜市	大阪府	浜松市
2011 年	山口県	埼玉県	浜松市	岡山県
2012 年	岐阜県	横浜市	京都市	浜松市
2013 年	東京都	横浜市	東京都	大阪府
2014 年	長崎県	横浜市	大阪府	名古屋市
2015 年	和歌山県	横浜市	大阪府	青森県
2016 年	岩手県	埼玉県	名古屋市	福岡県
2017 年	愛媛県	福岡県	大阪府	青森県
2018 年	福井県	埼玉県	福岡県	青森県

※台風 19 号の影響により 2019 年大会（茨城県開催）は中止。新型コロナ
ウイルス感染症の影響により 2020 年大会（鹿児島県開催）は 2023 年へ
延期，2021 年大会（三重県開催）は中止となっている。

　また，バレーボールの他にも全国規模での大会が整備され盛り
上がりをみせている種目にフットサルが挙げられる。2008 年に
大阪において初の精神障がい者フットサル全国大会が開催され，
競技人口も年々増加傾向にある。2013 年には全国障害者スポー
ツ大会のオープン競技として実施された。また同年，精神障がい
者フットボールの推進・振興団体として，NPO 法人日本ソーシ
ャルフットボール協会（JSFA）が設立された。2015 年には愛知
県名古屋市においで第 1 回ソーシャルフットボールの全国大会が
開催され，そして翌 2016 年には大阪府において世界初の国際大
会が開催されるまでになっている。
　バレーボール，フットサル以外にも，ゲートボール，ビリヤー
ド，ペタンク，バドミントン，シンクロナイズドスイミング（ソ

ロ），スポーツ吹き矢，ダーツ，などが全国障害者スポーツ大会のオープン競技として採用された実績がある。2019年のいきいき茨城ゆめ大会では，卓球が正式競技として，オープン競技としてグラウンド・ゴルフ，スポーツ吹き矢，卓球バレー（卓球台と板状のラケットを用い，ネットを挟んで1チーム6人ずつが椅子に座ってピンポン球を転がし相手コートへ3打以内で返すゲーム）がそれぞれ実施される。

　精神障がい者のスポーツ振興に関して，娯楽志向・競技志向のバランス，参加者のプライバシーの問題，指導者不足など，様々な課題を抱えているのも現状であるが，精神障がい者スポーツ大会を通じて，参加者のQOL（クオリティ・オブ・ライフ）の向上はもとより精神障がい者に対する偏見を取り除くことや周囲の理解に繋がることを期待したい。

　2019年以降，全国障害者スポーツ大会は中止・延期を余儀なくされているが，一日も早い新型コロナウイルス感染症の終息を願うばかりである。　　　　　　　　　　　　　　　　　　　（山村　伸）

参考文献
日本精神スポーツ医学会編『スポーツ精神医学』診断と治療社，2009年。

第5章　スポーツ社会学

はじめに：本章の概要

　近年，オリンピックやワールドカップなど世界的なスポーツ・イベントが大きな注目を集め，人々の日常の中にもスポーツは多様な広がりを見せている。このようなスポーツの隆盛はスポーツがもたらす恩恵，さらにはスポーツに対する人々の大きな期待を反映しているといえる。本章ではスポーツに関する様々な問題を社会学の視点から理解していくことを目指し，スポーツと社会とのかかわりを中心に文化としてスポーツを捉えていくための基本的な「視点」や「考え方」を提供することを目的としている。そのため，第1節ではスポーツの誕生と発展を歴史的な変遷に基づき解説する。そして，スポーツと階級関係（アマチュアリズム）や近代オリンピック（五輪），さらにはスポーツの商業化についても触れる。第2節では，スポーツを文化としてとらえていくための視点について解説する。具体的には，文化の定義やスポーツの価値，スポーツの「楽しさ」や「遊び」としてのスポーツについて理解する。そして，第3節では，我が国におけるスポーツ政策の変遷と組織・支援体制を中心に関係施策や法令等の概要を解説することで，今後のスポーツ振興方策について理解を深めるとともに現代的な課題を発見することを目指す。

第5章　スポーツ社会学　151

第1節　スポーツの誕生と発展

1－1　近代スポーツの誕生

　本書を手にしている読者の皆さんの多くは，スポーツに関心があり，これまでも，そしてこらからもスポーツに関わっていくことだろう。また，すでにスポーツに関わる仕事に就いている人も多いのではないだろうか。では，みなさんが考える「スポーツ（Sport）」とはいったいどのようなものだろう。「スポーツとはなにか」について，あらためて考えてみたい。ある人にとってスポーツとは「青春であり，汗と涙の結晶」であると答えるかもしれない。またある人にとっては「健康維持，ダイエットのための手段」，あるいは「金儲けのためのコンテンツ，商品」であると答えるかもしれない。いずれも間違いではないが，ここでは，スポーツの概念を歴史的な視点から少し考えてみたい。

　スポーツ（Sport）の語源をたどってみると，古代ローマのラテン語「deportare（デポルターレ）」にたどり着く。deportare は de（away）と portare（carry）の合成語であり，もともと「あるものをある場所から他の場所に移す」ということを意味していた。そして，そこから「心の重い，いやな，塞いだ状態をそうでない状態に移す」，つまり「気晴らしをする，楽しむ，遊ぶ」ということを意味するようになった。その後，deportare（デポルターレ）はフランスに伝えられ，中世のフランス語では desport（デスポール）となり，さらにイギリスに伝わった後には，14 世紀の英国人が disport に転じた。そして，16 世紀頃には接頭語がぬけ落ち，Spote あるいは，Sport に略して用いるようになったのである。このように，現在用いられているスポーツ（Sport）は，「遊ぶ，気晴らしをする，楽しむ」という意味を持っており，このもっとも基本的な原義は今日にいたるまで一貫してスポーツの基盤

として保持されている。そして，スポーツの意味や内容は必ずしも固定的なものではなく，それぞれの時代や社会における気晴らし，遊びや娯楽と深く関わりながら変化してきたのである。

　では，現在われわれが慣れ親しんでいるスポーツ，つまりルールや形態が統一された競技スポーツや組織化された近代スポーツはどのように誕生し，発展してきたのだろう。私たちは，その起源を18世紀後半から19世紀前半のイギリスに見出すことができる。イギリスでは18世紀末から19世紀にかけて産業革命が始まり，貴族の子弟の学校であった寄宿制のパブリックスクールに工業化の進展で台頭した中流階級上層の子弟が大量に入学してくるようになった。そのような社会的な潮流は学校そのものを大きく変えることになる。当時のパブリックスクールの生徒は下級生を兎に見立て竹弓で射ったり，モブ・フットボール[1]をしたりするなど，寮単位を中心に野蛮なスポーツを盛んにおこなっていた。それがしばしば暴力的になるため，学校はそれをたびたび禁止したが，生徒はストライキでこれに対抗し，混乱が絶えなかった。このような状況の中，ラグビー校の校長となったトマス・アーノルドはパブリックスクールの改革に乗り出した。つまり，アーノルドは健全な心身の発達にスポーツを活用することを考え，ルールを定めて暴力を排除し，技能が勝敗を左右するようにし，校庭でおこなえる時間的・空間的な規模の営みに転換させようとしたのである。この気晴らしや娯楽からの教育手段への転換こそ，近代スポーツ誕生の起源である。このようなアーノルドの取り組みは見事成功を収め，この成功によってその他の学校も改革を行い，19世紀後半にはほとんどのパブリックスクールにおいてスポーツが公式カリキュラムとして採用されるようになった。近代スポーツの特徴は，人間形成とりわけ道徳的発達に役立つ教育的性格，強い意志や努力を重視する禁欲的性格，フェアプレーや自己犠牲を尊重する倫理的性格，技や知略を重視する知的・技術的性格，ゲームの組み立てや社会集団を構成

図 5 − 1 　近代スポーツの成立と発展

出所：(公財)日本スポーツ協会（編）『公認スポーツ指導者養成テキスト─共通科目Ⅰ』
　　　(公財)日本スポーツ協会，35 ページ。

する組織的性格，そして都市のライフスタイルに対応する都市的性格などに見出すことができる。そして，こうした特徴が英国紳士教育の必須の営みと讃えられ，「アスレティシズム（athleticism＝スポーツ礼讃）」のムーブメントを生み出し，スポーツは人々の生活や社会に溶け込み，更なる広がりを見せるようになった。なお，私たちがよく知っている現代のラグビーやサッカーは，イギリスのパブリックスクールのフットボールが起源である。つまり，パブリックスクールのイートン校とハロー校で手の使用が禁じられたのを皮切りに各校で様々な

ルールが登場し，現代のサッカーへと発展した。一方ラグビー校をはじめとする各校は手を使うフットボールを採用し，後にラグビーと呼ばれる競技へと発展したという歴史を有する。

1－2　スポーツと階級関係（アマチュアリズム）

　スポーツは万人に平等なのであろうか。私たちの多くは，スポーツの機会とスポーツでの成功は誰にでも平等に開かれており，スポーツを金銭や権力，さらには社会的な階層や社会的影響力の問題を超越したものだと思いがちである。その背景には，スポーツがルールや他者を重んじ，フェアプレー精神の所産であると思い込んでいるのではないだろうか。ここでは，スポーツと社会階層やその他の様々な社会的要因との関連について，あらためて問い直してみたい。

　スポーツの誕生と発展に関する史的な展開は先に述べた通りであるが，当時（古代～中世，近代）のスポーツは社会の中でどのような存在，位置づけであったのであろうか。古代ギリシャでは，スポーツは肉体的な強さと優越性を徳とする貴族戦士の独特な営みとされ，戦闘に結びつく格闘技が中心であった。また，スポーツは男性に限られたものであり，古代オリンピックへの参加資格も「ギリシャ人の血統の男子であり，自由市民の生まれで，品行の正しい者」に限定されていたため奴隷や下層階級，過去に犯罪などをおかした者の出場は認められていなかった。そして，中世社会におけるスポーツには，騎士に代表される上流階級のスポーツと農民に代表される庶民スポーツとの明確な階級分割が存在していた。前者の代表的なスポーツがトーナメントやジュストとよばれる馬上槍試合であり，群衆の目前で開催されるこうしたスポーツは，騎士の威光を示す「偉大なる者の劇場」でもあった。さらに，獲物の保護のために，その主催者と主君とその長子のみしか認められなかった狩猟も上流階級の特権的スポーツとして盛んにおこなわれていた。一方，庶民のスポーツの代表は，モブ・フット

ボールとクルーエル・スポーツであり，多くの場合飲酒と賭博を伴って，庶民の一時的な気晴らしとして行なわれていた。このように，中世のスポーツにおいても明確な階級関係がスポーツの実施と参加を区分する要因として根付いていたことがうかがえる。

　その後，産業革命によって富を蓄えた市民，いわゆる新興資本家（ブルジョアジー）が誕生し，近代スポーツを生み出していくことになる。なかでも，参加資格に関わるアマチュアリズムは，その後のスポーツの発展に大きな影響を及ぼすことになる。「アマチュア」という言葉がスポーツにおいて最初に使われたのは1801年ロンドンのボクシング会場である。この試合で，リングサイドの見物人を「ジェントルマン・アマチュア」と呼んだのがスポーツにおけるアマチュアの始まりである。そして，1839年ヘンリー・レガッタの参加規定において「アマチュア」という文字が最初に用いられることとなる。当時のイギリスではブルジョアジーと貴族層が一緒になって楽しんでいたスポーツ大会に，自分たちの使用人である労働者階級が数多く参加し，上位を独占し始めた。そして，この様な結果に憤りを感じた貴族たちが，彼ら労働者階級を競技会から排除するためにアマチュアリズムが生まれたのである。例えば，1866年のイギリス陸上競技選手権大会で用いられたアマチュアの規定は，以下の条文に該当しないものをアマチュアと定めていた。①かつて賞金目当てにプロフェッショナルとともに，あるいは対抗して競技したもの。②生活費を得るためにスポーツを教えたり，それに従事したり，手助けをしたことのある者。③職人，機械工，職工あるいは労働者。以上の通りアマチュアの規定は，職業的な差別も含んでいたことがうかがえる。このように，現代のアマチュアリズムの解釈とは異なり，当時のスポーツにおける「アマチュア」は，紳士（ジェントルマン）階級と学生に限られた非常に閉鎖的かつ，社会的，身分的差別の要素を含むものであり，技術的に優れたプロフェッショナルを排除しようとするものであった。つま

り，アマチュアリズムとは「スポーツの高度化と大衆化で労働者階級を排除すると同時に，ブルジョアジー自身の社会的統合の手段であり，スポーツの市場化を排除するもの」であったのである。このように，スポーツは古代ギリシャの時代から，限られた者にのみおこなうことを許された行為であり，社会階層と極めて密接な性格を有するものであった。そして，スポーツの実施と参加，機会に関わる問題は過去の遺産ではなく，現代においても検討していかなければならない重要な問題ではないだろうか。

1－3　近代オリンピックの誕生と発展

　近代オリンピックは，1896年4月の第1回アテネ大会によってはじまり，その後100年以上にわたって開催されてきた。そして，2021年には我が国では2回目の開催となる第32回オリンピック競技大会[2]が東京（第1回目は1964年の第18大会）で開催された。ここでは，世界的なメガイベントにまで成長を遂げた近代オリンピックの誕生とその発展について少し整理してみたい。現在も続く近代オリンピックの前身となったのはかつて1000年以上の長きにわたって古代ギリシャでおこなわれていた「オリンピア祭典競技」，いわゆる古代オリンピックである。古代オリンピックは近代オリンピックと異なり，ギリシャを中心にしたヘレニズム文化圏の宗教行事であった。聖地オリンピアにおいて全能の神ゼウスをはじめ多くの神々を崇めるための神域におけるスポーツや芸術の競技祭として紀元前776年にはじまり，その後4年ごとに開催され，393年の第293回大会まで続いたといわれている。なお，古代オリンピックで最初におこなわれた競技は，1スタディオン（約191m）のコースを走る「競走」であった。その後，ディアロウス競走（中距離競走），ドリコス競走（長距離競走），ペンタスロン（五種競技：短距離競走，幅跳び，円盤投げ，やり投げ，レスリング），さらにはレスリング，ボクシング，パンクラティオンなどが実施され，

より大きな祭典へと発展していった。しかし，紀元前146年にギリシャはローマ帝国に支配され，古代オリンピックにローマが支配する地中海全域の国からも競技者が参加するようになった。その結果，古代オリンピックは次第に当初の形式からの変容を遂げていくことになり，393年の第293回オリンピック競技大祭をもって1169年間も受け継がれた古代オリンピックの伝統は，ついに終焉の時を迎えることとなった。

　古代オリンピックの火が途絶えて1500年の時が流れた1892年，フランスのピエール・ド・クーベルタン男爵はパリにあるソルボンヌ講堂でおこった「ルネッサンス・オリンピック」と題する講演の中で初めてオリンピック復興の構想を明言した。その理想は次第に世界中の国々の賛同を得ることに成功し1896年に記念すべき第1回大会がオリンピックのふるさとであるギリシャのアテネで開催されることになった。このような功績もありクーベルタンは「オリンピックの父」と称され，ここに現在まで続く近代オリンピックの誕生を見出すことができる。それでは，近代オリンピックとはどのような大会・イベントなのであろうか。メディアを通じて流布される現代のオリンピックは政治的な利用（プロパガンダ）やコマーシャリジム（Marketing through sport）の色彩が強いと感じることも少なくないが，1991年に制定されたオリンピック憲章を中心にオリンピックのあるべき姿としてのオリンピズムやオリンピック・ムーブメント，国際オリンピック委員会（International Olympic Committee，以下IOC）の役割について考えてみたい。

　オリンピックのあるべき姿としてのオリンピズムとは「人生哲学であり，肉体と意志と知性の資質を高めて融合させた，均衡のとれた総体としての人間を目指すものである。スポーツを文化と教育と融合させることで，オリンピズムが求めるものは，努力のうちに見出される喜び，よい手本となる教育的価値，社会的責任，普遍的・基本的・倫

理的諸原則の尊重に基づいた生き方の創造である（オリンピック憲章：オリンピズムの基本原則1)」，そして，オリンピズムの目標は「スポーツを人類の調和のとれた発達に役立てることにあり，その目的は，人間の尊厳保持に重きを置く，平和な社会を推進することにある（オリンピック憲章：オリンピズムの基本原則2)」。つまり，オリンピズムとは「スポーツによって心身ともに調和のとれた若者を育成し，ひいては平和な国際社会の実現に寄与するという教育思想であり，平和思想である」と解釈され，ここにオリンピックのあるべき姿を見出すことができる。オリンピックは1896年の第1回大会以降，2つの世界大戦による中断や東西冷戦によるボイコット問題など時代の社会情勢に左右されてきたが，いまなおオリンピックが継続している背景にはクーベルタンが土台を築いた「オリンピズム」という理想が世代や国境を越えて共感を呼んでいるからではないだろうか。さらに，オリンピック・ムーブメントとは，「オリンピズムの諸価値に依って生きようとする全ての個人や団体による，IOC の最高権威のもとでおこなわれる，計画され組織された普遍的かつ恒久的な活動である。それは五大陸にまたがるものである。またそれは世界中の競技者を一堂に集めて開催される偉大なスポーツの祭典，オリンピック競技大会で頂点に達する。そのシンボルは，互いに交わる五輪であり，そのゴールはオリンピズムとその価値に応じて，スポーツを実践することで若者を教育し，それによって平和でよりよい世界を構築することに寄与すること（オリンピック憲章：オリンピズムの基本原則3)」である。そして，IOCは世界中でこのような「オリンピズム」を推進し，オリンピック・ムーブメントを主導することを使命として様々な役割を担っている。また，オリンピックの標語（Olympic Motto）とは「Citius（より速く），Altius（より高く），Fortius（より強く）」というラテン語の三語がフランス人の修道士アンリー＝ディドンによって作られ，オリンピックの旗，シンボルと同様に欠かせないものとなっている。

第5章　スポーツ社会学　159

　このように，近代オリンピックはこのようなオリンピズムやオリンピック・ムーブメントに支えられ今日まで発展してきたのである。今後，更なる時代や環境，価値観の変化からこれからのオリンピックのあるべき姿を問い直す時が訪れるかもしれない。その際には，オリンピズムやオリンピック・ムーブメントに立ち返り，考えることも必要ではないだろうか。

1－4　スポーツの商業化と権力（パワー）

　スポーツはその特性から国家や政治などの様々な場面で利用されてきた。近年のスポーツの商業化やビジネス化もその例外ではない。そして，スポーツを商品と捉えたりスポーツを広告宣伝の媒体として扱ったりするような領域も近年急速に発展，確立されてきている。このような社会的な潮流は情報通信技術（ICT）の発達や技術革新，社会の成熟化や物質的な豊かさを背景として，スポーツの高度化・大衆化とともに余暇の充実やより豊かな人生を営みたいとする大衆の価値観によってさらに拡大するだろう。そして，現代社会におけるスポーツでは大会やイベントの実施・運営を含め専門的で高度な物質的資源，経済的資源を必要とするようになってきている。スポーツの商業化のターニングポイントとなったのが1984年に開催された第23回オリンピック大会（ロサンゼルス）である。当時，大会委員長であったピーター・ユベロスはこれまで赤字続きであったオリンピック大会をテレビ放映料やスポンサー収入（1業種1社）などによって税金を一切使わずに黒字化した。我が国においても1987年9月の「デサント八カ国陸上」から企業がスポンサードする冠大会が実施され，以後国内外における様々な大会やスポーツ・イベントにおいても冠大会が増加した。この流れを加速したのは1973年（第6代IOC会長キラニン）にIOCの五輪憲章第26条の参加資格条項から「アマチュア」の文字が削除され，競技団体への支払いが容認されたことにある。そし

て，同時に日本体育協会（現：日本スポーツ協会）がモスクワ五輪大会の選手強化資金を「ガンバレ日本キャンペーン」により集めたことが各競技団体と企業の接近を更に促進する結果となった。このような流れは，競技者が賞金や報奨金を受け取ることが当たり前となり，競技会や競技者自身が広告や宣伝のためのメディア（エンドースメント）になることで高額な資金を支払ってくれるスポンサーを募ることを加速させた。そして企業は，グローバル化する世界経済を背景として重要なマーケティング戦略の一つとしてスポーツを利用し，メディアバリューの高い競技会や競技者に争って資金を提供するようになったのである。実際にスポーツを組織し，発展・維持させるためには物質的な資源や経済的な資源が必要であり，それをどこからか入手しなくてはならないことは言うまでもない。しかし，このような金銭の魅力にとらわれるあまりスポーツは主体性を失う危険性があることも指摘されている。つまり，スポーツ・イベントのそれ自体に企業の論理が貫徹されようとしているのである。本来，選手は栄光や名誉のために全力を尽くすべきだという規範が古くから存在していた。とりわけ古代オリンピックでは優勝者に月桂樹の冠（月桂冠）のみが授けられ，その栄誉に満足するとともに，個人の勝利よりも故郷のポリスの勝利に満足したと言われている。しかし，その栄光や名誉がいつしか企業によって買い取られ，金額の多寡によって支配された時，スポーツは企業によって支配されるだろう。つまり，スポーツが企業戦略の手段となることで，主体性や自律性を失うことが危惧されるのである。例えば，第32回オリンピックの東京大会が日本では真夏の7月23日〜8月8日に開催された（1964年の前回大会では10月10日に開会式）。この背景には欧米の人気プロスポーツとの日程重複による放映権収入の減少やトップ選手のオリンピック参加等が懸念されたからである。さらに，1988年のソウルオリンピックの男子100m決勝が午後1時半に，2008年の北京オリンピックおよび2020年の東京オリンピックの競泳

第5章　スポーツ社会学　161

決勝が午前中におこなわれたのも，いずれも米国の夜に放映できるようプログラムを調整したためであるとも言われている。このように現代スポーツにおける商業化の功罪について様々な視点から考察することは今後のスポーツのあり方を考える上で極めて重要であろう。

第2節　文化としてのスポーツ

2−1　文化とは何か

　日頃何気なく過ごしている日常にわれわれは多くの文化を感じ取ることができる。日本人独自の文化もあれば，地域社会における固有の文化や一部の人々にのみ支持され共有されているサブカルチャーなど様々である。みなさんはスポーツ愛好家として，競技者として，または指導者としてスポーツをどのように伝え，教えていくべきなのだろうか。我が国のスポーツ基本法の前文には「スポーツは，世界共通の人類の文化」であると記述されている。ここで大切なのはスポーツを文化と捉え，文化を伝承していくとともに，その位置づけや自らのスポーツに関する考えや行動について改めて考えることではないだろうか。本節ではスポーツを文化論の視点（文化としてのスポーツ）から考えてみたい。

　文化という概念は様々な定義がなされている。例えば，ドイツの社会学者マックス・シェーラーは文化を「理念的な目標を目指す精神による知的所産である」と定義している。また，クラックホーンは文化を「後天的，歴史的に形成された外面的および内面的な生活様式の体系であり，集団の全員または特定のメンバーにより共有されるもの」と定義している。このように狭義・広義の差はあるものの様々な定義を解釈すると，文化とは「人々に共有された生活様式」であると理解することができる。生活様式とは，生活のなかで重要なもの，物事の行ない方，人々の経験の理解の仕方など，人々が試行錯誤の中で生み

出し再生産してきたものである。たとえば，多くの日本人が家に入る際は靴をぬぎ，食事をする時には箸を使い，お茶碗を手で持つ。そして，子供が生まれるとその正しいやり方を教える。このような望ましいと考えるやりかた（様式）が文化と呼ばれるものである。そのため，食文化や居住文化に形容される文化と同様に，日本人には日本人の，欧米人には欧米人固有の文化が形成されている。そして，文化を考える上で重要なのは，文化が形成されるその根底には，共有された価値が存在していることである。「価値」とは主体が客体に付与する望ましさであり，狭義・広義の文化概念も人々が何に価値を付与するのか，またどのような価値を付与するかによって決定づけられる。

2−2　スポーツの価値（スポーツという文化の基盤）

　スポーツの発展とその価値の変遷をもう少し掘り下げて考えてみたい。例えば，イギリスで始まった近代スポーツでは，世界のリーダーとなるジェントルマン（英国紳士）を育成するためにスポーツに価値が付与されるようになった。つまり，フットボールは「武勇，忍耐，身体の活力，集団の忠誠を育てる鍛錬の場」となり「軍事訓練の素晴らしい地固めとなり，祖国を守る人間を作る」ための手段として期待されたのである。そして「仲間とのチームワークとリーダシップを発揮して，勝利という目標を達成するためにフェアに努力する」ことが近代スポーツの価値となった。また，現代におけるスポーツの価値として通常想定されるものに健康，活力，清廉，公正，明朗，責任などがある。個人の立場からスポーツの価値を捉えると楽しみ，健康・体力，気晴らし，社交などがあげられる。同様に，社会の立場からスポーツの価値を考えると社会教育，世代間交流，地域活性化，医療費抑制，経済活性化，治安維持などが挙げられるのではないだろうか。しかし，現代の日本のスポーツ場面では「勝つことが最も大事だ」，「男のくせに・・・」，「苦しい時こそ耐えろ」といったセリフがその関係者から

聞かれることもしばしばある。もちろん，スポーツという文化は，時代背景やジェンダー，人種，階級，ナショナリティーなどが相まって多様に意味解釈されるが，スポーツに関わる人々はどのようにスポーツ文化が形成されていくのかについて自覚的でなければならず，さらにその文化を創造していく担い手であることを自覚する必要がある。つまり，スポーツはジェンダーや年齢，国籍，宗教などあらゆる多様性（diversity）を越えて共にプレイする時と空間を作り出すものであり，我々自身の行動や言葉，認識を変革することがこれからのスポーツ文化を創造していく契機となることを自覚し，悪しき考えや行動が次世代に伝播されていく危険性を認識するとともに，これまで常識とされてきた考え方に抵抗し変革する覚悟を持たなくてはならない。このように，スポーツの文化を考える際に，スポーツという文化の表面的な現象だけでなく，表面的な現象を生起させる背景となる社会的な価値，スポーツの望ましさとはいかなるものかを考えることがより重要になるのではないだろうか。

2−3　スポーツの「楽しさ」（チクセントミハイのフロー理論）

　あなたはなぜ，スポーツをおこなうのか。この基本的で単純な問題を改めて考えてみたい。「暇つぶしや気晴らしのため」，それとも「スポーツ自体が好きで，楽しいから」という理由だろうか。スポーツの世界的な定義として，ユネスコの一機関である国際体育・スポーツ評議会（ICSSPE）はスポーツを「プレイの性格を持ち，自分自身または他人とのたたかいか，あるいは自然的要素への挑戦を伴う身体活動」として定義している。また，ヨーロッパの社会学者マッキントッシュは「スポーツの本質は，相手や自分，物的環境に挑戦し，自己の卓越性を求めてゆく努力が生み出す喜びである」と定義している。さらに，我が国のスポーツ基本法ではスポーツを「世界共通の人類の文化である」ととらえ，「スポーツは心身の健全な発達，健康及び体力の保持

増進，精神的な充足感の獲得，自律心その他の精神の涵（かん）養等のために個人又は集団でおこなわれる運動競技その他の身体活動であり，今日，国民が生涯にわたり心身ともに健康で文化的な生活を営む上で不可欠のものとなっている」と定義している。つまり，スポーツの主要な要素に「挑戦」，「喜び」，「プレイ」，「競争」，「身体活動」などを見出すことができる。このように，スポーツは手段的な効用を超えた自己目的的な営みであり，戦術を巡らせ，工夫を加えながら挑戦する楽しさや喜びを味わうことができるものととらえることができる。皆さんの中には時間が経つのも忘れて何かに熱中したという体験をした方も少なくないだろう。スポーツの快感・楽しさ・面白さもこの「熱中」にある。そして，このような「熱中して楽しい」状態を社会心理学的に説明したのがチクセントミハイのフロー理論である。フロー（フローチャネルに入っている状態）とは自己目的的，全人的にひとつの行為に没頭しているときに感じる流れるような感覚であり，深い楽しさや喜びをともなう経験を産むものである。例えば，野球選手は名誉やお金のためにスポーツをするのではなく，野球をすること，自己実現や自己の限界への挑戦，自分のパフォーマンスを高めることそれ自体が彼の目的となる。そして，その際に流れるような至高体験とともに，楽しさを感じるのである。ここにスポーツの本質，根源的な価値を見出すことができるのではないだろうか。つまり，スポーツとは「競争という形式をとる自己表現の様式」であり，快感や幸福，さらには感動を生み出す。そのため，スポーツは感動創造の文化であり，人々の笑顔の素，元気の素になる力を有しているといえるだろう。では，人々はどのような時に楽しさや快感，幸福を感じるのであろうか。チクセントミハイによると，フローは「自分の能力」と「挑戦の程度」の2つの要因により規定されることを示している（図5－2）。フロー理論に基づくと，例えば1．「顔つけ」のできない子に「けのび」をさせようとすると心理状態が不安定になる。2．「クロール」がで

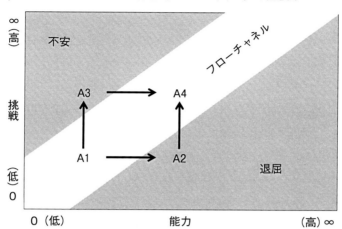

図5−2 フロー体験（フローチャネル）の概念図

（注）A1・A4：フローチャンネル（自己目的化・熱中している・流れるような感覚）。
　　A2：人間は自分の能力よりもはるかに低い挑戦もしない（理由：退屈だから）。
　　A3：人間は自分の能力よりもはるかに高い挑戦はしない（理由：不安だから）。
出所：チクセントミハイ，M.（今村浩明訳）『フロー体験―喜びの現象学』世界思想社，95ページ。

きる子に「けのび」をさせようとすると不満を表明する。3．努力することによって達成可能な課題を与えるとその子の技術向上への動機づけが高まる。このような指導現場に直接応用可能な仮説を導くことができる。

2−4 「遊び」としてのスポーツ（カイヨワのプレイ論）

　スポーツは笑顔の素，元気の素でありそれらはフローに入ることで得られる。では，なぜ人はチャレンジしたいのか，なぜパフォーマンスを高めたいのか，チャレンジの向こうに何があるのか。このような根源的な問いの答えを禁止されてもやりたいモブ・フットボールに見出すことができる。それは誰もが持つ本能的な欲求であり，「遊びたい」という欲求それ自体である。ここでいう「遊び」とは日本の競技者がしばしば発する「自分は遊びでスポーツをしているのではな

い」というときに使われる“遊び”とは異なる。「遊びたい」のなかの「ゲームに勝ちたい」という欲求であり，それは誰もが持っている闘争本能の表現であり，それがスポーツの世界では「プレイ」という言葉で表現される。つまり，一流競技者もスポーツ愛好家も，誰もがおこなっているスポーツの出発点は「プレイ（Play）」＝「遊び」なのである。プレイ論を理論化したフランスの社会学者であるカイヨワによると，すべての文化は遊びを起源とし，遊びの特徴を以下のように整理している。遊びとは「１．自由な活動（遊技者は強制されない），２．隔離された活動（決められた時間と空間の範囲内に制約される），３．未確定の活動（結果は未定で遊戯者の創意工夫の自由がある）４．非生産的活動（財産も富も創り出さない）５．規則のある活動（日常の法を一時停止しその世界の法をもつ）６．虚構の活動（参加者は遊びであるという非現実の意識をもつ）」。さらに，カイヨワは遊びを「アゴン」，「アレア」，「ミミクリ」，「イリンクス」，「パエディア」，「ルドゥス」に分類している（図５−３）。

　アゴンとは，競争という形をとる一群の遊びである。アレアとは，アゴンと正反対に，運命や偶然といった遊戯者の力の及ばぬ独立の決定の上に成り立つすべての遊びである。ミミクリとは，参加者がその

図５−３　プレイの分類

パイディア（**Paidia**）ギリシャ語：遊戯，喧騒			
アゴン（**Agôn**） ギリシャ語： 試合，競技，競争	アレア（**Alea**） ラテン語： さいころ，賭け，偶然	ミミクリ（**Mimicry**） 英語： 真似，模倣，擬態，模擬	イリンクス（**Ilinx**） ギリシャ語： 渦巻き，眩暈
ルドゥス（**Ludus**）ラテン語：闘技，試合，規則			

出所：カイヨワ，R.（多田道太郎・塚崎幹夫訳）『遊びと人間』，講談社学術文庫に基づき筆者作成。

人格を一時的に忘れ，偽装し，捨て去り，別の人格をよそおう遊びである。イリンクスとは，眩暈の追求に基づく遊びである。パイディアとは，すべての遊びを支配する気晴らし，騒ぎ，即興，無邪気な発散などといった規則から自由になろうとする原動力（原理）であり，遊びの本能の現れである。ルドゥスとは，パイディアの無秩序で移り気な性質を馴致し，恣意的だが強制的で，窮屈な規則にそれを従わせる原理である。

　以上を踏まえると，近代スポーツはその根底にパイディアを含むものであると考えられる。そして，このパイディアは通常はルドゥスの奥に秘められている。そして，ルドゥスによって暴力性を封じ込められたパイディアこそスポーツのエネルギーそのものとなり，このエネルギーがルドゥスによって課せられた課題を達成したとき一気に爆発し，ここにスポーツの歓喜・感動の原点を見出すことができるのである。つまり，プレイ論からみるとスポーツの笑顔の素，元気の素の源はパイディアであり，パイディアを爆発させることが，人間の本能的な欲求の充足に繋がり，人間に快感を覚えさせると考えることができる。このように，スポーツは快価値実現の原理であるパイディアを原点とし，正価値実現の原理であるルドゥスによって洗練されてきた競争の原理に基づく自己表現としての遊びとして顕現するものであり，その機能は人々の歓喜と感動を創造し，近代社会の究極の価値である人々の幸福を実現するものであると考えることができる。

第3節　我が国におけるスポーツ政策と体制

3−1　日本におけるスポーツ政策の変遷（過去～現在）

　日本のスポーツ政策は社会状況の変化につれて，啓発的な性格を持つ 1960 年代の「社会体育」から急速な経済成長の中で地域住民の交流を重視する 1970 年代の「コミュニティスポーツ」，スポーツの平

等化と民主化を進める 1980 年代の「みんなのスポーツ」，生涯学習振興の一環である 1990 年代の「生涯スポーツ」へと変化してきた。そして，1961 年の「スポーツ振興法」施行以来，保健体育審議会答申（1972 年，1989 年），「スポーツ振興計画 (1998 年)」，「スポーツ立国戦略 (2010 年)」などが示されてきた。特に近年では，2011 年にスポーツ振興に関する法律である「スポーツ基本法³⁾」が制定され，さらに 2012 年には「スポーツ基本計画（第 1 期)」が発表されるなど，国，行政のスポーツへの関わり方，取り組みが大きく変化してきている。中でも 2011 年 8 月 24 日に施行された「スポーツ基本法」は 50 年前の「スポーツ振興法」を全面的に改定したものであり，トップアスリートへの支援と地域スポーツの活性化をスポーツ振興の両輪として位置付け，スポーツ権や障害者スポーツ支援などが新たに法律上明記されることになった点が大きな特徴である。そして，2015 年 10 月 1 日にはスポーツ基本法の基本理念を実現するために，スポーツに関する施策の総合的な推進を図ることを任務とする我が国初の行政機関である「スポーツ庁」が設置された。さらに我が国のスポーツに関する施策の総合的かつ計画的な推進を図るための重要な指針として「スポーツ基本計画（第 1 期〜第 3 期)」も示されている。このように 2011 年のスポーツ基本法の制定以降,「第 32 回オリンピック競技大会 (2020／東京)」及び「東京 2020 パラリンピック競技大会」（以下，東京 2020 オリンピック・パラリンピック競技大会）を追い風にスポーツ庁が設置され,「スポーツ基本計画」も明示させるなど，様々な漸進的な政策やプロジェクトが展開されている。

3−2　スポーツ振興への取り組みと主な施策・法令

　「スポーツ振興法」は当時の「社会教育法」や「保健体育審議会答申」,「スポーツ振興審議会」を背景にスポーツの抜本的振興を図ること，つまり国がスポーツ振興を国策として取り上げるとともに必要な

財源の確保，事業の助成，施設の整備を目的に施行されたものである。また，スポーツ振興法の制定は，1964年のオリンピック東京大会に向けてスポーツ環境の整備を目指すものでもあった。そして2000年に策定された「スポーツ振興基本計画」は「スポーツ振興法」に基づき，長期的・総合的な視点から国が目指す今後のスポーツ振興の基本的方向性を示したものである。「スポーツ振興基本計画」は「スポーツ振興法」制定後約40年間，財源などの問題から策定が先送りにされてきた歴史があり，その間は保健体育審議会の答申を持って計画を代替してきた。しかし，1989年に「スポーツ振興投票の実施等に関する法律（通称：サッカーくじ法）」が制定され財源確保の見通しがついたことから，「スポーツ振興計画」が策定されて以降は国のスポーツ振興策が明確化してきた。2001年には「国立スポーツ科学センター（JISS）」，2008年には「ナショナルトレーニングセンター（NTC）」の建設，さらには2010年には「スポーツ立国戦略」が発表され，国が積極的にスポーツ政策を打ち出していることがうかがえる。特に「スポーツ立国戦略」は，新たなスポーツ文化の確立を目指し，2011年からの概ね10年間におけるスポーツ政策の基本的方向性を示すものとして制定されたものである。

　「スポーツ振興法」を全面的に改定した「スポーツ基本法」は，前文[4]，総則，スポーツ基本計画等，基本的施策，国の補助から構成されており，スポーツに関する基本理念が明記され，国および地方公共団体の責務並びにスポーツ団体の努力目標等を明らかにしている。スポーツに関する施策の基本となる事項を定めることによって，スポーツに関する施策を総合的かつ計画的に推進し，国民の心身の健全な発達，明るく豊かな国民生活の形成，さらには活力ある社会の実現および国際社会の調和ある発達に寄与することを目的としている。「スポーツ基本法」が競技スポーツの推進についての国の取り組みだけでなく障害者スポーツについても明記している点は，スポーツ振興法と

の大きな違いであるといえる。

「スポーツ基本計画（第1期）」は文部科学大臣が「スポーツ基本法」に基づき，2012年3月30日に策定したものである。同計画は「スポーツ基本法」に示された理念の実現に向け，2012年度（平成24年度）から10年間のスポーツ推進の基本方針と5年間（2012年度から2017年度）に総合的かつ計画的に取り組むべき施策が示されている。具体的には，第1章にスポーツをめぐる現状と今後の課題，第2章では今後10年間を見通したスポーツ推進の7つの基本方針，さらに第3章では7つの課題ごとに施策目標と策定後5年間における総合的かつ計画的に取り組むべき課題が掲げられており，スポーツの推進とスポーツ立国の実現を目指したものであった。

「スポーツ基本計画（第2期）」はスポーツ庁が設置された後，スポーツに関する重要な指針として文部科学大臣が2017年3月24日に定めた計画である。「スポーツ基本計画（第2期）」は2017年度から2021年度までの5年計画であり，特に第2章では中長期的なスポーツ政策の基本方針として以下の4つを掲げ，「スポーツ参画人口」の拡大と「一億総スポーツ社会」の実現に取り組むことが示されていた。

〜スポーツが変える。未来を創る。Enjoy Sports, Enjoy Life〜

> スポーツは「世界共通の人類の文化」であり，国民の成熟した文化としてスポーツを一層根付かせ豊かな未来を創ることが，スポーツ振興に携わる者の最大の使命である。スポーツの「楽しさ」「喜び」こそがスポーツの価値の中核であり，全ての人々が自発的にスポーツに取り組み自己実現を図りスポーツの力で輝くことにより，前向きで活力ある社会と，絆の強い世界を創る。

1．スポーツで「人生」が変わる！
2．スポーツで「社会」を変える！

３．スポーツで「世界」とつながる！
４．スポーツで「未来」を創る！

　そして 2022 年 3 月 25 日には，2022 年度から 2026 年度までの 5 年間で国等が取り組むべき，施策や目標等を定めた第 3 期「スポーツ基本計画」が制定された。第 3 期計画では，東京オリンピック・パラリンピック競技大会（東京大会）のスポーツ・レガシーの継承・発展に資する重点施策とスポーツの価値を高めるための「新たな 3 つの視点」（①スポーツを「つくる／はぐくむ」，②スポーツで「あつまり，ともに，つながる」，③スポーツに「誰もがアクセスできる」）が示され，今後 5 年間に総合的かつ計画的に取り組む 12 の施策とその実現に向けた具体的な数値目標（目標設定）が示されている。このように近年では我が国のスポーツ推進における施策がより具体的に示されてきている。

３−３　我が国のスポーツ組織・支援体制（ガバナンス）

　我が国のスポーツ行政は文部科学省以外にも，障害者スポーツや健康増進を担当する厚生労働省やスポーツ施設を含む都市公園の整備を行う国土交通省，スポーツ産業を振興する経済産業省など複数の省庁・組織が関わっている。また，スポーツ振興くじ（通称：サッカーくじ）は文部科学省が監督するが，競馬は農林水産省，競輪とオートレースは経済産業省，競艇は国土交通省が監督し，それぞれについて法律や助成金制度が定められている。このように様々な省庁が複雑に絡み合う我が国のスポーツ行政を効果的に進めていくとともに，スポーツ基本法の理念である「スポーツを通じて『国民が生涯にわたり心身ともに健康で文化的な生活を営む』ことができる社会の実現」を実現することがスポーツ庁に期待されている。すなわちスポーツ庁は，文部科学省の旧来からのスポーツ振興（地域スポーツの推進，学校体育・武道の振興，国際競技力の向上，スポーツ界のガバナンス強化，オリ

図5-4 関係省庁と連携したスポーツ行政の総合的な推進体制

スポーツ庁が中核となり、旧来からのスポーツ振興に加えて、他省庁とも連携

出所：スポーツ庁 HP より筆者作成。

パラムーブメントの推進等）に加えて、他省庁（厚生労働省、国土交通省、農林水産省、環境省、外務省、経済産業省等）とも連携して多様な施策を展開し、スポーツ行政の中核的機関として総合的な推進を図ることが期待されている（図5-4）。

日本のスポーツ行政組織については、「国家行政組織法」、「文部科学省設置法」、「スポーツ基本法」等によって規定されており、国においては文部科学省（スポーツ庁）が、地方においては都道府県および市区町村の教育委員会がスポーツ行政の主務機関として位置づけられている。しかし、2008年（平成20年）の地方教育行政の組織及び運営に関する法律（地教行法）の改正により、地方公共団体の長もスポーツに関する事務（但し、学校における体育に関する事務は除く）を管理し、執行することができるようになった。さらに、スポーツ振興には国や教育委員会だけでなく、民間の組織も重要な役割を担っている。

３－４　現代的な課題①：スポーツ・インテグリティと大学スポーツ

　近年のスポーツ組織を一瞥すると，2018年には日本ボクシング連盟による助成金の不正流用や審判員の不正判定疑惑をはじめ，レスリングや体操，大相撲などでも不祥事に関する事案が表面化した。さらに，大学スポーツにおいてもパワハラ問題等が顕在化するなど，様々な組織不祥事が発生している。このようなスポーツ界における組織不祥事は日本のスポーツ界の悪しき体質・旧弊であるとの指摘がスポーツ庁よりなされ，スポーツ・インテグリティの確保に向けて新たなガバナンス体制，組織体制構築の必要性が叫ばれている。「インテグリティ（integrity）」とは，高潔さ・品位・完全な状態，を意味することばであり，スポーツ・インテグリティとは「スポーツが様々な脅威により欠けるところなく，価値ある高潔な状態」を指す概念である。

　大学スポーツに目を向けると，2019年３月に一般社団法人大学スポーツ協会（UNIVAS：ユニバス）が設立された。UNIVAS はアメリカの全米大学スポーツ協会（National Collegiate Athletic Association；NCAA）をモデルとした産官学連携の組織である。NCAA は大学スポーツのリーグ戦を主催するだけでなく，運動部間の調整などにおいて幅広い権限を持ち，大学スポーツの振興に貢献している。日本における大学の競技団体（学連）は競技や地域ごとに散在しており，中学校の中体連や高校の全国高体連に相当する全体の統括組織は存在しない。そのため UNIVAS が統括組織としての役割を担うことが期待されている。現在，UNIVAS は大学スポーツの振興と参画人口拡大を目的に，学生アスリートのデュアルキャリア形成支援事業をはじめ，大学スポーツの安全安心な環境確立事業，ブランド価値向上およびDX 推進等，数多くの事業を展開している。今後は大学スポーツにおけるインテグリティやガバナンスの向上，大学スポーツの産業化に向けて UNIVAS への期待が一層高まるものと予見されている。

３−５　現代的な課題②：総合型地域スポーツクラブへの期待と運動部活動

　近年，トップアスリートを頂点としたピラミッド型（富士山型）の育成モデルから，競技スポーツと生涯スポーツの両立を目指した連峰型の育成モデルへの転換がおこなわれている。そして，その中心を担うのが総合型地域スポーツクラブ（以下，総合型クラブ）である。総合型クラブとは，地域住民が主体的に運営する非営利組織であり，身近な生活圏である中学校区程度の地域において，学校施設や公共スポーツ施設等を活用しながら幅広い世代がその技能や興味に応じて様々なスポーツを楽しめるようにすることを目標に運営されるシステムである。総合型クラブは，これまでの「学校体育」と「企業スポーツ」を中心に発展してきた我が国のスポーツ環境を大きく転換させるとともに，「住民主体」による地域住民の主体的な参画を通じて公正で福祉豊かな地域社会の構築，地域スポーツの活性化と生涯スポーツの実現を目指している。我が国における総合型クラブの構想は，1994 年にスポーツ議員連盟プロジェクトチームが発表した「スポーツ振興政策」においてその設置に関する旨が盛り込まれ，1995 年から文部省（現「文部科学省」）が「総合型地域スポーツクラブ育成モデル事業」をスタートさせたことから本格的に始まったといえる。さらに，2000 年の「スポーツ振興基本計画」の中では，生涯スポーツ社会の実現のためにできるかぎり早期に，成人の週 1 回以上のスポーツ実施率が50 パーセントとなることを目指すことが提言された。そして，そのために必要な施策として，2010 年までに全国の各市区町村に少なくとも 1 つの総合型クラブを設置することが目標として示された。さらに，2004 年からは日本体育協会（現：日本スポーツ協会）が総合型クラブの育成事業を担い，全国的な支援体制を整えている。しかしながら総合型クラブはクラブ育成率の地域差や財源の確保などをはじめ様々な問題が顕在化しており，活動が困難に陥る事例も見られる。このよ

うな背景には，地域における住民のスポーツに対する考え方，各市町村の人口規模や人口動態（高齢化や過疎化），指導者・推進者の確保等の様々な要因が存在していることが指摘されている。少子高齢化や運動・スポーツの二極化，コミュニティ意識の希薄化など，様々な地域課題と向き合いながら総合型クラブが持続的に地域スポーツの担い手としての役割を果たしていくためには，クラブ数の量的拡大から質的充実への重要性が示されており，総合型クラブの自立的な運営と質的充実を図るための登録・認証制度（2022年度より運用開始）も整備されている。

　さらに近年では，学校の働き方改革を踏まえた部活動改革が検討され，今後は学校運動部活動の受け皿としての役割も総合型クラブに期待されている。学校運動部活動では①児童・生徒のニーズの多様性，②生徒数の減少，③教員数の減少と負担増などの問題が顕在化しており，学校部活動の限界が指摘されている。そのような中，中央教育審議会の答申（2019年）では，部活動は必ずしも教師が担う必要のない業務であることが明記され，教員の長時間労働を是正する一環としてこれまで学校の管理下にあった休日の部活動に関する業務を地域に移す方針などが示されている。

　以上，本章ではスポーツと社会とのかかわりを中心に，文化としてスポーツを捉えていくための基本的な「視点」や「考え方」について社会学の視点から解説してきた。スポーツが健康や人格形成，地域活性化に資するという効用が定義され，財政や税制の点での裏付けが与えられるとしても，人々にとって「スポーツが楽しいもの（スポーツ＝楽しい，気晴らし）」，「スポーツは必要不可欠なもの（スポーツ＝生活様式，文化）」でなければ，国民が主体的に関与することは難しいであろう。そして，現代では1980年にアルビン・トフラーが予見した「第3の波（情報化社会）」を超えて，デジタル技術の進展を背景とした第

4次産業革命により「新たな社会（Society 5.0）」の到来が予見されている。世の中がますます便利になるなか，余暇の充実やより豊かな人生を営みたいとする大衆の価値観（モノ消費からコト消費へ）の変化とともにライフスタイルや働き方も多様化しており，スポーツの関わり方（する・みる・ささえる）も今後より一層変化していくであろう。スポーツを通じて幸福で豊かな生活を営むことは，全ての人々の権利であるとする「スポーツ基本法」前文の理念を踏まえ，すべての国民の自主的参加に結びつくような具体的な施策とその推進を実現するためには，急速に変化する社会の中で，私たち一人一人が主体性をもって（スポーツ文化の担い手として）我が国のスポーツについて真剣に考え，提言していく必要がある。

【注】

1） 村対抗，町対抗で競われる群衆フットボールで，豚や牛の膀胱で作ったボールを奪い合い，相手の町のゲートに入れたほうを勝ちとするゲーム。蹴る，殴る，取っ組み合うが普通で，けが人はもちろん死者が出ることも珍しくないほどの荒々しいゲーム。

2） 2020年に開催予定であった第32回オリンピック競技大会は，新型コロナウイルス感染症の世界的な流行の影響で1年延期され，2021年7月23日（金）～8月8日（日）の日程で開催された。

3） スポーツ基本法の条文は文部科学省HPから閲覧可能である。
< http://www.mext.go.jp/a_menu/sports/kihonhou/attach/1307658.htm >

4） （前文）スポーツは，世界共通の人類の文化である。

　スポーツは，心身の健全な発達，健康及び体力の保持増進，精神的な充足感の獲得，自律心その他の精神の涵（かん）養等のために個人又は集団でおこなわれる運動競技その他の身体活動であり，今日，国民が生涯にわたり心身ともに健康で文化的な生活を営む上で不可欠のものとなっている。スポーツを通じて幸福で豊かな生活を営むことは，全ての人々の権利であり，全ての国民がその自発性の下に，各々の関心，適性等に応じて，安全かつ公正な環境の下で日常的にスポーツに親しみ，スポーツを楽しみ，又はスポーツを支える活動に参画することのできる機会が確保されなければならない。

　スポーツは，次代を担う青少年の体力を向上させるとともに，他者を尊重しこれと協同する精神，公正さと規律を尊ぶ態度や克己心を培い，実践的な思考力や

判断力を育む等人格の形成に大きな影響を及ぼすものである。

　また，スポーツは，人と人との交流及び地域と地域との交流を促進し，地域の一体感や活力を醸成するものであり，人間関係の希薄化等の問題を抱える地域社会の再生に寄与するものである。さらに，スポーツは，心身の健康の保持増進にも重要な役割を果たすものであり，健康で活力に満ちた長寿社会の実現に不可欠である。

　スポーツ選手の不断の努力は，人間の可能性の極限を追求する有意義な営みであり，こうした努力に基づく国際競技大会における日本人選手の活躍は，国民に誇りと喜び，夢と感動を与え，国民のスポーツへの関心を高めるものである。これらを通じて，スポーツは，我が国社会に活力を生み出し，国民経済の発展に広く寄与するものである。また，スポーツの国際的な交流や貢献が，国際相互理解を促進し，国際平和に大きく貢献するなど，スポーツは，我が国の国際的地位の向上にも極めて重要な役割を果たすものである。

　そして，地域におけるスポーツを推進する中から優れたスポーツ選手が育まれ，そのスポーツ選手が地域におけるスポーツの推進に寄与することは，スポーツに係る多様な主体の連携と協働による我が国のスポーツの発展を支える好循環をもたらすものである。

　このような国民生活における多面にわたるスポーツの果たす役割の重要性に鑑み，スポーツ立国を実現することは，二十一世紀の我が国の発展のために不可欠な重要課題である。

　ここに，スポーツ立国の実現を目指し，国家戦略として，スポーツに関する施策を総合的かつ計画的に推進するため，この法律を制定する。

主要引用・参考文献

International Olympic Committee（IOC）HP（http://www.olympic.org/）。

チクセントミハイ，M.『フロー体験―喜びの現象学』世界思想社，1996 年。

エリアス，N., ダニング，E.『スポーツと文明化』大平章訳，法政大学出版局，1986 年。

ハーグリーヴス，J.『スポーツ・権力・文化』佐伯聰夫，阿部生雄訳，風味堂出版，1986 年。

ホイジンガ，J.『ホモルーデンス』中公文庫，1938 年。

井上俊，亀山佳明『スポーツ文化を学ぶ人のために』世界思想社，1999 年。

井上俊『遊びの社会学』世界思想社，1977 年。

カイヨワ，R.『遊びと人間』多田道太郎，塚崎幹夫訳，講談社学術文庫，1990 年。

コークリー，J., ドネリー，P.『現代スポーツの社会学―課題と共生への道のり』前田和司，大沼義彦，松村和則共編訳，南窓社，2013 年。

亀山佳明編「スポーツの社会学」世界思想社，1990 年。

公益財団法人日本スポーツ協会 HP（www.japan-sports.or.jp/）。

公益財団法人日本体育協会編『公認スポーツ指導者養成テキスト―共通科目Ⅰ』公益

財団法人日本体育協会，2012年。

マカルーン，J. J.『オリンピックと近代―評伝クーベルタン』平凡社，1981年。

マッキントッシュ，P. C.『現代社会とスポーツ』寺島善一，菅原克也訳，大修館書店，1987年。

文部科学省HP（https://www.mext.go.jp/）。

レイモン・トマ『新版スポーツの歴史』蔵持不三也訳，白水社，1993年。

佐伯年詩雄『現代スポーツを読む―スポーツ考現学の試み』世界思想社，2006年。

スポーツ庁HP（http://www.mext.go.jp/sports/）。

高橋幸一『スポーツ学のルーツ―古代ギリシャ・ローマのスポーツ思想』明和出版，2003年。

多木浩二『スポーツを考える―身体・資本・ナショナリズム』ちくま新書，1995年。

内海和雄『アマチュアリズム論―差別無きスポーツ理念の探求へ』創文企画，2007年。

ヴォール，A.『近代スポーツの社会史―ブルジョア・スポーツの社会的・歴史的基礎』唐木國彦，上野卓郎訳，ベースボール・マガジン社，1973年。

第6章　スポーツマネジメント

　実在した黒人初の南アフリカ共和国の大統領となったネルソン・マンデラがモデルとなった映画『インビクタス―負けざる者たち―』は，スポーツマネジメントの大きな可能性を感じることができる作品である。27年間もの長きにわたる投獄生活の後，大統領となったマンデラは，依然として人種差別や経済格差が残る南アフリカを再建するためにスポーツの可能性に着目する。大人から子どもまで誰もが親しめるスポーツを通して，国民を団結させられると信じたマンデラは，ラグビーの南アフリカ代表チームの立て直しに着手する。マンデラの「不屈の精神」はチームを鼓舞し，奇跡の快進撃を呼び起こし，暴力と混沌の時代に初めて黒人と白人が一体となる瞬間を生み出した。近年のスポーツマネジメントにおけるキーワードであるリーダーシップ，モチベーション，ダイバーシティ，ガバナンスなどを適切にマネジメントすることによって，組織（この映画では国家）を成長させることに成功した史実に基づいた映画である。

　また，マイケル・ルイスの著書「マネーボール」もブラットピッド主演で映画化された。メジャーリーグベースボール（MLB）のオークランド・アスレチックスのゼネラルマネジャー（GM）が，旧来の球団経営の方法から脱却し，データを重視した経営方針（チーム運営）を打ち出して躍進するという実話をベースにした物語である。

　これらの映画に共通していえることは，スポーツの世界に経営学，とりわけマネジメント論を活かすという斬新な考え方である。伝統的に経営学は利益を追求する組織を研究の対象としてきたが，最近で

は非営利組織（NPO）にもマネジメント活動は必須であるという認識に変化してきている。この潮流はスポーツの世界においても同様である。プロ野球やJリーグなどの球団経営の場面ではもちろん，スポーツ現場のチーム運営においてもマネジメントの理論を導入・実践するという考え方が主流になりつつある。

　以下，本章では，マネジメント概念が応用されているスポーツ場面について，①スポーツ（ビジネス）組織，②スポーツマーケティング（市場），③スポーツチーム，④スポーツ施設，⑤スポーツ選手の5つの視点から述べることにする。スポーツマネジメントの領域は非常に多岐に及ぶが，包括的にスポーツマネジメントの全体像を概説することにしたい。

第1節　スポーツとマネジメント

1－1　スポーツとマネジメントの概念的整理

　スポーツとは，「身体において，および身体を通して卓越しようとする人々によって例証されるべき，伝統化された一連のルール（Weiss, 1969）」に則って営まれる行為である。すなわち，人間が考案したルールの枠組みの中で，遊戯・競争・肉体鍛錬の要素を含む身体や頭脳を使った活動である。日本においては主に身体力を使う「フィジカルスポーツ」だけをスポーツと見なす考えが強いが，思考力や計算力といった頭脳活動に主眼を置いた「マインドスポーツ」も本来はスポーツに含まれている。競技として勝敗や記録を目的として行う場合はチャンピオンスポーツ，遊戯的な色彩が強く楽しむこと自体を主な目的として行う場合はレクリエーションスポーツと呼ぶこともある。まさに，スポーツに対する認識や参加動機は多種多様であり，現在ではあらゆるスポーツ参加者に対しての満足度を高めるための仕掛けを効果的に作り出すために，経営学の分野で生成・発展してきたマネジメン

ト（理論）の要素が随所に取り入れられている。

一方，マネジメントの定義については，理路整然とした確固たるものが存在していない。アメリカ経営学会で 1980 年代からマネジメント・セオリー・ジャングルと呼ばれるように，その定義の数は枚挙にいとまがない。しかしながら，ハーバード大学のコッター（Kotter, 2012）によれば，「人材と技術を管理する複雑なシステムをつつがなく進行させるためのさまざまなプロセス」と定義される。具体的なマネジメントの内容としては，プランニング（計画），予算策定，組織設計，人材配置，コントロールなどである。また，ハーシーら（Hersey et al., 1996）によれば，「個人，集団，およびその他（設備，資本，技術など）を通して，またはこれらの資源と組織目標の達成を目指していくプロセス」とされる。コッターやハーシーらの定義に従うと，「組織のあらゆるレベルにおいて，目標達成に向けた資源の活用が効率よく行われるプロセスである」と要約することができよう。

ところで，組織目標の達成に求められるマネジメントのスキル（能力）は，マネジメントのレベル（階層）に沿って少なくとも3つあるとされている（図6－1）。組織のトップマネジメント層には全体を見

図6－1　組織内でそれぞれの階層において必要とされるスキル

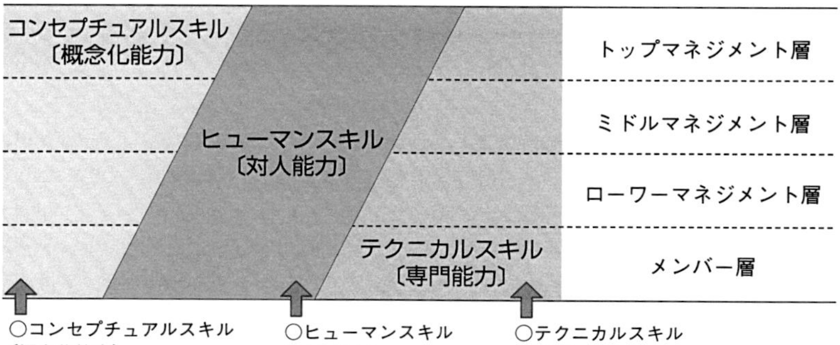
コンセプチュアルスキル
〔概念化能力〕
ヒューマンスキル
〔対人能力〕
テクニカルスキル
〔専門能力〕
トップマネジメント層
ミドルマネジメント層
ローワーマネジメント層
メンバー層
○コンセプチュアルスキル
〔概念化能力〕
組織全体を俯瞰し，
問題解決の意思決定を行う能力
○ヒューマンスキル
〔対人能力〕
他者と相互理解する能力
○テクニカルスキル
〔専門能力〕
専門分野の業務遂行に必要な知識・能力

出所：Kalz, Robert L., “Skills of an effective administrator”, *Harvard Business Review*, Sep-Oct 1974, Vol.52 Issue 5, pp.90-101 を参考にして作成。

渡すスキルが必要であり，ローワーマネジメント層では現場での専門的・技術的なスキルが求められている。ヒューマンスキルは，あらゆる層において必須であり，組織の中で活動する上でのコミュニケーション能力とも言い換えることができる。

1－2　スポーツマネジメントの誕生の背景

　スポーツマネジメントとは，スポーツに関わる組織や企業を継続してマネジメントすることを意味しており，またスポーツイベントなどを効率的に運営することを指す概念である。スポーツに携わる営利・非営利の組織やイベントをひとつのシステム（集合体）として捉えて，「ヒト・モノ・カネ・情報」という経営資源を合理的に活用する方法を包含している。また，最近では，スポーツ選手の現役中における競技以外の面や引退後の生活（セカンドキャリア）をサポートするというキャリアマネジメントもスポーツマネジメントに含まれている。

　スポーツマネジメントは，スポーツが盛んなアメリカで広まった発想である。1984年に開催されたロサンゼルス五輪によって，アマチュアリズム主導での大会運営からスポーツマネジメントやスポーツマーケティングの手法が導入されるというイノベーションが行われ全世界的に普及したという考え方が一般的である。のちに，MLB（野球）やNFL（アメフト）などのプロリーグでも，スポーツマネジメントの手法が導入され，スポーツをビジネスのシーズ（種）とした経営が行われている。

　日本では1991年のJリーグ（サッカー）の誕生を契機にプロスポーツリーグでのスポーツマネジメントの機運が高まり，現在ではNPB（日本プロ野球）などにも波及している。スポーツの興業をビジネスとして捉え，「資金を集めてスポーツイベントを企画・運営し，かつ効果的な広報活動を展開することで観客を動員し，利潤を出して成功に導く」というプロセスを通して，継続的なビジネスモデルの構築を目

指すものである。

1－3　スポーツ組織の構造と戦略

　スポーツ組織では，組織の経済的基盤を確保するといった経営責任をトップマネジメント（オーナーや社長などの経営層）が担うことになる。経営資源を効果的・効率的に配分して，確実に収益を上げ，組織を存続・発展させていくことが求められる。例えば，MLBでは，機構全体の傘のもとに各球団が加盟するという形態を採っている。そして，各球団は独自にスポーツ組織としての公式的なマネジメント体制を整えている（図6－2）。

　以下の球団の組織構造は，現場での試合の運営スタッフや選手などをマネジメントする「スポーツオペレーション部門」がある。加えて，

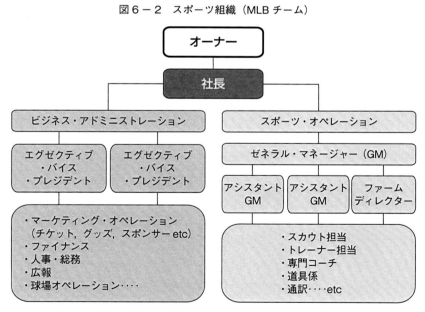

図6－2　スポーツ組織（MLBチーム）

出所：山下秋二・原田宗彦編著『図解スポーツマネジメント』大修館書店，2005年，73ページを基に作成。

別組織として，野球をビジネスとして捉え収益を確保するための「ビジネスアドミニストレーション部門」が併存する。ビジネスアドミニストレーション部門は，マーケティング関連の様々な収益業務（チケットやグッズの販売，スポンサー獲得など）のほかに，企業におけるスタッフ部門に相当する経理や人事などの業務も行っている。トップマネジメントは，この2つの部門を統括することで組織全体の舵取りをし，取り巻く経営環境に適応可能な戦略の策定・履行が求められている。

　トップマネジメントの戦略の立案・策定に関しては，マーケティング活動を基盤とした経営戦略であることが重要である。自組織の市場におけるポジショニングを明確にして，競合相手との競争で優位性を築かなければならないからである。戦略分析の手法としては，ボストン・コンサルティング・グループが1970年代に開発した市場成長率と相対的市場占有率の観点から分析をするPPM（Product Portfolio Management）が有名である。また，自組織の内部環境と外部環境が置かれている状況に対して，強み（Strengths），弱み（Weaknesses），機会（Opportunities），脅威（Threats）の4つの視点から把握するSWOT分析も経営資源の最適活用を図る経営戦略の策定に有効な手段である（図6－3）。

1－4　スポーツ市場の消費メカニズム

　スポーツビジネスの市場では，いかにしてスポーツ組織が消費者に魅力のある商品やサービスを提供して，購買頻度の高いリピーターになってもらうかが鍵である。そのためには，消費者や顧客の購買欲求や行動心理を分析する必要がある。そのうえで，組織におけるマネジメント活動を計画・実行しなければならない。

　消費者行動論の分野で用いられるAIDMAモデルは，消費者の行動パターンを理解する上で有益である。この理論は，消費者がある商

図6-3 SWOT分析

品やサービスに気づいてから購買行動に至るまでの段階の頭文字をとったもので，消費者購買意思決定モデルとも呼ばれる。① Attention（注意）→ ② Interest（興味）→ ③ Desire（欲求）→ ④ Memory（記憶）→ Action（行動）という5つのステップである。一連の認知の流れの中で消費者は実際の購買行動に移すといわれ，スポーツ組織は消費者がどの段階にあるのかを見極めたうえで，広告宣伝などのマーケティング活動を展開する必要がある。例えば，フィットネスクラブへの入会に興味がある潜在顧客を見つけたら，体験入会や価格割引などを積極的に行い，実際に入会したくなる（欲求を高める）広告戦略が必要となってくるのである。

また，近年の社会におけるICT（Information and Communication Technology）化の進展の影響を受けて，AIDMAモデルに代替する新たな消費者行動モデルとしてAISASモデルも提唱された。このAISASモデルは，インターネットを利用した消費行動プロセスが付加されているところに特徴がある。① Attention（注意）→ ② Interest（興味）→ ③ Search（検索）→ ④ Action（行動）→ ⑤ Share（共有）という新たな5つのステップである。製品やサービスに関す

る情報をインターネットで検索して比較検討し，購入後の評価を複数
の人々で共有するという段階が加えられた構成となっている。

第2節　スポーツビジネスとマーケティングのマネジメント

2－1　スポーツマーケティングの定義と対象

　オリンピックやワールドカップ，そして世界陸上や世界水泳など
数々の国際大会は，いまや国民的なイベントとなっている。しかしな
がら，国際的なスポーツのイベントも財政的・社会的に適切な運営が
なされなければ，その存在価値を失い，存続の危機に瀕してしまう。
スポーツ組織が存続していくためには売上を確保し，利益を出さなけ
ればならない。売上は「顧客」からもたらされるものであり，顧客の
ニーズやウォンツを満たす（創造する）商品やサービスを提供する必
要がある。つまり，顧客（社会）に必要とされ続けなければならない
のである。

　従来，スポーツには「参加型」と「観戦型」があり，スポーツマー
ケティングの見地からも両者は対象となるが，とりわけ観戦型スポー
ツへの関与を促す手段としての役割は大きい。スポーツは商品である
という経済学的な捉え方をすれば，広告料，放映権料，観戦料（チケ
ット収入）などをいかに効率的かつ最大限に確保するかは，スポーツ
組織の至上命題だからである。しかし，ホノルルマラソンや東京マラ
ソンのブームが典型的であるように，参加型スポーツへのプロモーシ
ョンは，今日的なトレンドでもある。まさに，スポーツツーリズム（ス
ポーツツアー）に着眼したスポーツマーケティング活動は，社会的な
現象のひとつであろう。

　そもそも，米国マーケティング協会（AMA）によるマーケティン
グの定義は，「組織とそのステークホルダー双方にとって有益となる
よう顧客に向けて価値を創造し，コミュニケーションを図り，顧客と

の関係性を構築するための組織機能とそのプロセス」とされている。この定義を基軸として，スポーツを媒体としたステークホルダーとの相互作用のプロセスに応用した概念がスポーツマーケティングといえる。

　また，マーケティングの対象となるのは，企業や商品（プロダクト）またはサービスである。これはスポーツマーケティングにおいても然りである。いわゆる，スポーツイベントやスポーツ用品，スポーツクラブ（教室）などが代表的なスポーツプロダクトであるが，スポーツビジネス（産業）のカテゴリーは実に多岐に及んでいる（図6－4）。ちなみに，一般企業が提供するプロダクトやサービスと違い，「スポーツは特別な存在である」と主張される場合もあるが，基本的にはスポーツに関するプロダクトやサービス（有形財か無形財を問わず）は，社会的には同じ存在（社会通念）であると位置づけられる。映画やテーマパークから享受しうるサービスと軸を一にするものである。ただ

図6－4　スポーツビジネス（産業）のカテゴリー

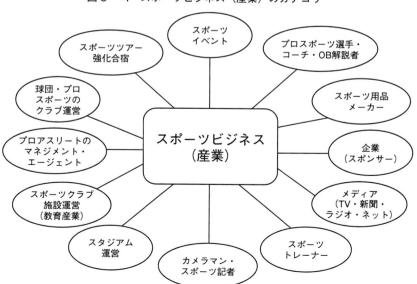

し，国民に与えるインパクトや社会的責任においては，スポーツは一線を画す場合も多いのは確かである。

2－2　スポーツプロダクトの概念

　企業が提供するプロダクト（製品）とは，顧客のニーズや欲求を満たすために市場に提供されるものすべてを包含する（商品，サービス，経験，人，場所，組織，情報，アイディアなど）。スポーツプロダクトにおいても，ランニングシューズやスポーツウェアのような有形財もあれば，フィットネスクラブでの運動教室やスポーツ観戦などの無形財もある。

　スポーツというプロダクトの特性としては，無形のサービスが特徴的である。具体的には，①無形性（形がないので，サービス利用者は利用または参加に先立ってサービス自体を認識することはできず，サービスを受けてはじめてどんなサービスであるかが分かる），②非貯蔵性（貯蔵できない，または在庫ができないため，計画生産および見込み生産ができない），③一過性（終わると消えてなくなるため，その時その場限りのものであり，やり直しがきかない），④評価の主観性（サービスの優劣については，利用者の受け止め方によって異なる），⑤非均質性（均一化できないがゆえに利用者や供給者によって異なった対応となるため，あらかじめ品質をコントロールすることはできない），⑥需要の不安定性（季節や曜日，時間帯によって需要が変動する），⑦非分離性（供給者と利用者の協働によってサービスは成立するため，サービスの質は供給者と利用者の相互作用に依存する），という7つのサービス特性がある。

　また，有形財としてのスポーツプロダクトを把握するには，以下の3つのレベルの視点が重要となる（図6－5）。①製品の中核（顧客が製品を買う際に求める，中核となる問題解決というベネフィットであり，顧客の本質的なニーズを満たす機能そのもの），②製品の実体（製品に付随する製品特性，品質属性，特徴，デザイン，ブランド名，パッケージを指す），

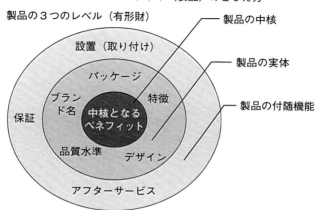

図6-5 プロダクト（製品）のとらえ方

出所：恩蔵直樹監修，月谷真紀訳『コトラーのマーケティング入門 第4版』
ピアソン・エデュケーション，2007年，270ページ。

③製品の付随機能（アフターサービスや保証など，顧客が価値を認める付加機能を指す）。

2-3 スポーツマーケティングのプロセス

　企業を取り巻く環境変化に適切に対応していくマーケティング活動をマーケティング戦略と呼ぶ。標的（ターゲット）消費者を的確に把握して，この標的消費者を満足させるためのマーケティングミックスを決定するプロセスである。マーケティング戦略の立案・実行のプロセスは，大きく次の6つのステップからなる。①市場機会の発見，②セグメンテーション（市場細分化），③ターゲッティング（市場の絞り込み），④ポジショニング，⑤マーケティングミックス（4P），⑥マーケティング戦略の実行と評価である。市場における機会（チャンス）を発見し，市場（顧客）を絞り込んで，競合相手よりも魅力的なプロダクトやサービスを開発・生産した後のステップがマーケティングミックスである。プロダクトやサービスの価値を損ねることなく顧客とのコミュニケーションを図ることが求められる。そのために必要な

図6−6 スポーツにおけるマーケティングミックス

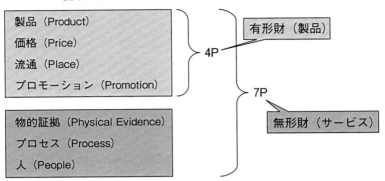

要素が製品（Product），価格（Price），流通（Place），プロモーション（Promotion）である。さらに，無形財（サービス）が特徴的であるスポーツにおけるマーケティングミックスを考える場合には，4Pにさらに3Pを加えた7Pの組み合わせを考慮することも必要である（図6−6）。すなわち，物的証拠（物の配置や素材，照明，バッジや清潔さなど），プロセス（仕事のやり方，方針や手順，教育・報酬制度など），人（サービス提供者，顧客，その他のスタッフなど）である。

第3節　スポーツチームのマネジメント

3−1　チームビルディングの概念

近年，マネジメント活動の一環として組織開発の手法を用いたチームビルディング（team building）が注目を集めている。集合型のトレーニング手法は数多く存在するが，その効果や参加者の満足度の観点から，参加型手法を採用するチームビルディングを実施する組織やチームが増加している。その際には，プロのファシリテーター（変革推進者）が空間を効果的にマネジメントする役割を演じながらトレーニングが展開されることが多い。

企業組織においてチームビルディングを実施する場合は，新入社

員・ミドル社員・幹部社員などの対象を限定した階層別研修や，上司と部下が混在した状況下で職場（部署）を研修単位として実施する部署別研修など，その実施の形態がバリエーションに富んでいるのも特長的である。スポーツチームにおいては，チームを編成して間がない時期にチームビルディングを実施して，チームワークの向上や選手やスタッフとの一体感を醸成するケースが多い。とりわけ，全日本チームや日本代表チームなどは，選手が招集されるたびに，メンバーの顔ぶれが変わることも多く，短期間で効果を発揮するといわれている。

　一般的に，チームビルディングとは，組織変革を実現するための組織開発プログラムに依拠したものであり，「行動科学の知識や技法を用いて，チームの組織的能力を向上させ，激変する外部環境への適応力を増すことを目的とした一連の介入方法」であると定義されている（日本スポーツ心理学会，2008年）。内省や傾聴を繰り返すプロセスを通じて，自己理解や他者理解を深めて，絆の強いチームを作り上げようというのが狙いであり，社会心理学におけるグループダイナミクス（集団力学）の学問的な立場に立脚している（水野，2010年）。

　また，スポーツ心理学の立場からは，チームビルディングには主に2つの方法があるとされている。間接的アプローチと呼ばれる指導者のリーダーシップ機能の向上やメンバー（選手）とのコミュニケーション・スキルの改善を目的として，監督・コーチへの援助を中心としながらチーム（組織）風土を変革しようとするアプローチである。この間接的アプローチは，メンバーに直接働き掛けなくても，指導者自身の行動変容を通じて，チーム風土の改善ならびチームワークの向上がもたらされるという利点を持つ。他方，直接的アプローチとは，メンバー個々への働きかけを重視するアプローチであり，ファシリテーターによってグループ討議を中心とした作業が進められる。集団目標の課題解決や野外活動プログラムの問題解決に向けた作業を通じたチームビルディングの実施が代表的である。

2017年より筆者らは，Ｊクラブのユース（U-18）チームからの依頼を受け，U-18所属選手を対象に，新チームが発足した時点から複数回のチームビルディングプログラムを実施している。そこで，チーム内の意識変化や選手の行動変容など定性的な視点から効果を検証するために，選手の内省報告や現場スタッフ（監督・コーチ）と選手へのヒアリング調査を実施した。その結果，チームビルディングトレーニングの導入がメタ認知やコミュニケーション方法などに代表される選手の心理 - 社会的スキルの向上に貢献できる可能性が確認され，その効果（有効性）が明らかとなった。

ユースチームにおける選手育成では，競技的能力（技術や戦術，運動能力）の向上だけでなく，サッカー選手として必要な心理 - 社会的スキルの獲得・強化が求められる。つまり，個人とチームの更なる成長を促すためには競技的能力の向上だけでなく，心理 - 社会的スキルの強化に向けた実践的なオフザピッチでのアプローチが指導現場における重要な課題のひとつとなっており，そのためにはチームビルディングは非常に有効であることが明らかとなった（水野他，2017年）。

３－２　スポーツにおけるコーチングとリーダーシップ

現在のスポーツの世界におけるコーチングに対する考え方は，1970年代にティム・ギャルウェイというテニス指導者が提唱した概念であり，従来の外側から教え込むコーチングではなく，「選手の内側の能力に焦点を当て，それをいかにストレートに表面に引き出すか」というものである。そのため指導者には，トップダウン的な指示命令型のコーチングではなく，「聞く」「質問する」「承認する」「提案する」という４つの基本的なコミュニケーション・スキルを駆使したコーチングが必須であるとされている（図6 - 7）。選手との直接的なコミュニケーションを通して，選手本人の気づきを自然に引き出すことが求められているのである。そしてそのプロセスにおいて，選手の現状を把

第6章　スポーツマネジメント　193

図6-7　コーチングの方法

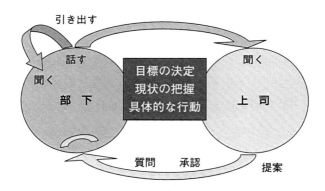

出所:「東洋経済」東洋経済新報社，2001年12月1日号，32ページ。

握したうえで目標設定基準を決定し，実際のアクションプランの作成や具体的な行動へと導くのが指導者の理想的な姿である。

　よって，コーチングの現場では，選手に対して個別的にマネジメントをすることが重要である。実際に，現在のスポーツ界では，名コーチと呼ばれる人は，決して全ての選手を同じ方法では指導していない。有森裕子にはじまり，鈴木博美や高橋尚子などの世界的なマラソンランナーを数多く育てた小出義雄監督は，彼女たち一人ひとりに対して全く異なる指導法を採ってきたことで有名である。あるいは，振り子打法という型破りな打撃スタイルを容認して，適切に指導した仰木彬監督が，もし全体管理の発想でコーチングを実施していたら，イチロー選手の才能は開花しなかった可能性もありうるのである（水野，2008年）。

　ところで，スポーツにおけるコーチングとは，指導者（監督やコーチ）が選手に対して発揮する対人的なリーダーシップであるとされる。リーダーシップとは，「目標達成に向けて人々に影響を及ぼすプロセス」であり，コーチングはその一部を構成するものである。したがって，スポーツチームにおいて指導者がコーチングを最適に機能さ

せようとするならば，このリーダーシップの理解が必要となってくる。優れた指導者は，高い成果を上げることが出来なければならないが，ではそのためのリーダーシップ・スタイルとは，どのようなものが存在するのであろうか。

一般的に，高い成果を上げるには，指導者の性格特性の問題というよりも，むしろ実際に指導者がとる行動と高い相関関係があるといわれている。指導者がとる行動には，①詳細に指示しながら成果や業績に関心を向ける行動（タスク志向）と，②チーム内での相互信頼を築くことを目的に選手の感情に配慮する行動（人間関係志向）の2つの次元がある。PM理論，オハイオ研究，マネジリアルグリッド，SL理論（Situational Leadership Theory）などが，このような二次元モデルの代表理論として上げられる。例えば，PM理論は以下のように図示される（図6-8）。目標達成機能（Performance）と集団維持機能（Maintenance）の2軸のマトリックスによる4象限でリーダーシップのスタイルを類型化するものである（三隅，1966年）。

図6-8　リーダーシップのPM理論

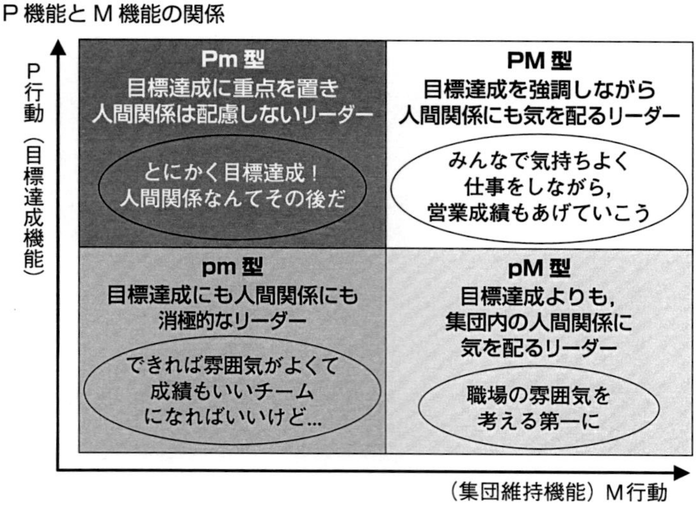

P機能とM機能の関係

Pm型 目標達成に重点を置き 人間関係は配慮しないリーダー とにかく目標達成！ 人間関係なんてその後だ	**PM型** 目標達成を強調しながら 人間関係にも気を配るリーダー みんなで気持ちよく 仕事をしながら， 営業成績もあげていこう
pm型 目標達成にも人間関係にも 消極的なリーダー できれば雰囲気がよくて 成績もいいチーム になればいいけど…	**pM型** 目標達成よりも， 集団内の人間関係に 気を配るリーダー 職場の雰囲気を 考える第一に

P行動（目標達成機能）

（集団維持機能）M行動

第6章　スポーツマネジメント　195

　いずれの行動をとるにしても，重要なことはチームや各選手の精神的な成熟度を考慮しながら，個別にマネジメントを行うということである。成熟度とは，特定の課題を自律的に達成できる度合いのことであり，能力や意欲さらには経験などのレベルによって診断される。成熟度が低い場合にはタスク志向的行動を，成熟度が高い選手には人間関係志向的行動が通常は適している。状況に応じた臨機応変なリーダーシップの発揮という点においては，まさにスポーツ界とビジネス界の両者に同様に求められている普遍のリーダーシップ原理なのである。

３−３　スポーツ指導者のモチベーションマネジメント

　人間をやる気にさせる（モチベーションを高める）メカニズムとは，いったいどのようになっているのであろうか。これはスポーツ現場における監督やコーチなどの指導者に限らず，企業においてもマネジメント活動に携わる全ての人が考えなければならない基本的問題である。いわゆる，人間のモチベーション（動機づけ）を，いかにして適切かつ発展的にマネジメントしていくのかという命題である。

　そもそもモチベーションの語源は，ラテン語の「movere」である。これは英語の「move」に相当するもので，「動かす」それも「何かを求めて動かす」ということを意味している。語源から解釈すれば，モチベーションとは外部から個人への影響力（働き掛け）であるとすることに違和感はないであろう。しかしながら，本来のモチベーションとは，第三者から強制的に行使されるものではなく，個人の自発的行動を引き起こすものでなければならない。

　一般的に，人間が運動やスポーツに動機づけられるためには，動機や誘因が必要であるとされている。そして動機の種類には，①ホメオスタシス性動機，②性的動機，③情緒的動機，④社会的動機，⑤内発的動機，の５つが考えられている。「ホメオスタシス性動機」とは，飢えや渇きなどの人間がもつ基本的な欲求を侵害されたり，痛みや苦

痛を感じたときに，これらを回避しようとする動機である。スポーツ場面では，厳しいトレーニングにおいて生理的苦痛を伴うことが多く，スポーツ活動自体から逃れようとする回避動機に発展することも考えられる。よって指導者は，このホメオスタシス性動機に対する配慮が不可欠である。「性的動機」とは，スポーツ活動によって性欲を発散させようとする動機であるが，運動が性的動機を低減させるという科学的証拠はない。「情緒的動機」とは，人間の喜怒哀楽の感情を意味する情緒が引き起こす動機である。試合前の緊張や不安などの情緒的な問題から生じる感情は，スポーツに対する回避傾向を誘発させる可能性もあり，スポーツの指導場面では慎重に扱う必要がある。また，「社会的動機」とは，所属する集団や組織において円滑な人間関係を構築したいという，自分と社会との相互関係の中から生じる動機である。チームワークやチームの雰囲気を良好に保ちたいと願う親和動機と，厳しいトレーニングに耐えてでもライバルとの試合に勝利したいという達成動機から構成されている。さらに，「内発的動機」とは，スポーツや運動に従事すること自体に楽しみや喜びを感じる動機のことであり，活動そのものに独自の価値や意味を有する状態を内発的動機づけと呼ぶ。チクセントミハイが提唱するフロー体験と類似するものである。一方，何らかの目的（報酬）のために行動が手段となって生起する場合には，外発的動機づけと呼ばれている。現在のモチベーション理論，とりわけ内発的動機づけの観点からは，イフェクタンス動機づけ（effectance motivation）という概念を基礎として，より確かな理論が開発されている。試合や練習などのスポーツ場面において選手が体感する成功体験によって形成される自己の能力（効力感）が，次のさらなる行動を引き起こすという考え方である。

　また，人間の満足の充足と不満足の解消という観点からモチベーション理論を構築したのは，ハーズバーグ（Herzberg, 1968）の「動機づけ―衛生理論（Motivation-Hygiene Theory）」である。具体的には，組

織が与えるインセンティブ（incentives）から自己を成長させたいとい
う人間の満足に関する要因と，欠落していてはじめて不満足を感じる
要因に分けて考える。いわゆる，理論的骨子とは，「人間は仕事をす
る上で満足する要因と不満足に感じる要因とは，互いに独立した別個
の要因である」というものである（水野，2013年）。それまでの職務満
足に関する研究では職務満足と職務不満足が一次元的（対極）に捉え
られてきたが，ハーズバーグは二次元的に把握したところに特徴が見
出せる（図6－9，図6－10）。個人の自己実現や精神的成長に関わる
「動機づけ要因（motivation factor または motivator）」と主に苦痛からの
回避に関わる「衛生要因（hygiene factor）」の両者を考慮することの
重要性を説いているのである。

　指導者がマネジメント活動を行う場合には，動機づけ要因を充足さ
せて個人の満足を高めながら，同時に衛生要因も充足させることで不
満足を解消させるという並行的（二次元的）な取り組みが必要である
といえる。スポーツの文脈で考えると，監督やコーチなどの指導者は，
選手が各自の目標や課題に到達しやすいように支援することで「達
成」は得られやすい。また，選手が目標を達成したら，その成果につ
いてポジティブな評価をすることで「承認」を受けたと選手は感じる

図6－9　ハーズバーグの二次元モデル

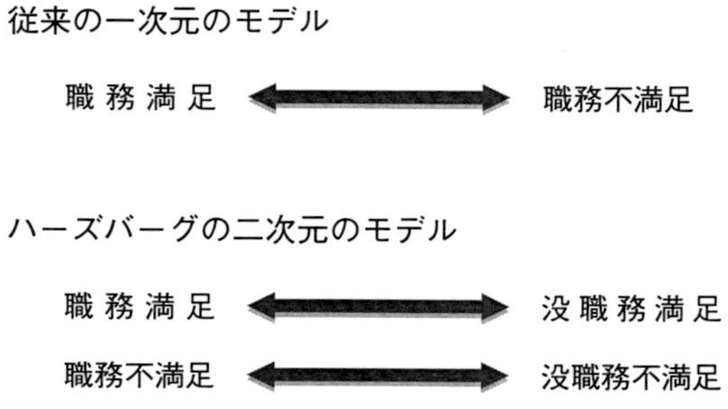

従来の一次元のモデル

職 務 満 足　◀━━━━━▶　職 務 不 満 足

ハーズバーグの二次元のモデル

職 務 満 足　◀━━━━━▶　没 職 務 満 足

職 務 不 満 足　◀━━━━━▶　没 職 務 不 満 足

出所：佐久間信夫・坪井順一編著『第二版　現代の経営管理論』
学文社，2013年，151ページ。

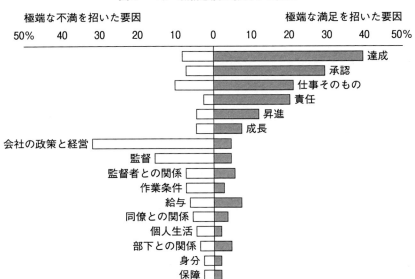

図6-10 職務態度に影響する要因

出所:F. Herzberg, "On More Time: How Do You Motivate Employee?", *Harvard Business Review*, January-February, 1968, p.57.

であろう。一方,チームの方針を共有したり,選手間または選手と監督との人間関係を良好に保つ,または競技(練習)環境を整備することで衛生要因は充足させられる。

第4節 スポーツ施設のマネジメント

4-1 スポーツ施設におけるユーザー工学とユーザビリティの視点

現在,総合型地域スポーツクラブをはじめとして,国内の多くのスポーツ施設において,ノーマライゼーションを目指した取り組みが進展している。介護予防施設やメディカルフィットネスといった医療福祉施設だけではなく,公共・民間のフィットネス施設や学校のトレー

ニングルームにまで，この考え方が浸透しているといっても過言ではない。その背景には，人間工学や建築工学などの学問的進歩があることは見逃せない。とりわけ，人間工学はスポーツ施設に限らず，日常の生活用品にまで研究の成果が反映されてきている。競技スポーツの場面でも，スポーツウェアやスポーツシューズなど，スポーツ選手を支援するために多くの人間工学の成果が反映されたスポーツ用品が開発されている。近年の人間工学では，「バリアフリー」ではなく，「ユニバーサルデザイン」という言葉が用いられているほどである。そもそもバリアという表現自体が無意味という発想である。

　さらに，人間工学の応用学問であるユーザー工学が，スポーツ施設の設計・建築に活かされている。例えば，スポーツクラブの会員をマーケティング活動によって獲得しても，スポーツ施設や機器のユーザビリティ（usability）が低いと定着率・継続率を高めるのは困難である。スポーツ施設の利用者を最優先に考えて，QOL（生活の質）を念頭に置いた施設や機器の使いやすさの向上を目指すことは，今後のスポーツ組織にとっては重要な考えであり，かつ社会的責任でもある。

　例えば，高齢者や障害者に対してバリアフリーを進めようとする場合，単にスロープやエレベーターを設置するだけでは不十分である。子供から大人までの健常者も一緒に利用でき，かつ使いやすい（ユーザビリティが高い）スポーツ施設や機器の設置が必要である。このような考え方が浸透しているスポーツ施設は，まさにユニバーサルデザインが実現されているといってよい。スポーツ施設をマネジメントする際には，単なるバリアフリーを越えたユニバーサルデザインの発想が求められているのである。

４−２　ヒューマンインターフェースの必要性

　ヒューマンインターフェース（Human Interface）とは，もともと人

間と人間の周りの様々な機械・機器との間で効果的かつ効率的な相互作用を可能にするために，人間の特性を応用していこうとする技術のことである。コンピュータなどの情報機器と人間との対話，色々な表示や標識，バーチャルリアリティ（仮想現実あるいは人工現実感）の実現，さらには人間を取り巻く情報環境を人間の特性に合わせて設計しようとする考え方を指す。スポーツ施設においては，利用者（ユーザー）を効率的に仲介する仕組みであり，①物理的インターフェース，②認知的インターフェース，③感性的インターフェースの3つに分類できる（金山，2005年）。物理的インターフェースとは，スポーツ施設・設備や機器の状況，運動プログラムの利用システムなど，スポーツ活動のための物理的な環境設定である。認知的インターフェースとは，提供される情報やサービスへのアクセスの簡便さ，運動後の効果測定の簡単さなどである。例えば，希望する運動プログラムの実施日時や担当インストラクターに関する情報などである。感性的インターフェースとは，スポーツ活動を通じて得られる充実感や達成感などの情緒的な機能である。

　スポーツ施設をマネジメントする際には，上記3つのインターフェースの機能を利用者の立場になって考えて実践する必要がある。

第5節　スポーツ選手のキャリアマネジメント

5−1　スポーツ選手のセカンドキャリアのマネジメント

　スポーツ選手のキャリアマネジメントにおいては，引退後のセカンドキャリア（支援）との関連での議論が盛り上がっている。とりわけ，キャリアトランジション（移行）の問題に対しては，Jリーグの先進的な取り組みが興味深い。Jリーグは，他のスポーツ団体に先駆けて，2002年4月にキャリアサポートセンターを創設したことで知られている。近年のプロスポーツ選手の引退やセカンドキャリアにおける議

論の牽引役を果たしたといえる。その後，2007年にNPB（日本野球機構）セカンドキャリアサポートが誕生し，翌年の2008年にJOC（日本オリンピック委員会）キャリアアカデミーなどのキャリアサポート組織が次々と組織化されたことからも明らかである（高橋，2010年）。

　スポーツ選手に限らず，トランジションはすべての人間にとって不可避の出来事である。人生においては必ずいくつかの節目を迎えるのである。例えば，ビジネスにおけるトランジションを考えた場合，大きく3つの意味が包含される。ひとつは定年を契機としたセカンドキャリアの模索である。また，定年前に社外への転身を図り，将来に向けて働く環境を整備するということも考えられる。さらに，比較的早期から社内の他部門への異動を通じてセカンドキャリアを発達させるということもある。プロスポーツの世界においても，引退後に備えた就業体験（インターンシップ）を現役中に経験する機会を提供するなど，選手の再就職支援（アウトプレースメント）に対して着手する姿勢が求められている（水野，2005年）。スポーツ選手のストレスをキャリアトランジションの視点から解決しようとするトレンドも高まっており（水野，2012年），キャリアマネジメントの発展がスポーツ選手（アスリート）の成長や安定した競技生活を送るうえでの不可欠な要因として重要性を増してきている。

5-2　スポーツ選手のダイバーシティマネジメント

　今後のスポーツ選手のスムーズなキャリア形成を考える際には，ダイバーシティ（多様性）をマネジメントするという姿勢がスポーツ選手とスポーツ組織の双方にとって必要となってきている。ダイバーシティとは，性別，人種，国籍，宗教など，異なる背景や価値観を持つ人々が一緒に活動することで相乗効果を高めていこうとする考え方である。ただし，現実的には，お互いの違いを受容できずに，スポーツ組織においてフォルトライン（断層線）が存在している。例えば，サ

ッカー男子日本代表チームに対してはスポンサー企業などからの手厚いサポートがある一方で，なでしこジャパン（サッカー女子日本代表チーム）は，2011年のFIFA女子ワールドカップで優勝し，日本中にブームを巻き起こしたにもかかわらず，生活のためにアルバイトをしながら競技を続けている選手が数多くいるなど，同じ競技種目であってもフォルトラインがある。また，プロ車いすテニス選手の国枝慎吾氏などの活躍やゴールボールやボッチャなどへの関心の高まりによって，障害者スポーツの世界的なスポーツ祭典であるパラリンピックも徐々に注目を集めている昨今，健常者だけではなく，障害者スポーツ選手も含めたスポーツ界におけるキャリアの議論が必要な時期が到来している。さらに，黒人のスポーツ選手のキャリア差別に対する議論も世界的に広がりつつある（Pate, 2015）。このように組織内の多くの異なる属性の存在を能動的に受け入れて，自分自身のキャリア形成に活用すべきであるという研究も展開され始めている。まさに，組織におけるフォルトラインを理解して，ダイバーシティをマネジメントしながらスポーツ選手のキャリアを豊かにし，結果としてスポーツ界全体を発展させていくという視点である。

5－3　スポーツ組織のガバナンスとマネジメント

　スポーツ組織とは，同好会サークルからプロ野球やJリーグのようなプロスポーツクラブ，または各競技団体のようなスポーツ統括団体まで幅広く存在する。よって，スポーツ組織の形態により，起こりうる問題や不祥事の内容は多種多様であるが，その根底には，共通の問題点が見え隠れしているような気がしてならない。すなわち，ガバナンス（統治）とダイバーシティーマネジメント（多様性管理）の欠如である。

　多くのスポーツ組織においては，体系的なマネジメント活動の欠如または脆弱性が指摘されているという現実がある。換言すると，ガバ

ナンスの欠如が疑問視されているのであり，これはスポーツ組織に特有の問題でもある。もちろん，企業組織においてもガバナンス体制の問題が議論されることはあるが，スポーツ組織においては，ほぼ素人の集団が組織を運営しているケースも見受けられるなど深刻な問題となっている。

　スポーツ組織には多種多様なステークホルダー（利害関係者）が存在している。例えば，プロ野球の球団では，選手や監督・コーチはもちろん，チームのファン，スポンサー企業，取引企業，地方自治体，地域住民などは，すべてステークホルダーといえる。元来，スポーツ組織とは，公共性が高く，特定の権力に屈したり，ごく少数の権力者によって恣意的に操られてはならない。また，特定の企業や団体に偏った利益を提供するものでもない。当該のスポーツ組織のステークホルダーの利害関係を調整しながら，マネジメント活動を実践しなければならないのである。

　スポーツの公共性や公益性を鑑みると，スポーツ組織におけるガバナンスの在り方は，企業組織におけるコーポレート・ガバナンス（企業統治）と同様に極めて重要だと考えられる。スポーツが社会に及ぼす影響の大きさが増すにつれて，その競技種目の統括団体やチームは，多くのメディア媒体によって取り上げられることになる。したがって，チーム運営や組織マネジメントにおいては，より質の高いガバナンスが求められることになるが，スポーツ界を挙げたガバナンスの質の向上に対する取り組みを始めるまでには至ってはいないというのが現状である。いくつかのスポーツ競技団体においてパワハラなどの指導者のハラスメント問題が露呈したが，今後はいかにしてガバナンス（統治）を強化していくかという大きな課題に，真摯に向き合わなければならないであろう（水野，2018 年）。

主要引用・参考文献

Hersey, P., Blanchard, K.H., and Johnson, D. E., *Management of Organizational Behavior*, Prentice-Hall, 1996.

Herzberg, F., "On More Time: How Do You Motivate Employee?", *Harvard Business Review*, January-February, 1968, pp.55-65.

Kotter, John P., *John P. Kotter on What Leaders Really Do*, Harvard Business Review Book, 2012.

Pate, Rob, *The way of the athlete: The role of sports in building character for academic, business, and personal success*, Skyhorse Publishing, 2015.

Weiss, P., *Sport: A philosophic Inquiry*, Southern Illinois University Press, 1969.

高橋　潔編著『Jリーグの行動科学―リーダーシップとキャリアのための教訓―』白桃書房，2010年。

日本スポーツ心理学会編『スポーツ心理学事典』大修館書店，2008年。

水野基樹「新しい働き方を探る（11）セカンドキャリア」『労働の科学』労働科学研究所，第59巻，第11号，2005年，53ページ。

水野基樹「企業に生かすスポーツ心理学（2）スポーツにおけるコーチングとリーダーシップの関係」『労働の科学』労働科学研究所，第63巻，第5号，2008年，55ページ。

水野基樹「企業に生かすスポーツ心理学（18）絆の強いチームを作るためのチームビルディング」『労働の科学』労働科学研究所，第64巻，第9号，2009年，57ページ。

水野基樹「集団スキル教育」石井源信・楠本恭平・阿江美恵子編著『現場で活きるスポーツ心理学』杏林書院，2012年，209～214ページ。

水野基樹「モチベーション理論の展開」佐久間信夫・坪井順一編著『第二版 現代の経営管理論』学文社，2016年，138～157ページ。

水野基樹「スポーツ選手のキャリアの停滞」山本　寛編著『働く人のキャリアの停滞―伸び悩みから飛躍へのステップ―』創成社，2016年，204～237ページ。

水野基樹他「チームビルディングトレーニングの導入と効果に関する定性的研究―Jリーグユース（U-18）チームを対象にして―」『日本体育学会 第68回大会予稿集』2017年，92ページ。

水野基樹「肩書はあっても自信なし，山根会長に欠落した「リーダーの足場」」『産経デジタル iRONNA』2018年8月8日付（https://ironna.jp/article/10421）。

三隅二不二『新しいリーダーシップ―集団指導の行動科学―』ダイヤモンド社，1966年。

コラム 健康経営とスポーツエールカンパニー

　近年，国民の健康志向が高まるなか，スポーツや運動に着目して，企業の業績向上を実現しようとする経営者が増えている。1992年に経営学者であり心理学者でもあるロバート・ローゼン（Robert Rosen）が著書『The Healthy Company』の中で「健康な従業員が収益性の高い会社をつくる」として，健康経営という概念を提唱した。「社員が健康でいることこそが収益性に優れた企業を作る」を意味するヘルシー・カンパニーという考え方が基盤となっている。具体的には，従業員のストレス管理や禁煙，体重コントロール，運動実施などを通じた健康づくりによって従業員の健康増進が図られ，生産性の向上に繋がるとするものであり，とりわけスポーツや運動を活用することの有用性を主張している。企業が従業員の健康増進に投資することで従業員の活力が高まることで，優秀な人材獲得にもつながり，従業員の定着率も改善できる。組織が活性化すれば，生産性と企業価値の向上も期待できる。

　実際に企業に求められるのは，社内バレーボール大会や社内運動会など必ずしも競技スポーツに限定したものではない。従来の福利厚生から一歩踏み込み，従業員がスポーツや運動に親しめる環境を作り，健康を意識してもらうようにするのが大切である。

　日本全体のスポーツ実施率の観点からすると，20代から40代にかけて低下し，その後は上昇に転じるという傾向にある（図）。また，20代から50代のスポーツ実施率は全体平均を下回っている。男女別にみると，50代においては週1回のスポーツ実施率は女性が49.7％となっており，男性の49.5％を少し上回っているが，50代以外のすべての世代で男性が女性を上回っている。

図　年代別・性別のスポーツ実施率及び運動不足を感じる人の割合

■年代別の週1回以上スポーツ実施率（成人のみ）

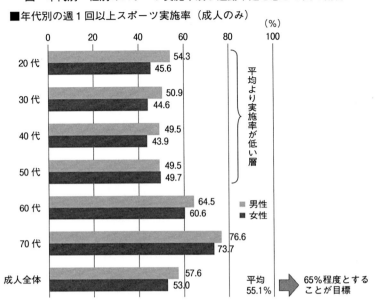

■運動不足を大いに感じる・ある程度感じる人の割合

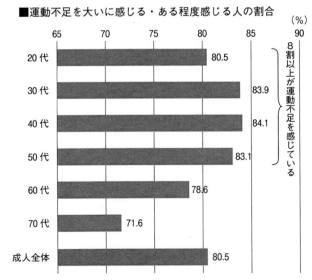

出所：スポーツ庁「スポーツの実施状況等に関する世論調査」，2018年。

また一方で，運動不足を感じている人は多く，20代から50代は8割以上が運動不足を実感しているという結果が出ている。

　このような現状を鑑みると，とりわけ女性の運動離れは深刻な状況にあり，仕事や育児に追われ，また趣味や余暇活動の多様化が一因として考えられるが，子育て世代の女性の運動離れは子供に及ぼす影響も大きいと懸念されている。よって，働き盛り世代を中心とした社会全体としてスポーツ実施率を向上させる取組みを考える時期が到来しているといえる。

　スポーツ庁も従業員（働き盛り世代）のスポーツ実施を積極的に奨励する企業を「スポーツエールカンパニー（Sports Yell Company）」として認定する制度を創設することで，国民のスポーツ機運を盛り上げている。スポーツエールカンパニーとは，従業員の健康増進のためにスポーツ活動に対する支援や促進に向けた取組みをする企業（組織）であり，2022年には685社が認定された。

　スポーツエールカンパニー認定制度の目的は，従業員（社員）がスポーツに親しめる環境づくりを進める企業の社会的評価が向上することで，「働き盛り世代をはじめとして，国民全体のスポーツ実施率の向上に繋げていく」ことである。具体的には，朝や昼休みに体操やストレッチなどの運動機会を提供したり，自転車通勤や立ちながらの会議を進めたりする企業が対象になる。筆者も認定作業に委員として関わっているが，健康増進への取組みが企業の社会的評価の向上にも寄与することは注目すべき点である。従業員の職業生活を豊かにし，生活の質（QOL）を高めるうえで，健康の維持増進は不可欠である。

（水野基樹）

参考文献

水野基樹「企業は健康投資をためらうな」日本経済新聞 2019 年 4 月 3 日・朝刊・
　　27 面。

水野基樹「新時代の"健康"　どう進める？企業のスポーツ推進　その 2 ―企業
　　がスポーツ推進に取組むメリット―」『安全と健康』Vol.20，No.9，pp.54-56，
　　中央労働災害防止協会，2019 年 8 月。

補　章　スポーツツーリズム

第 1 節　スポーツツーリズムとは

　スポーツツーリズムとは，スポーツ資源とツーリズムを融合する取り組みのことである。

　スポーツ資源とは，オリンピックやワールドカップ，世界陸上のような国際的スポーツイベントや，スタジアムや体育館，プールなどのスポーツ施設・設備，スポーツを統括する組織やスポーツを推進する自治体や企業を含めたスポーツの環境を指す。それら既存のスポーツ資源のほかにも地域資源がスポーツの力で観光資源となる可能性も秘めている。また，スポーツ参加やスポーツ観戦を目的とした宿泊を伴う旅行者をスポーツツーリストという。

　世界観光機構（WTO）は，スポーツツーリズムを「スポーツやスポーツイベントへの参加・観戦・応援を主目的として目的地を訪れ，少なくても 24 時間以上その目的地に滞在する旅行」と定義付けている。

第 2 節　スポーツツーリズムの類型

　スポーツツーリズムには，ふたつのポイントがある。ひとつは，スポーツツーリズム主催者が，スポーツを通じて他の地域の人を受け入れるということ，もうひとつは，スポーツツーリストが，自分が住んでいる地域と別の地域でスポーツを楽しむということである。主催者側と顧客であるスポーツツーリストの視点がスポーツツーリズムを推

進していく上で重要になる。

　また，スポーツツーリズムは，多様であるため，分類の考え方も複数存在している。本章では，スポーツツーリズムをスポーツツーリズム主催者とスポーツツーリストの観点から分類する考え方を紹介する。

　まず，スポーツツーリズム主催者の視点としては，日本スポーツツーリズム発展を支援する JSTA 日本スポーツツーリズム機構が，スポーツツーリズムを「する」，「観る」，「支える」に類型化している。

　「する」とは，東京マラソンなど地域のスポーツ大会，マリンスポーツや登山などのアクティビティ，スポーツの強化合宿などを指す。「観る」は，オリンピック，W杯，Jリーグやプロ野球などのスポーツ観戦を指し，「支える」は，スポーツイベントやスポーツ試合のボランティアやマネジメントなどを指している。これら分類の理解のもと，スポーツツーリズムのプロダクト開発を行うことで，事業成果があがると考えられる。

　一方，スポーツツーリズムの主体であり顧客でもあるスポーツツーリストの視点では，「参加型」，「観戦型」，「施設訪問型」に分類されている。

　「参加型」は，更に「競技志向型」と「レクリエーション型」に分けられる。「競技志向型」とは，数万人のランナーが参加するホノルルマラソンやインターハイなどのアマチュア大会への参加や険しい登山などを指す。一方，「レクリエーション型」とは，マリンスポーツやウィンタースポーツ，ハイキングなどレジャー志向で楽しむスポーツに参加することを指す。

　「観戦型」とは，自分がスポーツをする経験ではなく，オリンピックやワールドカップなど一流アスリートのプレーを観て楽しむことを指す。

　「施設訪問型」とは，有名な大会が開催されたスタジアムやその展

図補-1　スポーツツーリズム類型Ⅰ（主催側）

する　スポーツ大会・合宿参加‥

みる　スポーツ観戦‥

支える　スポーツボランティア・イベント‥

出所：国土交通省資料スポーツツーリズム推進連絡会議資料を参考に筆者作成。

図補-2　スポーツツーリズム類型Ⅱ（スポーツツーリスト側）

出所：国土交通省資料スポーツツーリズム基本方針資料を参考に筆者作成。

示をするミュージアムに訪問することを指す。

　このようなスポーツツーリズムの分類を通して，その本質を理解し，スポーツツーリストのニーズを捉えたスポーツツーリズムを企

画，運営することで，周辺観光や飲食宿泊などの経済効果，人々との交流などの交流人口拡大，旅行者へのスポーツ施設・プログラムや宿泊環境整備などによるまちづくり，国際競技大会をはじめ，スポーツイベント招致による地域発信が期待できるようになる。

　事実，2020年の感染症流行直前までの日本では，サッカーやラグビーのワールド・カップやオリンピック・パラリンピックなど国際イベント開催件数が増加するとともに，訪日外国人旅行客増加の恩恵も加わり，国内観光消費額も増加していた。

　スポーツツーリズムが促進されることで，日本人観光客や外国人観光客が増加し，経済効果が高まり地域が活性化される。既存の観光事業だけでなく，新たにスポーツ事業が組み合わされることで，地域における今までにない観光ニーズの創出とシナジー効果が期待されている。これは政府が推進する「地域創生」である。スポーツツーリズムはその推進役となる可能性を秘めている。

第3節　スポーツツーリスト（インバウンド・アウトバウンド）のニーズ

　まず，インバウンドとは，本来の意味は，市内に向かう，本国行きの，帰港の，という外から内に入るという形容詞だが，日本の観光業界では，日本国外から日本を訪れる旅行者のことをいう。逆にアウトバウンドは，日本国外から海外へ出航する旅行者を指す。

　観光庁調査によるとインバウンド・アウトバウンドの合計は，2014年までは3,000万人前後を推移していたが，2015年以降急増し，2019年には5,196万人に達し増加している。

　インバウンド・アウトバウンド別では，2014年にアウトバウンドは1,690万人，インバウンドは1,314万人でアウトバウンドの方が多く，2015年以降にその人数は逆転し，2019年にはインバウンド3,188万人，

補　章　スポーツツーリズム　213

アウトバウンドは 2,008 万人となった。

　スポーツツーリストのニーズは，インバウンドとアウトバウンドで異なる。アウトバウンドのニーズは，マリンスポーツ，ゴルフ，スノースポーツ，マラソン大会参加，スポーツ観戦を目的とする旅行が多く，インバウンドのニーズは，日本食を食べる，景勝地，自然観光や自然体験ツアーと並び，スノースポーツ，登山などのスポーツ体験や大相撲や武道観戦が主なニーズとなっている。

第4節　日本のスポーツツーリズム振興政策

　日本のスポーツツーリズム推進政策の歴史は浅い。2009 年，国を挙げて観光立国の実現に取り組むため，国土交通大臣が本部長となり，全府省の副大臣等が構成する「観光立国推進本部」が立ち上げられた。その本部下に設置された「観光連携コンソーシアム」において，翌年，政府の会議として初めて「スポーツ観光」が取り上げられる。スポーツ団体，観光団体，スポーツ関連企業，旅行関係企業，メディア及び文部科学省などが一同に会する「スポーツ・ツーリズム推進連絡会議」において，2011 年「スポーツツーリズム推進基本方針」が打ち出された。続いて，2012 年国土交通省発表の「観光立国推進基本計画」ではスポーツツーリズム推進が明記されることとなった。現在，スポーツツーリズム推進は主に観光庁とスポーツ庁が担っており，スポーツツーリズム推進基本方針に則り，スポーツツーリズムを推進する組織，「一般社団法人日本スポーツツーリズム推進機構（以下 JSTA)」が設立された。スポーツ庁は，「第 2 期スポーツ基本計画」において，スポーツツーリズムによる地域振興計画を策定し，JSTA と連携して既存のスポーツ資源だけでなく，地域資源をスポーツの力で観光資源として商品化することを目指している。その推進組織として，地方自治体，スポーツ団体，スポーツツーリズムに関

わる企業が一体となり，地域で立ち上げた組織がスポーツコミッションである。その第1号として，さいたまスポーツ・コミッションが設立された。スポーツコミッションの数は年々増加し，2019年には全国118の地域に設立されている。また，スポーツコミッションに類する組織として，観光地のマネジメントを行う観光地域づくり法人（以下，観光DMO）がある。スポーツコミッションがスポーツを通じて地域誘客を図るのに対して，観光DMOは，スポーツに限らず，様々な地域資源を活用して観光コンテンツを造成し，地域誘客やプロモーションを行っている。また，観光地としての戦略づくりや観光客の受入環境も整備する，まちづくり機能を有するより広義な組織である。観光DMOとスポーツコミッションは，相互に連携しながらスポーツの地域資源を商品化し，地域創生を進めている。

第5節　スポーツツーリズムの取り組み

　北海道ニセコは，インバウンド向けスポーツツーリズムの先駆地域として，オーストラリア人ツーリストが増加したことで有名である。

　オーストラリア人ツーリストが増加した理由としては，パウダースノーという上質な雪質でのスノースポーツやラフティングなど1年中アクティビティが楽しめること，ヨーロッパやカナダよりも近く時差もないという地理的優位性と，オーストラリアが夏の時期にスキーが楽しめること，温泉や日本食を楽しめ異文化を体験できること，他国と比較しツアー料金が安い，英語での良質な情報発信の量が多い，宿泊施設がバカンスの長期滞在に対応できるなど環境が整備されていることが挙げられる。

　しかし，2019年には，円高やニセコ周辺の宿泊施設料の高騰と長野の白馬など上質な雪質とスノースポーツ以外の観光コンテンツが充実した他の地域が観光PR活動に力を入れたことから，ニセコのス

ポーツツーリストにも変化が起きており，全国的な誘客競争の激化が見込まれている。

　また，東京都墨田区は，国技館があり，インバウンドにも人気のある大相撲が行われている。大相撲観戦のあとは，国技館周辺でちゃんこ鍋など日本食を食べ，近隣のスカイツリー観光もできるなど複数のニーズを満たすことができる。

　各地域にチームがあるプロ野球やJリーグは，試合観戦以外にも地域ごとにチームに関連した施設や観光スポットもあり，観光としても楽しめるよう工夫している。また，シーズンオフのキャンプ地にてキャンプ見学など，地元地域以外にもスポーツツーリズムコンテンツを提供している。

　箱根は，箱根駅伝が有名だが，開催時期の適切な温度と環境条件が求められており，継続的に大会開催地としてブランディングがなされている。

　スポーツツーリズムの推進は，ターゲットとするスポーツツーリストの様々なニーズを満たすため，地域の観光資源を発掘して多種多様なコンテンツを作成し，複合的に提供すること，また，質の高い情報を複数言語と複数媒体にて発信してコミュニケーションを取ることなどが重要となる。

　2020年世界的感染症流行により，スポーツツーリズムは大きく制限されることになった。このような環境を背景に，昨今はVRやAIなどテクノロジーを活用し，現地に行かなくてもあたかも現地旅行をしているようなバーチャル観光ができるコンテンツの作成など，ツーリズム体験のデジタルトランスフォーメーション（DX）が求められるようになってきている。

　「観光立国」を掲げた日本。世界的にも成長を続けているスポーツツーリズムマーケットにおいて，この危機的状況をチャンスに変え，観光先進国として飛躍することを期待する。

主要引用・参考文献

Claude Sobry, Sorina Cernaianu, *Sport Tourism and Local Sustainable Development*, Springer; 1st ed., 2021, pp.14-16, 181-192.

James Higham, Lars Bejde, *Sport Tourism Development*, Channel View Books, 2018, pp.26-48.

Ricardo Melo, Claude Sobry, Derek Van Rheenen, *Small Scale Sport Tourism Events and Local Sustainable Development*, Springer; 1st ed., 2021, pp.23-43, 102-109.

相原正道・上田滋夢・武田丈太郎『スポーツガバナンスとマネジメント』晃洋書房，2018 年，65 〜 67，109 〜 110 ページ。

安藤和義「箱根駅伝開催時の沿道地域による旅行者へのもてなしに関する研究：神奈川県小田原市・箱根町を対象地域として」『日本観光研究学会全国大会学術論文集』，20，日本観光研究学会，2005 年，49 〜 52 ページ。

遠藤　正「世界屈指のパウダースノーによるスポーツツーリズム：北海道ニセコ地域の事例紹介と鉄道による新たな観光への期待」『CATS 叢書』北海道大学観光学高等研究センター，11，2017 年，157 〜 161 ページ。

敷田麻実・内田純一・森重昌之『観光の地域ブランディング』学芸出版社，2009 年，94 〜 103 ページ。

白井義男『ツーリズムビジネス・マネジメント』同友館，2010年，11，132〜134ページ。

城本高輝「スポーツツーリズムの発展と今後についての考察」『埼玉学園大学紀要（経済経営学部篇）』20，2020 年，129 〜 140 ページ。

高田紘佑・原田宗彦 "Pull Factors of International Tourists Spectating Sumo in Japan：Focusing on Tourists' travel purpose"『スポーツマネジメント研究』日本スポーツマネジメント学会，13(1)，2021 年，3 〜 14 ページ。

二宮浩彰「スポーツツーリズムの分類と諸事象：スポーツデスティネーションのイメージ戦略」『観光とまちづくり』日本観光振興協会，2018-2019(3)，2018 年，17 〜 19 ページ。

日本スポーツツーリズム推進機構編『スポーツツーリズム・ハンドブック』学芸出版社，2015 年，12 〜 23，68，113 〜 120 ページ。

山下秋二・中西純司・松岡宏高『新しいスポーツマネジメント』大修館書店，2016 年，164 〜 172 ページ。

一般社団法人日本スポーツツーリズム推進機構「JSTA とは　2020」(https://sporttourism.or.jp/sporttourism.html)。

観光庁「観光立国推進基本計画」2017 年 (https://www.mlit.go.jp/common/001299664.pdf)。

倶知安町「観光客入込状況」「ニセコエリア外国人宿泊客数と延数の推移　2020」(https://www.town.kutchan.hokkaido.jp/tourism/niseko_future/2515/)。

スポーツツーリズム推進連絡会議「スポーツツーリズム推進基本方針」(https://www.mlit.go.jp/common/000160526.pdf)。

日本政策投資銀行「スポーツツーリズムの展開」2015 年 (https://www.dbj.jp/upload/investigate/docs/book1502_01.pdf)。

第7章　コーチング論

　スポーツにおける監督やコーチ等の指導者（以下，コーチ）は，指導を受ける人（以下，選手）にとって最善の策を考え，実践し，勝利等の"結果"を目指すサポートをすることが求められる。

　毎年，年末に放送されているプロ野球の戦力外通告のテレビ番組からわかるように，プロフェッショナルの世界であれば，"結果"を出し続けなければ，競技を継続することはできない。例え練習で望ましい"過程"を経ていたとしても，本番で"結果"を出すことができなければ選手は競技生活を終えることになってしまう。プロの世界では，これはコーチにもいえることであり，両者とも"結果"を常に意識しているのである。

　一方，アマチュアであればどうだろうか。例えば，高校球児はどのような意識，目標を持って日々努力すれば良いのだろうか。その多くは，甲子園で優勝する，県大会に出場する，目指せ一勝，などの結果目標かもしれない。氏原秀明氏は著書『甲子園は通過点です―勝利至上主義と決別した男たち―』において，2019年夏の岩手県大会の決勝で大船渡高校のエース佐々木朗希が登板を回避したことについて触れている。「メジャーを目指しているので，頑張るのはそこじゃない」，つまり彼は，「甲子園にすべてを捧げる」か「将来の可能性を取る」かの選択において前者を取らなかったのである。この決断は賛否の論議を呼んだが，いずれにせよ，ここで重要なことはコーチがいかに選手に寄り添い，尊重するか，ということなのではないだろうか。

　ここでは，スポーツにおけるコーチング（coaching）（以下，コーチ

ング）の対象となる選手は幼児・児童・生徒・学生を中心としている。
最近では，日本スポーツ協会の『コーチ育成のためのモデル・コア・
カリキュラム』において人間力の育成が重視されているように，コー
チは目先の勝利やタイム・スコアなどの"結果"にのみ重きを置くの
ではなく，選手の人間教育に主眼を置いたコーチングが求められてい
る。

　本章では，コーチングにおける基本的な考え方や必要な知識・技
能，体罰について論じることにする。

第 1 節　コーチングとは

　近年，"コーチング"という言葉は様々な文脈において使用されて
いるが，その語源や概念はどのようなものであろうか。また，コーチ
ングの現場では，対象者は発達段階，性，パフォーマンスレベル，競
技種目，モチベーション，あるいは健常者だけでなく心身に障害を持
っている方をも含み，多岐にわたっている。本節では，コーチングと
は何か，コーチの望ましい言動とは何か，選手との接し方などについ
て明らかにする。運動部活動・学校体育・学外のスポーツ指導等の体
育・スポーツ活動を指導する際，コーチング哲学を構築する上で参考
にされたい。

　東京オリンピック・パラリンピック 2020（2021 年開催）において，
日本はオリンピックでは金メダルを史上最多の 27 個，銀メダル 14 個，
銅メダル 17 個を獲得し，メダルの総数は過去最多の 58 個であった。
パラリンピックはメダル 51 個（金 13 個，銀 15 個，銅 23 個）と 2004 年
アテネ大会の 52 個に次ぐ数であった。これを受けてわが国では，今
後選手が競技力を高めて本番で実力を発揮するための"コーチング"
がさらに注目されている。

1-1 コーチングとは

"coach" という語は，ハンガリーの "Kocs" という場所で最初に作られた「屋根付きの馬車」(kocsi) に由来し，馬車が人を目的地に運ぶことから，「コーチングを受ける人（クライアント）を目標達成に導く人」を意味するようになり，19世紀中頃に学生が個人的に雇った家庭教師を指す俗称として用いられていたものが，近代スポーツの誕生とともにスポーツ指導者に転用されるようになったという (Onions, 1994)。

近年では，スポーツ科学辞典（バイヤー編，1993）においてコーチングとは，「コーチが学習者に助言したり，管理を行う活動の全体」と定義されている。その一方で，歴史的経緯からスポーツ界においては今なお「勝利を目指したスポーツ指導をコーチングとする」という狭義の意味で理解されていることも多い（長谷川，2012）。しかしながら，日本コーチング学会では以下のように示している。「実践現場で「目標達成へ向けて導く」という広義でコーチングと称することは，本学会の原点に立ち返ることになる。それ故，本学会が取り上げてきた，競技スポーツの分野だけでなく，体操，ダンス，野外活動，武道，アダプテッドスポーツといった幅広い領域を含んだ体育，生涯スポーツ，健康スポーツ（ひいては日常生活運動も含む）なども対象となる。」（村木，2009）

現在，コーチングという語は，ビジネスコーチング，心理コーチング，臨床コーチング，介護コーチング等，様々な領域で用いられている。1990年代に米国で社員育成技法として始まって以来，わが国でも企業などで同様の研修が行われるなど，コーチングは様々な分野から注目されている。

1-2 コーチの心構え

スポーツ指導者の役割をひと言で表現するならば，「プレイヤー自

身が"なりたい"と思う自分に近づくために，その活動をサポートすること」といえる。スポーツ指導者は，決して「教え導く」存在ではなく，あくまでサポートする存在である（日本体育協会，2005）。

　つまり，実際にプレイして試合や大会に出場するのは選手であり，コーチはあくまでその選手をサポートするという立場なのである。コーチは，専門競技の知識や技能，戦術や効果的な練習法に至るまで選手と比較すると質，量共に秀でていることが多いかもしれない。仮にそうであっても，コーチは自らが持っているそれらの全てを選手に随時伝達してしまうと，選手から自身で考える機会を奪いかねない。さらに，選手は技術の習得段階においてまだ到達していない課題や理解できない技術についてコーチからの助言をもらうことが選手の成長につながるとは限らない。

　日本プロ野球界の名監督と言われている落合博満氏（2012）は，コーチという仕事は教えるものではなく，見ているだけでいいと述べている。もちろん，コーチはただ眺めているだけではない。コーチは選手を常に観察しておいて，選手が訪ねてきた時に詳細に説明できるかどうかが良いコーチ，悪いコーチの基準だと持論を展開している。また，本当に気をつけなければならないのは，指導能力のない者が，素質の高い者の入り込んではいけない部分に入り込んでつぶしていくことなのだと述べている。

　コーチの資質能力や育成について，日本体育協会（2016）は「モデル・コア・カリキュラム」を作成した（表7－1）。「モデル・コア・カリキュラム」は，多様化・高度化・専門化する体育・スポーツにおいて，体育系大学等の学生が卒業後にコーチとして現場に立つことを見据え，コーチに求められる資質能力（試行・態度・行動・知識・技能）を確実に習得するために必要な内容を提示するもので，体育系大学等におけるカリキュラム作成の参考となるものとして位置づけられている。

第7章　コーチング論　221

表7－1　モデル・コア・カリキュラム

資質能力区分		領域	主な内容	必要最低時間数		
				基礎	応用実践	計
人間力	思考・判断	コーチングの理念・哲学	プレイヤーとともに学び続けるコーチ	9h	18h	27h
			コーチング及びコーチとは			
			コーチに求められる資質能力			
			スポーツの意義と価値			
			コーチの倫理観・規範意識			
			コーチの役割と使命（職務）			
		計		9h	18h	27h
	態度・行動	対自分力	多様な思考法	6h	12h	18h
			コーチのセルフ・コントロール			
			コーチのキャリア・デザイン			
		対他者力	コミュニケーション	6h	12h	18h
			人的環境（関係者との信頼関係）の構築			
			プレイヤーのキャリア・デザイン			
		計		12h	24h	36h
知識・技能	共通	トレーニング科学	スポーツトレーニングの基本的な考え方と理論体系	9h	18h	27h
			体力トレーニング			
			技術トレーニング			
			メンタルトレーニング			
		スポーツ医・科学	スポーツと健康	9h	18h	27h
			外傷と障害の予防			
			救急処置			
			アンチ・ドーピング			
			スポーツと栄養			
			スポーツの心理			
	専門	現場における理解と対応	ライフステージに応じたコーチング	6h	12h	18h
			プレイヤーの特性に応じたコーチング			
			コーチングにおけるリスクマネジメント			
			クラブ・チームの運営と事業			
			コーチング現場の特徴			
		計		24h	48h	72h
合計				45h	90h	135h

実習	現場実習	コーチングの実践と評価	5日	20日	50h
			10h	40h	

出所：（公財）日本体育協会『平成27年度コーチ育成のための「モデル・コア・カリキュラム」作成事業報告書』，2016年，40ページ。

1-3 コーチの役割

　コーチの役割は対象者によって優先順位が異なるが，大前提は前述したように（1-1），「コーチングを受ける人（クライアント）を目標達成に導く」ことである。国際コーチングエクセレンス評議会（International Council for Coaching Excellence；ICCE, 2013）は，スポーツ・コーチングに関する国際的枠組を策定し，コーチングを行う上で必要となる知識やコーチが担うべき職務や機能などについて整理している（図7-1）。

　青山（2013）は「コーチング」という語には，人間的・教育的・経験的・実践的意味が備わっていると述べている。これは，スポーツは勝敗だけを目指すのではなく，選手が人として社会性や協調性，他者への感謝の気持ちを持つなどの側面を疎かにしてはいけないというこ

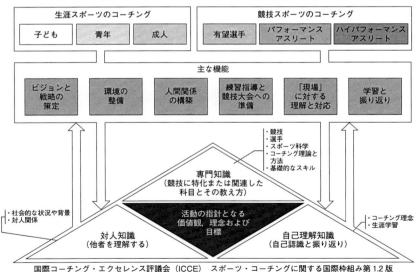

図7-1　スポーツ・コーチングに関する国際的枠組み 第1.2版

国際コーチング・エクセレンス評議会（ICCE）スポーツ・コーチングに関する国際枠組み第1.2版

出所：（公財）日本体育協会『平成26年度コーチ育成のための「モデル・コア・カリキュラム」の作成事業報告書』2015年3月，109ページ。

とを意味しているといえよう。特に，選手が幼少期や思春期であれば，周囲の人間が彼らの心身の成長やパーソナリティ形成に与える影響は非常に大きい。

　松井秀樹氏は星陵高校時代に第74回全国高等学校野球選手権大会2回戦の明徳義塾高校戦において，5打席連続敬遠により一度もバットを振ることもなく試合は敗戦した。彼は敬遠をされる度に静かにバットを置き，表情を変えずに一塁に向かった。これは，社会問題になるほどの事態であったが，本人は試合後のインタビューに冷静に応えていた。こうした松井氏の態度は，小学校の道徳の副読本に取り上げられている。

　しかしながら，松井氏は最初からそのような人間性を身につけている訳ではなかった。彼は，過去には感情を露わにすることもあったという。その際，彼は当時のコーチ達から指導を受け，反省して自らを律するようになった。そして，国民栄誉賞を受賞するまでの人間になったのである。前述の「モデル・コア・カリキュラム」においても，従来の日本スポーツ協会公認コーチ養成共通科目カリキュラムでは人間力の内容が17%，現場実習が0%であったのに対して，このカリキュラムでは人間力が34%，現場実習が27%を占めており，コーチングにおいて人間力の育成は重視されているのである。

1－4　選手との信頼関係

　コーチは円滑にコーチングを遂行する上で，選手を信頼し，選手に信頼されることが必要である。では，どのように信頼関係を築けばよいのだろうか。一般的に，コーチは選手から徐々に信頼を獲得していくように努力するものである。清水（2010）は，コーチングにおいてコミュニケーションは相手のタイプや価値観を理解して，その人が自発的に行動を起こすための非常に大切なツールとなる。そして，信頼関係は日々のコミュニケーションによってつくられると報告してい

る。

　良好な人間関係や信頼関係をつくり，必要な情報を収集するためのコミュニケーションスキルとして高橋（2011）は以下の6点を挙げている。それは，①信頼関係を構築する，②相手の話を聞く（傾聴する），③質問する（開かれた質問と閉ざされた質問），④相手を理解する（理解したことを伝える），⑤疑問点を明確にする，確認する，⑥共感を伝える，であり，これらは情報伝達にも必要なスキルであるとしている。「③質問する」における開かれた質問とは，「はい」「いいえ」で答えることができない質問，いわゆる5W1Hの質問である。閉ざされた質問とは，「はい」「いいえ」で答えることができる質問のことである。コーチが選手に質問する時は，これらをバランスよく組み合わせると効果的である。さらに，コミュニケーションには言語的コミュニケーションと非言語的コミュニケーションとに大別され，前者は声の大きさ，抑揚，スピード，会話の自発性，持続，まとまりのある要素からなり，後者は視線，表情，身振り，姿勢などの要素から成り立っている（Bellack, 2004；角谷，2009）。

　このように，コーチはコミュニケーションスキルを身につけ，選手との間に信頼関係を構築することができればコーチングの成果は高まると考えられている。

第2節　コーチングに必要な知識・技能

　コーチは，個々の選手やチーム全体に対して最適なコーチングを行うために，様々な知識・技能を身につける必要がある。現在のコーチングには，スポーツ医・科学の知識・技能が求められているのである。本節では，運動・スポーツ活動における心理学的，生理学的，医学的な見地からの知見や情報をコーチングの視点から紹介する。

　日頃の練習や試合に対する意欲が高い選手とそうでない選手とでは

パフォーマンスの向上や競技成績に大きな差が現れる。コーチは，スポーツへの参加意欲や向上意欲が低い選手に対して的確にアプローチしなければならない。伊藤（2001）は，選手を能力だけで評価する能力志向の強いコーチの下では，選手の練習意欲が低下することを明らかにし，コーチの指導そのものが選手の動機づけに影響することを示唆している。ここでは，動機づけを高めるポイントという視点から「原因帰属」「学習性無力感」について取り上げる（動機づけの詳細は，第4章第2節参照）。

スポーツ医学の基礎的知識は，運動・スポーツによって生じる外傷・傷害の予防やリハビリテーションに役立つことが期待される。また，健康の保持増進，疾病予防，治療等にも積極的に貢献することができる。ただ，本節の内容は限定的であるので，実践現場では栄養学やトレーニング論等も学ぶ必要がある。

2−1　選手の動機づけを高める

2−1−1　原因帰属理論（causal attribution theory）

原因帰属理論とは，期待価値理論に分類される理論で達成課題において経験した成功・失敗の原因をどのように認知するかによって次の行動での成功の期待や感情が変化し，この期待と感情がその後の達成行動を規定すると考えるものである（Weiner, 1972）。

原因帰属の対象となる要因としては「能力，努力，課題の困難度，運」があり，統制の位置（内的−外的）と安定性（安定−不安定）に2次元で分類され，前者が感情反応，後者が期待の変化に影響するとされる（その後，ワイナー（Weiner, 1979）によって統制可能性を個人の統制下にあると認知する要因（例えば，努力）によるものとそうでない要因（例えば，生まれつきの能力）に区分けしたものが加えられている）。

一般に，達成動機の高い人は成功の原因を能力や努力といった内的要因に帰属させ，失敗の原因を努力不足に帰属させる傾向にある。一

方，達成動機の低い人は成功の原因を運や課題の困難度といった外的要因に帰属させ，失敗の原因を能力不足に帰属させる傾向がある。このような原因帰属の違いから，失敗の原因帰属を自分の能力（不変要因）不足から努力（変容要因）不足へと変容させることで達成動機の低い人の動機づけを高めることが可能になる。

原因帰属理論をスポーツ場面に適用させた伊藤（1985）は，スポーツが嫌いな人ほど失敗の原因を自分の能力不足に帰属させていると報告している（表7 - 2）。

表7 - 2　成功・失敗の原因帰属要因の分類

安定性	統制の位置	
	内的	外的
安定	能力	課題の困難度
不安定	努力	運

2 - 1 - 2　学習性無力感（learned helplessness）

学習性無力感とは，経験によって学習された行動と結果の非随伴性の認知を指し，動機づけの低下やストレス，抑うつを伴うネガティブな感覚とされる。非随伴性とは，自分の行動や意志と結果が伴わないことを意味する。セリグマン（Seligman, 1975）は，逃避不可能な状態で電気ショックを与えられ続けた犬が，逃避できる状況におかれても逃れようとせず，無抵抗に電気刺激を受け続けたことからこの概念を見出した。

どれだけ練習しても技能が向上しない，一生懸命努力をしても勝てない，というような失敗経験は自己効力感や動機づけを低下させる。さらに，この経験を重ねると自分の意志や行動は結果に何ら影響を及ぼさないことを学習し，客観的にみると行動によって結果を変容できる状況においてもあきらめが先行してしまい，上記の犬と同様に行動

第7章　コーチング論　227

することをやめてしまい，運動嫌いに起因することが考えられる。

　しかしながら，失敗の原因を自分の能力不足ではなく，努力不足へと移行させることで選手の無力感が軽減する可能性はある。ただ，最も重要なことは，無力感が形成される前に予防することである。例えば，同じ失敗を繰り返している選手に対して，コーチは，選手にとって努力すれば達成可能な技術の練習を導入することや励ますことで学習性無力感に陥らないようにするサポートが必要である。コーチは，日頃から選手の結果としてのパフォーマンスだけでなく過程における表情やしぐさにも目を配ることで，このタイミングを見つけることが重要である。

2-2　適性処遇交互作用

　適性処遇交互作用とは，学習者の「適性」と「処遇（指導法）」には交互作用があり，両者の組み合わせによって学習効果が異なるというものであり，個別指導を重視する考え方である（Cronbach, 1977）。学習者の「適性」とはその個人を特徴づける特性のことで，学力や既有知識，性格，態度，興味・関心，学習スタイルなどが挙げられる。「処遇」とは指導方法の条件のことで，指導の手法，課題，関わり方，カリキュラム，学習環境などである。

　スポーツ現場に置き換えると，選手（学習者）の心身の特徴，発達段階，性，競技種目，パフォーマンスレベル，モチベーション，障害の有無など（適性）とコーチング（処遇）には交互作用があり，それらの組み合わせが重要であるということになる。例えば，ある選手には有効な指導法（練習法）であっても，また別のある人にとっては効果が上がらないということは往々にしてみられる。こうした現象を防ぐために，コーチは選手一人ひとりの適性を理解し，見極めた上で，望ましい指導法を講じ，適切な言葉をかけてあげることが求められる。全ての選手に通用する唯一無二の理想的な練習や指導法は存在し

ないのである。

2−3　組織の構築

　2018 年 5 月，日本大学アメリカンフットボール部による悪質タックル騒動があった。監督の指示により，選手が相手選手に対して意図的に怪我をさせるという前代未聞の行為である。周囲のスタッフや選手，当該選手は監督に異を唱えられない環境であり，トップに対してひたすら従順になっていたという組織の体制が，この事件の発生要因の一つとして挙げられる。これは，典型的な悪しき体育会系の上意下達の組織構造といえる。

　この騒動の前年の全日本大学選手権「三菱電機杯第 72 回毎日甲子園ボウル」において，日大は 27 年ぶり 21 回目の優勝を果たしている。しかし，大学は教育機関として位置づけられ，競技スポーツには教育的価値が求められていることから考えると，この快挙の価値や周囲からの印象は 1 年で翻ることになったのである。したがって，勝利のみを追及すると学生が社会へ巣立った後に様々な面から不利益が生じる可能性が考えられるので，コーチは選手にとって望ましい組織を築く必要がある。

　帝京大学ラグビー部は日大アメフト部とは全く異なる組織として大学選手権 9 連覇の実績がある。同ラグビー部岩出雅之監督は，2016年のジャパンコーチズアワードにて効果的な選手育成方法が認められ，最優秀コーチ賞を受賞した。岩出監督は，学生に教えるのではなく，彼らに考えさせることを重視した指導法を実践している。また，掃除や雑用を担当するのは一年生ではなく，最上級生の四年生が担当している。監督は，一年生は大学の環境に慣れていないことを考慮して，余裕のある上級生が雑務を行うことで下級生は練習に集中させるようにした。同部は，こうした組織の特性が結果的に競技成績に繋がるという成功例として挙げることができる。

京都大学アメリカンフットボール部は国立大学で唯一の優勝経験があり、大学日本一6回、日本一4回という実績がある。京都大学は言うまでもなく国内最難関国立大学である。そのためスポーツ推薦がなく、競技未経験者が多いにも関わらず、前述の結果を残しているのである。京大アメフト部の礎を築いた水野弥一元監督は、選手に対して合理性を説き、帝京大岩出監督と同様に選手自身に考えさせるコーチングスタイルであった。つまり、両監督が構築した組織では、選手は責任感が増して自主性を高めて動機づけが高い状態が維持されているのである。

2016年8月、京都大学はアメフト部の活動を支援することを目的に一般社団法人の設立を発表した。これにより、同部は企業とのスポンサー契約を結べるようになるなど財源が確保され、チームの強化につながると言われている。2021年現在では、同部は多くのスポンサーと契約を結んでおり、更なる発展が期待されている。これに続くように、2018年には東京大学アメフト部、慶應義塾大学ラグビー部が同様に一般社団法人を設立することを決定した。これにより、これらの部は監督人事などが適切に行われ、資金の流れも透明性が保障されているのである。

一方、日大のように権力が理事長や監督という一部に集中して独裁体制ともいえる組織であれば、誤った価値観からいずれ問題行動が起こることは容易に想像できる。法人化は一例であるが、スポーツ組織の育成や運営を考えると、学校の経営や人事においてある程度の権力は分散させて、歪んだ関係性を排除し、組織として社会に認められる必要がある。コーチは選手にとって望ましい組織の理念を明確にして、必要であれば適宜革新させることを忘れてはならない。

2-4 スポーツ医学の基礎的知識

2-4-1 内科的スポーツ障害

　内科的スポーツ障害とは，スポーツ活動を行う者に発生する病的状態のうち，外傷と運動器障害を除いたものをいう。内科的スポーツ障害には，短期的なスポーツ活動中に発症する急性の障害と，長期的にスポーツ活動を継続することで起こる慢性の障害がある。

　コーチは，以下に示す障害の有無を含めた選手のコンディションを身体的側面，心理的側面から把握しておかなければならない。内科的スポーツ障害については，急性障害と慢性障害とに分類して代表的なものを紹介する。

＜急性の内科的スポーツ障害＞

（1）熱中症（heat illness）

　熱中症とは，熱に中る（あたる）という意味で，暑熱環境によって生じる障害の総称である。熱中症は，軽症のものから①熱けいれん，②熱失神，③熱疲労，④熱射病，の4型に分類されており，それぞれの症状と回復法を以下に示す。

　①熱けいれん（heat cramp）とは，多量に発汗した時に水分のみを補給して食塩を補給しないと血液の塩分濃度が低下して起こるもので，痛みを伴ったけいれんが起こるものである。生理食塩水（0.9%）を補給すると回復する。

　②熱失神（heat syncope）とは，長時間の立位や運動直後に脳血流が減少して，めまいや失神を起こすものである。涼しい風通しの良い場所へ移動し，下肢挙上で水分補給を行うと回復する。

　③熱疲労（heat exhaustion）とは，脱水によって脱力感，倦怠感，めまい，頭痛，吐き気などの症状が起こるもので，熱射病の前段階である。熱失神と同様に涼しい風通しの良い場所へ移動し，下肢挙上で水分補給を行うと回復する。

④熱射病（heat stroke）とは，脳や内臓の障害が明らかになり，死亡する危険性が高い状態で 40℃ 以上の高体温と意識障害（応答が鈍い，言動がおかしい，意識がないなど）が起こる。赤褐色のミオグロビン尿が出ることがある。少しでも意識障害がある場合にはすぐに救急車を要請する必要がある。救急車が到着するまでは，積極的に身体を冷やす。特に，頸部（首の周辺）や脇の下，足の付け根などの大きな血管を冷やすと効果的である。

近年，夏期の救急搬送者数が 4 万人前後で推移しており，文部科学省（2017）は，「熱中症事故等の防止について（依頼）」を表明し，活動中の水分や塩分の補給だけでなく，活動前の水分補給にまで言及している。熱中症の死亡事故は，学校の管理下では体育・スポーツ活動によるものが大部分を占め，気温が 25℃ ～ 30℃ くらいでも，湿度が高い場合には発症することがある。

熱中症の予防には，環境条件，水分補給，暑熱馴化，着衣の工夫などを考慮することが有効である（表 7 - 3）。

(2) 過換気症候群（hyperventilation syndrome）

過換気症候群とは，必要以上に速くて深い呼吸（過換気，過呼吸ともいう）が発作的に起こる病態である。過換気発作によって動脈血中二酸化炭素分圧が減少して呼吸困難（吸気の困難感），四肢のしびれ，胸痛，動悸，意識障害などがみられる。過換気発作は，緊張や不安などの精神的ストレスや肉体的疲労などの身体的ストレスが誘因となる。呼吸困難の症状があるため，さらに努力性の呼吸増加が起こり，悪循環となって症状が進むことがあるが，落ち着けば症状は消失する。

処置としては，紙袋を口と鼻に当てて本人の呼気を再吸入して二酸化炭素の損失を防ぐ紙袋再呼吸法がある。ただし，紙袋ではなくポリ袋で密閉して再呼吸を行うと窒息の危険性があるので注意する。まずは，本人の不安感を取り除くことが重要である。

表7-3　熱中症予防のための運動指針

WBGT ℃	湿球温 ℃	乾球温 ℃		
31	27	35	運動は原則中止	WBGT31℃以上では，皮膚温より気温のほうが高くなる。特別の場合以外は中止する。
～	～	～	厳重警戒（激しい運動は中止）	WBGT28℃以上では，熱中症の危険が高いので激しい運動や持久走など熱負荷の大きい運動は避ける。運動する場合には積極的に休息をとり水分補給を行う。体力の低いもの，暑さに慣れていないものは運動中止。
28	24	31		
～	～	～	警戒（積極的に休息）	WBGT25℃以上では，熱中症の危険が増すので，積極的に休息をとり，水分を補給する。激しい運動では，30分おきくらいに休息をとる。
25	21	28		
～	～	～	注意（積極的に水分補給）	WBGT21℃以上では，熱中症による死亡事故が発生する可能性がある。熱中症の兆候に注意するとともに運動の合間に積極的に水を飲むようにする。
21	18	24		
～	～	～	ほぼ安全（適宜水分補給）	WBGT21℃以下では，通常は熱中症の危険は小さいが，適宜水分の補給は必要である。市民マラソンなどではこの条件でも熱中症が発生するので注意。

WBGT（湿球黒球温度）
屋外：WBGT＝0.7×湿球温度＋0.2×黒球温度＋0.1×乾球温度
室内：WBGT＝0.7×湿球温度＋0.3×黒球温度

○環境条件の評価はWBGTが望ましい。
○湿球温度は気温が高いと過小評価される場合もあり，湿球温度を用いる場合には乾球温度も参考にする。
○乾球温度を用いる場合には，湿度に注意。湿度が高ければ，1ランクきびしい環境条件の注意が必要。

出所：（公財）日本体育協会（編）『公認スポーツ指導者テキスト—共通科目Ⅰ』（公財）日本体育協会，2013年，74ページ。

＜慢性の内科的スポーツ障害＞

（1）オーバートレーニング症候群（overtraining syndrome）

　オーバートレーニング症候群とは，過剰なトレーニングと不十分な休息とのアンバランスにより，パフォーマンスが低下し，短期間の休息では回復しない慢性的疲労状態をいう。これは，身体的な疲労だけ

でなく，精神医学的側面にも注意を向ける必要があるといわれており，2週間以上休息しても回復しない状態である（内田，2009）。

ハンソン（Hanson, 1984）は，精神面に重点を置いて論を展開し，オーバートレーニング症候群の臨床的特徴として以下の5つを挙げている。それは，①持久的なスポーツ種目で起こる。②疲労感，倦怠感，咽頭痛といった非特異的症状が特徴的である。③理学的所見は正常である。④検査値は正常。⑤精神的要因−不安，抑うつ，疲労感が優位，である。さらに，精神症状として，焦燥感，情緒不安定，睡眠障害，競技意欲低下，行動の遅鈍化などが報告されている（Kuipers, 1988）。

このような状態で選手がプレイしても，コーチは選手の意欲が低いと判断して選手に対して誤った言動をする可能性も考えられる。したがって，コーチはこういう病態が存在するということを理解しておかなければならない。また，真面目な選手はさらに無理して練習を重ねてしまうことがあるので，コーチは症状が疑われたら，速やかに対処することが求められる。オーバートレーニング症候群の特効的治療法はないので，焦らずに気長に付き合っていくようにすると良い。

2−4−2　スポーツ傷害

スポーツ傷害は，骨，靱帯，骨格筋，関節に急激な力が作用しておこる急性の骨折，断裂，脱臼などの「スポーツ外傷」（図7−2）と，過度使用症候群（overuse syndrome），つまり動作の繰り返しによって起きる骨，骨格筋，靱帯が損傷する「スポーツ障害」（表7−4）に分けられる（小林，2012）。

スポーツ外傷は，運動中の偶発的な強い外力によって生じるので，予期することは困難ではある。しかしながら，コーチは普段から選手に対して，ウォーミングアップ・クーリングダウン，栄養のバランスを考えた食事，水分補給などの効果を伝え，適切にそれらを行う意識づけをすることが予防に繋がるといえよう。

図7－2　スポーツ外傷の種類別発生例数比

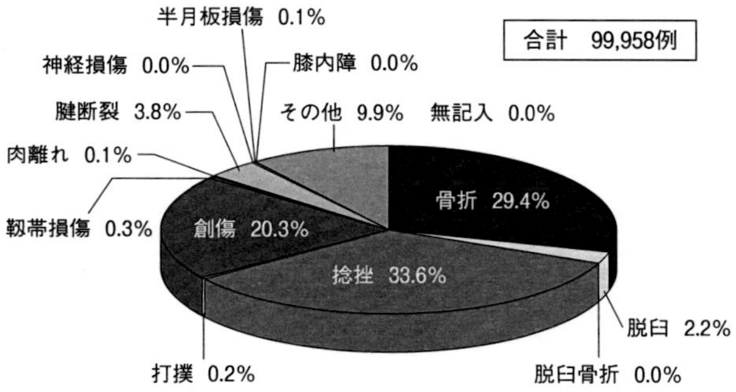

半月板損傷 0.1%
神経損傷 0.0%　　　膝内障 0.0%
腱断裂 3.8%　　　その他 9.9%　無記入 0.0%
肉離れ 0.1%
靱帯損傷 0.3%
合計　99,958例
創傷 20.3%
骨折 29.4%
捻挫 33.6%
打撲 0.2%
脱臼 2.2%
脱臼骨折 0.0%

骨折	29,432 例
脱臼	2,183
脱臼骨折	6
捻挫	33,589
創傷	20,255
靱帯損傷	346
肉離れ	123
腱断裂	3,814
神経損傷	4
半月板損傷	75
膝内障	29
その他	9,896
無記入	9

出所：スポーツ安全協会（編）「スポーツ等活動中の障害調査18」，2004年，25ページ。

表7－4　スポーツによって生じる外傷と障害

組織（器官）名		外　傷	障　害
筋・筋膜		挫傷・肉離れ・断裂	炎症
腱（腱鞘）・滑液包		損傷・断裂	炎症
骨端軟骨		損傷・離開	骨端症
骨・骨膜		骨折・打撲・骨膜損傷	疲労骨折・疲労性骨膜炎
関節	関節包・滑膜	損傷（捻挫）・断裂	炎症，反復性（亜）脱臼
	靱帯	損傷（捻挫）・断裂	炎症，靱帯不全症
	軟骨*	損傷	損傷，変性（関節症）
	骨	骨折（裂離・関節内）	炎症，骨壊死，変形
神経（脳・脊髄含む）		損傷	炎症・絞扼性神経障害
血管		損傷	炎症
皮膚・皮下組織		損傷	創瘢痕

*半月板・関節唇・椎間板などを含む
出所：日本体育協会（編）『公認スポーツ指導者テキスト―共通科目Ⅰ』（公財）
　　　日本体育協会，2013年，81ページ。

　スポーツ障害は，比較的弱い力が運動器の同一部位に加えられ続けることによって生じるので，周囲に気づかれないだけでなく，本人でさえ受傷している自覚がないこともある。また，選手はさらに無理をして練習を重ね，症状の悪化を招いてしまう恐れがある。この原因に

は，過度の使用（overuse）や身体に負担のかかるフォームなどが挙げられる。青少年のスポーツ障害には野球肘（肘痛と肘関節の伸展障害），腰椎分離症（腰椎の疲労骨折。体幹過伸展時に腰痛がある），オスグッド・シュラッダー病（ジャンプの着地やランニングのストップ時の膝痛。膝関節の脛骨粗面（ひざがしら）が隆起し，圧痛がある）などがある。これらの原因に共通しているのは，骨格の成長が著しい第二次性徴という時期であることと過度の使用である。このオーバーユースに関して，様々な提言が出されている。例えば，野球では年齢別の投球数，投球内容制限のガイドラインが出されており（日本臨床スポーツ医学会，2005），全力投球であれば，小学生は1日50球以内，試合を含めて週200球を超えない。中学生は1日70球以内，週350球を超えない。高校生は1日100球以内，週500球を超えない，1日2試合の登板は禁止すべき，とされている。

　スポーツ障害の予防としては，ストレッチングによる関節の柔軟性向上が重要で，ウォーミングアップやクーリングダウン以外でも行うことが望ましい。また，成長期の障害は成長後にまで影響を及ぼすことや再発を繰り返す危険があるので，選手が痛みを訴えなくてもコーチはそれを察知し，休ませることや無理のないフォームへの矯正が必要となる。

２－４－３　応急処置―RICE―

　RICEとは，スポーツの現場で「ケガ」が発生した場合の応急処置のことをいい，Rest（安静），Ice（冷却），Compression（圧迫），Elevation（拳上）の4つの処置のそれぞれの頭文字をとったものである。病院や診療所にかかるまでの間，損傷部位の障害を最小限にとどめるためにおこなう方法である。この応急処置は，早期スポーツ復帰に欠かせないものであり，適切な処置を行うかによって復帰するまでの時間が変わってくるので，非常に重要である。

(1) Rest（安静）

運動を中止し，損傷部位を動かさず，安静に保ち，体重がかからないようにする。可能であれば，患部を固定することが望ましい。

(2) Ice（冷却）

次に，損傷部位を冷却する。ビニール袋や氷のうに氷を入れて損傷部位にあて，一般的には 20 ～ 30 分間ほど冷却する。程度によって断続的に何度も行い，経過をみる。冷却は RICE 処置の中で最も重要な処置であり，効果は大きく二つ挙げられる。

まず，毛細血管を収縮させ止血し，腫脹を軽減させ，細胞の代謝レベルを下げることで，低酸素障害を防ぐことである。低酸素障害とは，損傷部位の炎症反応によって，周辺組織は低酸素状態が起こり，細胞が壊死し，血腫に加わり，損傷部位が拡大していくことをいう。また，感覚受容器の閾値上昇，刺激伝導遅延による中枢への感覚インパルス減少による鎮痛効果が報告されている（加賀谷, 2005）。しかしながら，冷却の耐性には個人差があるので，冷やし過ぎには注意しておきたい。

(3) Compression（圧迫）

損傷部位を圧迫することにより，内出血や腫れが軽減される。弾性包帯（伸縮包帯）やテーピングなどで患部を適度に圧迫するが，部位によっては固定しながら行うのも良い。基本的には（2）冷却と同時に圧迫するが，冷却をしていない時でも圧迫を行うとよい。

(4) Elevation（拳上）

損傷部位を自分の心臓より高い位置に持ち上げることで，血液が心臓に戻りやすくなり，内出血や腫脹が軽減される。下肢，特に足首などは腫れやすいので，身体を寝かせて，損傷部位を高く保ち，安静に

しておくのがよい。

第3節　体罰のないコーチング

　2012年12月，大阪市立桜宮高等学校バスケットボール部の元顧問の体罰が一因となり，男子部員のキャプテンが自ら命を絶つという事件が起こった。続くように，翌2013年1月，日本女子柔道の国際試合強化選手15名が，当時の同ナショナルチーム元監督を始めとした指導陣による暴力行為やパワーハラスメントを訴えていたことが発覚した。

　これらの事件は，様々なメディアを通して世間に大きく報道された。すると間をおかずに，2013年1月31日に日本体育学会，同年2月1日には日本スポーツ心理学会からそれぞれ体罰に関する緊急声明が宣言された。両声明には，体罰の根絶，今後は体罰の科学的裏付けとなる研究に取り組むことが提言されており，その成果が社会へ還元されることを期待したい。さらに，同年2月，文部科学大臣が「スポーツ指導における暴力根絶へ向けて」と題して，スポーツ現場から暴力を一掃し，新しい時代にふさわしいスポーツの指導法が確立されるよう，全力を尽くすと表明した。

　コーチングにおいて，いかなる場面でも体罰や暴言は決して許されるものではない。コーチの体罰や暴言により，選手は肉体的，精神的苦痛を強いられ，スポーツの本質や意義が損なわれる可能性が考えられる。近年の学校現場では，教師の生徒に対する暴力だけでなく，その場の言動や態度が生徒を苦しめていることにも注目されてきている。

　本節では，体罰とその実態について紹介し，体罰根絶について考えたい。体罰については学校教育に準拠した考えであるが，異なる場面でも応用することができる。

3−1 体罰について

3−1−1 体罰の定義

文部科学省は,「体罰の禁止及び児童生徒理解に基づく指導の徹底について」(2013) において,懲戒と体罰の区別について以下のように通知している。「教員等が児童生徒に対して行った懲戒行為が体罰に当たるかどうかは,当該児童生徒の年齢,健康,心身の発達状況,当該行為が行われた場所的及び時間的環境,懲戒の態様等の諸条件を総合的に考え,個々の事案ごとに判断する必要がある。この際,単に,懲戒行為をした教員等や,懲戒行為を受けた児童生徒・保護者の主観のみにより判断するのではなく,諸条件を客観的に考慮して判断すべきである。」

コーチングの現場で,コーチの懲戒行為が体罰に当たるかの判断が問題ではあるが,いずれにしても,選手を深く傷つけるような言動は不適切であり,決して許されるものではない。

学校教育法第十一条において,体罰は以下のように禁止されている。「校長及び教員は,教育上必要があると認めるときは,文部科学大臣の定めるところにより,児童,生徒及び学生に懲戒を加えることができる。ただし,体罰を加えることはできない。」

3−1−2 体罰の実態

文部科学省「体罰の実態把握について」(2016) によると,2014 年度に国公私立の小中高で発生した体罰は 1,126 件,被体罰者は 1,990 人と報告されている。同様に,翌 2015 年度では発生した体罰は 890 件で 236 件の減少,被体罰者は 1,699 人で 291 人の減少であった。体罰時の状況は,国公私立全体でみるとその場面は「授業中」が小中高ともに割合が高く (小 52.7%,中 29.1%,高 31.3%),「部活動」は中高で多くを占めていた (中 25.8%,高 34.0%)。同じく場所は,小中高ともに「教室」が多く (小 63.4%,中 33.2%,高 29.9%),「運動場・体育館」

第7章　コーチング論　239

は中高で高い割合だった（中29.6%，高37.1%）。

　一見すると体罰は減少傾向に見えるが，その発生件数と体罰を受け
た児童生徒の数は依然として少ないとは言い難い。また，児童生徒は
体罰を受けても自ら訴えることができないことがあり，明らかになっ
ていない件も存在する可能性はある。同調査によると体罰事案の把握
のきっかけは，小学校は「保護者の訴え」が最も多く，次いで「教員
の申告」，「児童生徒の訴え」の順であった。中学校と高等学校は「教
員の申告」が最も多く，続いて中学は「保護者の訴え」，「児童生徒の
訴え」の順，高等学校は「児童生徒の訴え」と「保護者の訴え」はほ
ぼ同程度であった。つまり，児童生徒の訴えによる体罰の発覚より保
護者や当事者の教員によって明らかになることが多いのである。これ
は，児童生徒は自分自身が体罰を受けたことを必ずしも否定的に捉え
ていないことが影響していると考えられる。

３－１－３　指導死

　誤った懲戒行為は，被害者の肉体的苦痛を生むだけではない。近年
では，彼らが精神的に追い込まれるような行き過ぎた懲戒が問題とな
っている。2017年10月，福井県の中学二年生男子の自殺は，教員の
厳しい指導や叱責が原因だったことが明らかになった。校長と教頭
は，担任の大声での叱責や生徒と副担任との関係に問題があると把握
していたが，生徒に寄り添った対応はしなかったという。このような
「生徒指導をきっかけ，あるいは原因とした子どもの自殺」のことを
“指導死”（大貫，2013）といい，その言葉が注目され始めている。こ
れは，教育用語，心理学用語，法律用語でもなく，子どもを自殺で失
った遺族の間で生まれた新しい言葉である。武田（2013）によると指
導死は，1952年から2013年までに68件に上るという（5件の未遂を
含む）。このなかで，大きく問題にされるのは有形の暴力を伴うもの
がほとんどであるが，それは68件のうち16件（24%）であり，51件

（75%）は有形の暴力を伴っていなかったのである（残り1件は不明）。有形の暴力があった事例でも，暴力よりむしろ教師の言動が児童生徒を死に追いつめたとみられる事例が数多くあるという。

たとえ子どもが指導によって自殺に追い込まれても，学校や教師の指導が正当化されるのも，指導死の特徴だという。裁判でさえ，安全配慮を欠いた指導の不当性が認められることは少なく，何ら改善のための指針が出されないなかで，同じような指導が基で，子どもたちが傷つき，時には命を失っているのである。

（3－1－2）までは，コーチの有形の暴力を伴う，いわゆる体罰について述べてきたが，こうした有形の暴力以外の言動にも目を向ける必要があるのではないだろうか。形に残らないということやメディアに取り上げられることが少ないということがコーチに罪の意識を薄れさせているのか，あるいは指導死に追い詰めた教師の指導が正当化されるからなのか，いずれにせよ，コーチの選手に対する言動が有形の暴力よりも指導死を多発させているという事実は，コーチは知っておくべきである。

指導死がいじめ以上に報道されないことに関して大貫（2013）は，「我が子が学校のルール違反を犯した結果の指導による自殺だからそれを公表したくない」という遺族が実際に少なくないにも関わらず，68件の「指導死」が報道されているということは，この背景には数倍～十数倍の報道されない指導死が存在すると想像できると述べている。

3－2　体罰をなくすためには

3－2－1　体罰がなくならない背景

2013年2月4日毎日新聞の世論調査によると，前述の桜宮高校の事件を踏まえて体罰について聞いたところ，「一切認めるべきではない」との回答が53%，「一定の範囲で認めても良い」との一部容認派

が42％だった。男女別にみると，男性の「認めても良い」は54％で，「認めるべきでない」（43％）を上回った。女性の「認めるべきではない」は62％で「認めても良い」（32％）を大きく上回り，男女で差が出た結果であった。全国大学体育連合（2014）は，3,957名の学生を対象に運動部活動における体罰・暴力に関するアンケートを行い，体罰を受けたその後どうなったかという質問に対して以下の回答を報告している。複数回答ではあるが，「精神的に強くなった（58.4％）」，「技術が向上した（22.5％）」，「指導者の気持ちがわかった（19.8％）」，「試合に勝てるようになった（10.7％）」など体罰に対して肯定的ともとれる意見が一定数で存在していた。体育系の学生を対象とした体罰に対するアンケート調査では（阿江1991；近藤2014；森2015），いずれも条件付きではあるが4割以上が体罰を肯定していた。世間や被体罰者本人の体罰を肯定する感覚は，一部では未だに根強く残っている。

　他方，実際には行われていた体罰が明らかにされないことがある。保護者がコーチの体罰を隠蔽するという事件がそれにあたる。兵庫県高砂市の市立中学野球部の父母会会長らが，コーチの体罰を報告させないよう部員の保護者に指示していたのである。また，学校の校長や教頭などの管理職は体罰の実態を認めることは少ないという。これに関して藤井（2013）は，管理職は裁判になった場合に責任が問われるのを恐れていること，人事考課の問題があると指摘している。人事考課とは，学校でいじめや体罰などの問題が起きると，管理職はマイナスの査定を受け，給与が下がる可能性があるという。これらを防ぐために，管理職はいじめや体罰などの問題を隠蔽する可能性は考えられる。以上のように，体罰を容認する意見が存在していることや体罰を隠蔽する体質は，体罰の根絶を妨げている要因になっているのではないだろうか。

３－２－２　体罰をなくすためには

　コーチング現場から即座に体罰をなくすことは容易なことではないが，今後は時間をかけてでも体罰根絶に向けて方策を練らなければならない。では，体罰をなくすためにはどうすればよいのだろうか。現在，体罰の発生機序や根絶のための対策についてはあらゆる機関にて研究や提言がなされている。日本スポーツ心理学会（2013）では，学会企画ラウンドテーブルディスカッションにて「暴力・体罰の心理的背景を考える」と題して議論が行われた。「暴力・体罰」の心理的背景を明らかにすることで，わが国のスポーツ界から暴力行為を根絶するための科学的エビデンスの構築を進めていく第一歩とするものである。また，同学会はこの議論を「体罰に関する研究プロジェクト」の立ち上げに繋げたいとしている。このような研究が進み，体罰根絶の考えが浸透していくことが望まれる。

　また，文部科学省（2017）は学校教育法施行規則の改正により外部指導者の活用を検討しており，今後学生の運動部活動の指導者の増加が見込まれることから，体罰について正しい知識や理解を持ち，学生自ら自覚することが体罰の未然防止に繋がると考えられるとの見解を示している。すでに現場にいるコーチに対しての指導や本人の意識改革は必要であるが，まずは将来教員やコーチを目指す学生への指導を徹底するために，前述のモデル・コア・カリキュラムや国際的枠組（1-2，1-3参照）のような望ましいコーチ育成のためのカリキュラムが確立され，学生が責任感と覚悟を持ってコーチング現場に臨むことを期待したい。

３－２－３　まとめ

　コーチは，選手のパフォーマンスを高めるために様々な知識や技法を学び，日々精進しなければならない。しかし，コーチは選手のスキル向上や勝利という結果に目が向き過ぎると，勝利至上主義の発想か

ら焦りや不安，選手に対していらだちなどが生じることは十分に考えられる。そうした歪んだ価値観から両者の関係性が悪化し，体罰が生まれている可能性は否めない。

　阿江（1991）は，コーチが体罰を行った理由は，1位「言われたことができなかった」，2位「ミスをした」であることを報告している。これらは，選手が上手にできなかったという“結果”が懲戒として体罰を生じさせている。スポーツで勝利することはもちろん重要ではあるが，それよりも重要なことは選手がスポーツを好きになり，生涯に亘ってスポーツに親しむようにコーチがサポートをすることである。その手法を探求し，学び続けることはコーチングのスキルアップに結びつくはずである。

主要引用・参考文献

Bellack, A. S., Mueser, K. T., Gingerich, S., et al., "Social Skills Training for Schizophrenia", A step by step Guide, 2nd ed., Guilford Press, New York, 2004.

Cronbach, L., and Snow, R. E., *Aptitude and instructional methods*, Irvington Publishers, Inc, 1977, p.576.

Hanson, P., "Overtraining Syndrome (Staleness)", In Strauss, R. H. (Ed.), *Sports Medicine*, W. B. Saunders, Philadelphia, 1984, pp.87-90.

Kuipers, H. and Keizer, H. A., " Overtraining in elite athletes - Review and directions for the future", *Sports Med.*, 6(2), 1988, pp.79-92.

Onions, C. T. (Ed.), *The Schorter Oxford English Dictionary* (3.ed.), Oxford University Press: London, 1994.

Seligman, M. E. P., *Helplessness 1 On Depression, Development, and Death*, W. H. Freeman and Company, San Francisco, 1975.（平井　久ら（訳）『うつ病の行動学―学習性絶望感とは何か―』誠新書房，1985 年）

Weiner, B. *Theories of motivation*, Chicago: Rand McNaiiy, 1972.

Weiner, B. "A theory of motivation for some classroom experiences", *Journal of Educational Psychology*, 71, 1979, pp.3-25.

阿江美恵子「暴力を用いたスポーツ指導の与える影響」『東京女子体育大学紀要』26，1991 年，10 ～ 16 ページ。

青山清英「体育方法学およびコーチング学に関連する名称は統一できるのか？」『コーチング学研究』26(2)，2013 年，231 ～ 233 ページ。

伊藤豊彦「スポーツにおける原因帰属様式の因子構造とその特徴」『体育学研究』30(2)，1985 年，153 ～ 160 ページ。

伊藤豊彦「高校生における運動部の動機づけ構造の認知に関する研究」調枝孝治先生退官記念論文集刊行会（編）『運送心理学の展開』遊戯社，2001 年，148 ～ 162 ページ。

内田　直「アスリートのオーバートレーニング症候群とうつ状態」日本スポーツ精神医学会（編）『スポーツ精神医学』診断と治療社，2009 年，6 ～ 8 ページ。

エリッヒ・バイヤー（編），朝岡正雄（監訳）『スポーツ科学辞典　日独仏対照』大修館書店，1993 年，177 ページ。

大貫隆志「「指導死」という耳慣れない言葉について」大貫隆志（編著）『指導死―追い詰められ，死を選んだ七人の子どもたち―』高文研，2013 年，1 ～ 8 ページ。

落合博満『コーチング 言葉と信念の魔術』ダイヤモンド社，2012 年。

加賀谷善教「寒冷療法」『理学療法学』32(4)，2005 年，265 ～ 268 ページ。

小林裕幸「プライマリ・ケア医のためのスポーツ傷害 上肢」『日本プライマリ・ケア連合学会誌』35(3)，2012 年，245 ～ 248 ページ。

近藤良享「なぜ，部活動の体罰・暴力が表面化しないのか：スポーツと体罰に関する調査を手がかりに」冨永良喜・森田啓之（編）『「いじめ」と「体罰」その現状と対応：道徳教育・心の健康教育・スポーツ指導のあり方への提言』金子書房，2014 年，142 ～ 156 ページ。

森　克己・ダニエルラインド・ミシアガーヴィス・マイクカラン・中本浩揮・デイビットエルメス・濱田幸二・坂中美郷・中村勇・山田理恵「我が国におけるスポーツ指導者による子供に対する虐待及び体罰の現状と子ども保護制度の必要性」鹿屋体育大学学術研究紀要，2015 年，17 ～ 24 ページ。

清水隆一「「観察力」と「傾聴力」で相手を理解する」『コーチングクリニック』(1)，2010 年，16 ～ 20 ページ。

鈴木哲郎・青木純一郎「クーリング・ダウンと乳酸」『東京体育学研究』2，1975 年，19 ～ 23 ページ。

高橋　恵「コミュニケーション技能習得の側面から (1) 積極的傾聴と共感」『精神経誌』113，2011 年，267 ～ 271 ページ。

武田さち子「二度と「指導死」を起こさないために―事例から学ぶ」大貫隆志（編著）『指導死―追い詰められ，死を選んだ七人の子どもたち』高文研，2013 年，182 ～ 204 ページ。

角谷慶子「SST とソーシャルスキル」西園昌久（編著）『SST の技法と理論』金剛出版，2009 年，47 ～ 48 ページ。

藤井誠二『体罰はなぜなくならないのか』幻冬舎，2013 年。

村木征人「学会名称変更に関する趣意書」『スポーツ方法学研究』23(1)，2009 年，59 ～ 60 ページ。

第8章　ジュニアスポーツのコーチング

　スポーツ指導は，基本的には多種多様な世代・層の人たちに対し，それぞれの関心や目的に応じた指導と環境づくりを行うものである。したがって指導対象に応じた接し方や指導法を求められるため指導者自身も常に学び続ける姿勢が必要となる。

　ここでは，スポーツ指導者として心構えや視点，身につけておくべきコミュニケーションスキル，子どもの発育発達期の特徴とそれに応じたトレーニング方法について考えてみる。

第1節　指導者の心構え

1－1　指導者としての心構え～プレーヤーズファースト～

　指導者として活躍している者やこれから指導者を目指すも者の多くは，子どもの頃からスポーツに接してきている場合が多いと思われる。初めてスポーツを経験した時に指導を受けた指導者から「スポーツは面白い・楽しい」という経験を味あわせてもらい，スポーツが「大好き」になり，そしてスポーツに自ら進んで取り組むようになってきたのではないだろうか？　スポーツは自らの意思で自由に行うものであり，誰かに強制されるものではない。プレーするのは指導者ではなく，プレーヤーである。このことから主体はプレーヤーという「Players First」であるという共通意識を持つべきである。

1－2　スポーツ指導者のコミュニケーションスキル

指導者として大切なことはなんであろうか。

ゲームの最中にはプレーヤーはミス（失敗）を犯す。このミス（失敗）したプレーヤーに対して指導者が怒鳴ったら，どのように感じるだろうか。怒鳴られたプレーヤーは，次はミスしないように消極的なプレーをしてしまい，そしてそのプレーに対して再び怒鳴られたら，次はどうすれば良いかわからなくなるだろう。逆にミス（失敗）をポジティブに捉え，トライした点を褒めてやると嬉しくなり，積極的になるのではないだろうか。指導者がしなければならないことは，プレーヤーから「ミス（失敗）をする権利」を奪い消極的にさせることではなく，良いところを見つけて褒めやることで嬉しい気持ちにさせ，自分自身で次にはどうすれば良いかを考えさせる「経過管理」である。プレーヤーがミスや失敗しても指導者はそこから次に，どうしたらうまく行くか考えさせていくことが大事なことである。

指導者は，プレーヤーの話しや問いかけに対する答えを根気よく，最後まで耳を傾ける姿勢（積極的傾聴）を持つことが大切である。まずプレーヤーが何を考えているのかを把握する。その上で指導者が伝えたいことを話すようにする。プレーヤーは，自分の話を指導者が聞いてくれることに対して安心感が生まれ，双方の信頼関係が構築されることになる。また，話を聞く時にも相槌や表情や態度，ジェスチャーなどの視覚的な情報や，声の大きさやスピードなどの聴覚的な情報などを取り入れ，話しやすい環境づくりをすることで「聴く耳」を持たせることにつながる。

指導者が一方通行的に「教える」のではなく，プレーヤーの自主性を尊重しながら，「ともに考える」ことが指導者としてのコミュニケーションの基本とも言える。

第8章　ジュニアスポーツのコーチング　247

第2節　子どもの発育発達期の特徴

　スポーツ指導者にとって，子どもたちの体がどのような過程を経て大人へと成長していくかを理解することは，適切な指導を行い「スポーツが大好き」な子どもにするためにも非常に大切なことと言える。体の成長は，思春期発育期を挟んで大きく変化する。発育の様子は身長に最もよく現れるが，その背景として骨の成長や筋肉，内臓などの発達の様子を捉えることが必要である。ここでは，発育発達期の身体的特徴について考えていく。

2－1　発育と発達
　発育と発達の意味について理解しておくことが必要である。
発育：身長が伸びる，体重が増えるなど目に見える身体の**形態的変化**
　　　をいう。
発達：身体の機能が進歩すること，臓器，器官，神経系，筋や筋肉の
　　　発達で身体の**機能的変化**をいう。

2－2　スキャモン発達曲線
　スキャモン（Scammon, Richard Everingham 1883-1952 米国の医学者，人類学者）は，臓器や器官の発達の様子を，一般型，リンパ型，神経型，生殖型の4つの曲線によって，出生時を0%，20歳を100%として発育量の割合を示した（図8－1）。

・一般型：身長など全身的形態，呼吸器，消化器，腎臓，血管系，骨
　　　　　格系，血液量など乳幼児期まで急速に発達する。その後は
　　　　　次第に緩やかになり，二次性徴が出現し始める思春期以降
　　　　　に再び発育のスパートが見られ大人のレベルに達する。

図 8 − 1

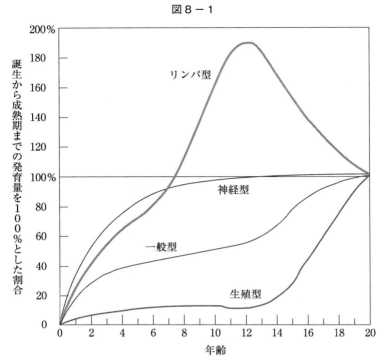

出所：Kinder Athlete Training ウェブページ（http://katraining.ehoh.net/new1018.html）

- リンパ系：リンパ系型は免疫力を向上させ，扁桃，リンパ節などのリンパ組織の発達を指す。生後から 12 〜 13 歳までにかけて急激に成長し，大人のレベルを超えるが，思春期過ぎから大人のレベルに戻る。
- 神経系：脳，脊髄，視覚器などを示し，リズム感や体を動かすことに対する器用さを担っている。生後直後から急激に発達し，4 〜 5 歳までには成人の 80％程度（6 歳で 90％）にも達する。
- 生殖型：生殖器系型は男児の陰茎，睾丸，女児の卵巣，子宮などの発達である。小学校前半までは，わずかに成長するだけだ

が，14歳あたりから急激に発達する。生殖器系の発達で男性ホルモンや女性ホルモンなどの性ホルモンの分泌も多くなる。

2-3　身長の発育（PHV 年齢）

　胎児期は別として，誕生から成人に至るまでの発育過程には，2回の発育急進期がある。

　第一発育急進期は誕生から乳児期におけるからだの発達時期で，生まれたばかりの新生児の身長は50cm ほどだが1年後には70〜80cm まで成長し，4歳になる頃には新生児期の2倍近くにまで身長が伸びて行くなど身長の年間発育量が最も多い時期。

　第二発育急進期は10歳以降から思春期にかけて，子どもから大人の身体に変化していく時期に重なり，思春期発育スパートと呼ばれる。年間発育量は平均で男子約8cm，女子約7cm となる。第二発育急進期の始まる時期と終わる時期，その期間には個人差がある。

　身長発育が最も盛んとなる年齢は，身長発育速度ピーク年齢（Peak Height Velocity PHV 年齢）と呼ばれ，この時に身長が大きい人は最終身長が大きく，小さな人は最終身長も小さいという傾向にある。PHV 年齢は，女子では男子より2年早く生じており，平均的には女子11〜12歳，男子13〜14歳である（図8-2）。

　身長が伸びるということは，骨の成長に関わるものである，身長の発育は遺伝的な要因に強く影響されるが，後天的な成長環境の影響も少なくない。骨の成長に影響を与える後天的な3要素には，睡眠，運動，食事が挙げられる。

　睡眠について，昔から「寝る子は育つ」と言われているように，成長とは密接な関わりがある。「身長が伸びる＝骨が伸びる」のは骨端線付近にある骨芽細胞の働きによるもので，この細胞の働きを促す成

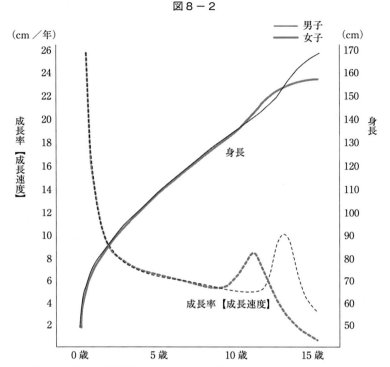

図8-2

出所：藤枝憲二監修『横断的標準身長・体重曲線 0-18歳』ヴイリンク，2016年，藤枝憲二監修『縦断的標準身長・成長率【成長速度】曲線 0-18歳』ヴイリンク，2006年より。

長ホルモンは眠っている間に最も多く分泌されているため，質の良い睡眠をとることは子どもの成長にとって重要な意味を持つ。

　睡眠には「レム睡眠」と「ノンレム睡眠」があるが，からだの成長に最も重要とされるのが，成長ホルモンが分泌される時間帯の「ノンレム睡眠」である。

　深い眠りの「ノンレム睡眠」を取るポイントは，副交感神経の働きを促し，リラックスした状態を作ることである。そのためには　①寝る前に脳に刺激を与えない　②寝る前に血糖値を上げない　③寝る前に１度体温を上げるなどがあげられるが，何れにしてもベッドに入る

と自動的に眠くなるような習慣付けが有効である。

　運動は，骨やからだの成長に欠かせない成長ホルモンの分泌を促す働きをする上，食欲増進にもつながり，栄養素を摂取しやすくする。運動によって得られる疲労は質の良い眠りにもつながるため重要な役割を果たしている。また怪我や病気になりにくい元気な体づくりのためにもプラスになる。

　適度な運動は成長を促すためには必要であるが，過度の運動負荷は子どもたちの発達途中の柔らかい骨に使いすぎが原因となる障害を生じさせる危険度が高い。具体的には，「オスグッド」「ジャンパー膝」「シンスプリント」などがあり，柔らかい成長軟骨に過度な負荷がかかり起こる障害と，骨の成長スピードより筋肉や腱の成長スピードが遅いことで，常に筋肉や腱が引っ張られている状態に過度な負荷がかかることに原因がある。

　指導者は，定期的に身体測定を行い，子どもの身長の伸びに注意し，練習強度や回数に気をつける必要がある。また痛みが出たときの対処やケアーも大切で，障害になる前に予防する意識が必要となる。子どもは楽しい時には痛いことも忘れてやり過ぎてしまうことがあるため常に気をつけ，練習後にはストレッチやアイシングなどを教えて行くことが大切である。

2－4　体重の発育

　体重は，骨格，筋肉，脂肪，内臓などの軟部組織，血液，水分など，体のあらゆる部分に関する総合的な指標であり，健康状態の指標としても重要である。

　体重も身長と同じ傾向で増えていくが，男子では PHV 年齢とほぼ一致しているが，女子の場合は PHV 年齢よりも約1年後となる傾向

がある。

体重は，体脂肪と除脂肪体重に分けられ，除脂肪体重は骨量や筋量を推定する指標とされ，それ以上の体重増加は脂肪量の増加によるものが大きい。体脂肪が増えすぎ，肥満のカテゴリーに入ると運動のパフォーマンスは下がるという研究報告がある。

２－５　筋と筋力の発達

体重が増えるということは，筋肉や骨が成長することでもあり，性ホルモンの影響を強く受ける。性ホルモンのうち，副腎由来の男子ホルモンと女性ホルモンは男女ともに分泌されており，10歳くらいまでは男女とも分泌の割合がほぼ同じ程度であり，体重の差もあまりないが，PHV年齢付近の思春期では男女とも男性ホルモンの分泌が多くなり，男子の男性ホルモン分泌量の方が女子よりも多くなる。

睾丸や副腎皮質から分泌される男性ホルモン（アンドロゲン）は，筋肉や骨のタンパク質の合成を促進する効果が高く，筋肉質な男らしい体を作り出していく。

PHV年齢付近の思春期発育スパートによって，運動遂行能力にも著しい向上が見られるが，その発達には，男女とも男性ホルモンの働きが密接な関係を持っていると言える。

筋肉は筋繊維が集まってできている。筋繊維には性質の異なる2種類の筋繊維がある。

一つは速筋繊維（FT繊維）といい，大きな力を出せるが疲労しやすい。もう一つは，遅筋繊維（ST繊維）と呼ばれ，出せる力は弱いが疲労しにくい性質を持つ。この二つの筋繊維の数と割合は，遺伝的にほぼ決まっていて変わらないと言われている。

速筋線維には思春期発育スパート以前（PHV年齢以前）には目立った発達は見られず，遅筋繊維が緩やかに発達する。発育スパート後

（PHV 年齢以後）には遅筋繊維の発達に加えて速筋繊維の発達が急速に行われる。これにより瞬発力が高まり，素早い動きができるようになり運動能力が上がる。

　幼児期や小学生期では筋力の発達には男女共変わらないが，思春期を過ぎた頃からは女子の筋力の発達に頭打ちが見られ，脂肪の増加が見られる。これは女性ホルモンの分泌が筋肉の発達を抑制する働きがあり，主に速筋繊維に影響を与えると考えられている。

２－６　神経系の発達

　器用さやリズム感を担う神経系は，脳の神経細胞が増えることで発達する。新生児では神経過剰増殖という神経細胞が過剰に作られる現象が現れるが，やがて必要な神経回路が形成されると余分な神経細胞や神経繊維が退化して消滅する。

　運動による筋肉からの活動刺激を受けると，脳に情報が送られ，神経細胞が働き，シナプス（連結部）を介して神経回路を作る。刺激を受ける回数が多いほどシナプスの数が増え，神経回路に密に繋がって働くようになる。これが「脳が発達する」ということである。

　運動に関わる大脳皮質として運動野・運動前野・補足運動前野・体性感覚野などが重要である。幼児期から 10 歳くらいまでにかけて感覚の発達や神経・筋コントロール能力の向上が著しい。

　五感（視覚・聴覚・味覚・臭覚・触覚）の他に，平衡感覚・身体の位置感覚・運動感覚に関する深部感覚などがあり，10 歳までに急速に発達し，12 ～ 13 歳までにはほぼ大人の水準になる。

　重さの違いを感じる重量弁別能力は，9 歳までの発達が著しく，光や音の刺激に対して反応する単純反応時間や全身反応時間，指示条件

に従って選択的に動作する選択反応時間も，6歳から12歳にかけて急速に短縮する。

6歳から12歳にかけての反応時間の短縮は，動作開始時間が著しく短縮されることが特徴的でその内容には，神経の刺激伝達速度ばかりでなく，動きに対する判断力，集中力など，心理的な要因の向上も多く寄与している。

このように感覚的，心理的な発達を伴う神経・筋コントロール系の発達が盛んな時期には，動きのイメージを大切にした指導は効果が大きい。

スポーツの技術に関わる動作では，身体各部の動きの方向，タイミング，力の発揮とリラクゼーション，リズム感などが要求される。こうした感覚的な動きは，子どもの頃にその基礎を養っておくことが望ましく，この時期に行うトレーニングの質を考えるのは指導者の役割の一つである。

2－7　最大酸素摂取量の発達

最大酸素摂取量とは，激しい持続的な運動を行った時に体内で消費される酸素量の最大限界を示すものである。有酸素運動の場合，運動強度が高くなると，必要なエネルギー（酸素需要量）が高まり，それに応じて酸素摂取量が増える。最大酸素摂取量は，その最大値を表す指標であり，エネルギーを作り出す能力を意味し，持久力の指標として用いられている。

最大酸素摂取量は，PHV 年齢付近で急速に増加する。この時期は骨や筋肉，臓器などが発達するので，それに伴い心肺機能である肺や心臓も大きくなる。血液をたくさん受け入れることができれば最大酸素摂取量が多くなるということである。

第8章 ジュニアスポーツのコーチング　255

第3節　ジュニア期のスポーツ指導方法

　ここまでは，体の発育発達の特徴について解説してきたが，ここからは子どもの発育発達期の特徴に適したトレーニングプログラムを作成するために理解しておくべきことについて解説する。

3－1　一貫指導の重要性

　これまで日本では，学校スポーツを中心に発展して来たため，進学のたびに指導者が変わり一貫した指導ができないとされてきた。南米やヨーロッパのクラブスポーツでも年齢区分によって指導者が変わることが起きているが，それぞれの年齢層に適した指導プログラムが用意されている。競技力の構成要因である「技術」「戦術」「体力」「心理的な面」について，年齢段階に従って部分的な目標を設定し，長期的視野で少しずつ習得していく。そのためには子どもたちの発達段階に対応するトレーニングの内容や要する時間など一つのまとまりとして捉えながら指導しなければならない。つまり子どもの成長とともに，指導内容について一本の軸が貫き通されていることになる。これを一貫指導と呼ぶ。

　一貫指導のコンセプトをわきまえ，成長していく過程を理解しておくことは，子どもたちを指導していく上で重要である。成長過程に応じたトレーニングを進めていく中で，課題となる動きを「吸収しやすい時期」と「吸収しにくい時期」が浮き彫りになってくる。そしてこのような時期を把握して指導することにより最終的に大きな成長を望むことができるのではないだろうか。逆に子どもたちの成長の度合いを無視し，競技会や試合において「勝つことが全て」という勝利に固執してしまう指導は大きな成長を妨げることにも繋がる。

では，発育発達期をその特性からいくつかの段階に分け，それぞれの段階における子どもの特性とそれに応じたトレーニングについて考えて行きたい。

3－2　発育発達に応じた指導

ここからは，図8－3，図8－4に示されている各年齢，各ステージにおける指導について解説する。

5・6歳から12歳（小学校期）におけるトレーニング

この時期の前半の5・6歳から8歳頃までは「プレ・ゴールデンエイジ」，後半の9歳から12歳頃までは「ゴールデンエイジ」と呼ばれ，スポーツのために基礎から，様々な技術を獲得する最も重要な時期である。ここでは「プレ・ゴールデンエイジ」と「ゴールデンエイジ」でのトレーニングのあり方について考えていきたい。

図8－3

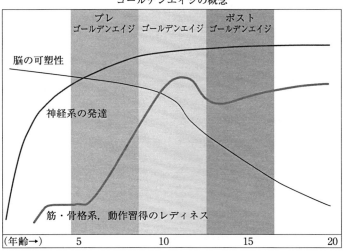

出所：少年サッカー情報倶楽部
　　　（http://mf10.jp/junior/jijyou/growth.htm）より。

① プレ・ゴールデンエイジ（5・6歳〜8歳頃）

　〜スポーツの楽しさを伝える〜

　この年齢段階の子どもたちは，神経回路が急ピッチで伸びてきている時期である。脳をはじめとして体の中に様々な神経回路が張り巡らされていく大切な時期である。しかし，張り巡らされた神経回路の全てが運動に用いられるのではなく，関係のない神経回路まで刺激させてしまうことが起きる。そのため目的に合わない動き（運動浪費）や余分な動作（随伴動作）をすることがある。これは年齢段階の特徴といえるが，8歳ごろになると徐々に見られなくなる。

　またこの時期の子どもたちは，楽しそうなことや興味にあることには夢中になるが，集中力が長続きしない面が見られる。多種多様な刺激を求め，動いていないと気が済まない（運動衝動）といった特徴を持っている。8歳ごろからは運動衝動を自ら抑えることができるようになる。

・この時期のトレーニングのポイント

　運動能力の基礎が形成されるこの年代の子どもたちには，特定のスポーツだけでなく，色々な遊びを経験させ，ボールに触れることの楽しさや身体を動かすことの喜びを教えて「動くことが好き」という状態で次のステージへと送り出すことが理想的である。

　ここで多種多様なトレーニングを積んできた子供たちが次のステージで，専門的な反復練習を中心とした子どもたちを簡単に抜き去ってしまうことも多々起こる。さらにそれぞれの種目で専門的なトレーニングを開始し，様々な動きを変えることを要求された時にも，多種多様な動きのトレーニングを積んでいないと対応ができずに苦しむことにもつながる。この年代にとって，大人が分析し系統立てた課題を練習する「専門的練習」は百害あって一利なしとも言える。

　陸上競技の一流指導者へのコーチングに関する調査研究によると，この子ども時代に「鬼ごっこ，水泳，ボール遊び，マット運動，ドッ

ジボール，木登り，縄跳び」など屋外で行う活動的な遊びをすることを勧めている。また，国内の一流競技者への成育歴・競技歴に関する調査研究でも競技者自身の過去に，このような屋外での活動的な遊びを積極的に行っていたことが報告されている。外遊びで外界からの刺激を受けつつ，「こうすればこうなる」という体の動きの記憶を蓄積させていくことができる。

・簡単なトレーニング例として

1．風船遊び

　　風船を叩いたり拾ったりする動きは，物と自分との距離感を養い，また，落ちてくる物に反応するため「反射神経」を発達させる。風船がなければコンビニの袋などで代用が可能。

2．ボール入れ

　　カゴなどの入れ物に紙などをボール状に丸めて投げ入れる。距離感覚が鍛えられる。カゴの距離を変えたり，かごの大きさを変えたりして入りにくく変化をつけることで「考える力」も向上させることができる。

3．音楽リズムに合わせた運動

　　手拍子でリズムをとったり，与えられた音楽リズムに合わせてある動きをするなど，ある動きと別のある動きを結び合せる際に役立つ。

　さまざまな遊びを通して，表8-1のような各種のスポーツ種目にとって必要となる基本的な動きを獲得してくことが重要である。

② 　ゴールデンエイジ（9歳頃から12歳頃にかけて）

　　　～実践的な技術・定義～

　この年齢になると「運動浪費」や「運動衝動」が消えていく。神経系の発達がほぼ完成に近づく時期であり，動きの目的に合わせて自分からだを動かせるようになる，つまり動きの巧みさを身につけるのに

第8章　ジュニアスポーツのコーチング　259

表8－1

自己の身体の操作	姿勢の変化とバランスをとる		たつ，かがむ，ねころぶ，ころがる，わたる　など
	ある場所へ移動する	上下方向	のぼる，おりる，よじのぼる，すべりおりる，とびあがる　など
		水平方向	はう，あるく，はしる，飛ぶ，スキップ，ギャロップ　など
		回転系	かわす，もぐる，くぐる，かくれる　など
他者や物の操作	重さのある物の移動		かつぐ，ささえる，はこぶ，おろす，もつ，おぶう　など
	とったり，捕まえたる動作		とめる，つかむ，うける，いれる，わたす　など
	他への触接的な作用をする動作		たたく，うつ，なげる，ける，たおす，ぶつかる　など

出所：公益財団法人 日本体育協会『公認スポーツ指導者養成テキスト共通科目Ⅰ』より
（体力科学センター調整力専門委員会体育カリキュラム作成委員会「幼稚園における体育カリキュラムの作成に関する研究Ⅰ―カリキュラムの基本的な考え方と予防調査の結果について」『体育科学』8，1980年，150～155ページ）

適した時期と言える。この時期の大きな特徴は，一生に一度だけ訪れる，あらゆる物事を短時間で覚えることができる「即座の習得」を備えた時期で，ゴールデンエイジを呼ばれる。この基礎となるのは「プレ・ゴールデンエイジ」における基本的な動きの習得がなされていることが大きな前提となる。この時期にスポーツに関わるたくさんの動きを覚えることができ，覚えた動きは一生忘れることがないとも言われている。この時期に自転車に乗れるようになると，しばらく乗っていなくてもすぐに乗れるようになるのは良い例である。

・この時期のトレーニングのポイント

　プレ・ゴールデンエイジで習得した基本的な動きを基礎としながら，専門スポーツ種目への準備と考えるべきであろう。また，ある特定のスポーツ種目だけを行うよりも，将来選手として必要な要素（状況判断や戦術）を学ぶためにもさまざまなスポーツ種目を経験しておくことは重要である。このことは国内外の陸上協議を指導する一流指導者を対象に行った調査でも，野球，バスケットボール，バレーボール，器械体操などといったスポーツ種目をこの時期に経験させておく

必要性を指摘している。競技種目によっては，このような経験から基礎を養成した上で，他の種目よりも早い段階で「時期を得た専門化」がなされることになる。

　体力面では持久力的な面でのトレーニング効果が得られやすい時期とも言えるので，様々な動きを含んだ適切な持続時間でのトレーニングを行う必要もある。

③　ポスト・ゴールデンエイジ（13歳頃から14歳頃にかけて）

　発育発達のスパートを迎えるこの時期は，骨の成長に筋肉の成長が追いつかず，身体のバランスがこれまでとは異なってくる。そのため動きが一時的にぎこちなくなってしまったり，これまで出来ていた技術が一時的にできなくなってしまうことも見られる。また，「即座の習得」も現れなくなり，上達するのに時間がかかることがよく見られる。これを「クラムジー（Clumsy）」という。体力面では，骨格系の発育とともに男性ホルモンの分泌が盛んになり，速筋線維の発達が促進され，呼吸循環系の機能も著しく向上する時期にも当たる。

・この時期のトレーニングのポイント

　新しい技術習得よりも，今まで身につけてきた技術を中心として，より速く，より強く発揮できるように指導する。また理性的な面での発達が大きく期待できる時期でもあるため戦術的なことも理解できるようになる。戦術練習やビデオを見ながら戦術的な面に注意を向けさせ，「考えながら練習する」習慣をつけることが重要である。

　またこれに加え，他のプレーヤーとの関係からどの様にしたら自分やチームが有利な状況を作り出せるかなどをトレーニングに組み込むことで「良い習慣づけ」を身につけさせ，次の段階でも大きく伸びる様に導くことが重要である（図8－4）。

図8-4

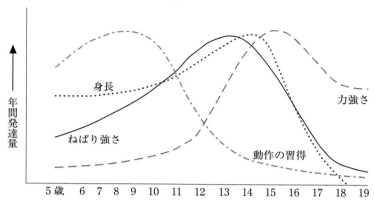

出所：宮下充正『子どものからだ〜科学的な体力づくり〜』東京大学出版社，1980年より。

④　インデペンデントエイジ（15歳〜16歳以降）

　この年齢段階からは発育発達のスパートが終わり，おとなの体型にほぼ近くなる。精神的にも肉体的にもバランスが取れるようになるので，それまで身につけてきたスポーツの基本を土台として，その上に自らの個性を発揮できるようになる。

・この時期のトレーニングのポイント

　筋肉面での発達に大きな期待が持てる時期となり，短時間にパワーを引き出す能力が高まる時期でもあるので，素早い爆発的な筋力を発揮するような補強運動や，無酸素の状態で動くことが要求されるトレーニング手段を取り入れておくことが重要である。ただし，大人のアスリートが行うような非常に重い負荷をかけるようなトレーニング避けるべきである。この年齢段階では，筋力を高めるには自分自身の体重を利用するようなトレーニングから始めるべきである。また，一つ一つのトレーニングでの休憩を充分に取ったり，1週間のトレーニングでも規則正しく休息日を設けて行うことが必要である。

　トップアスリートを目指した活動はこの年齢段階から始まる競技が

多く，より専門化したトレーニングが必要となるが，考えながら練習する「良い習慣づけ」を継続させる様に選手とのコミュニケーションを図りながら進めて行く。

選手個々の特徴（得意・不得意）がはっきりしてくる時期でもあり，自己の特徴をよく知り，それを伸ばすポジティブなコーチングが選手の成長を促すことにつながる。また，天井効果の防止[※]のために，選手の能力に応じた環境の提供が必要になってくる。

（※様々な能力の集まった集団の中でトレーニングしていると，中程度の能力を持った選手は伸びて行くのに対して，能力の高い選手は伸びが低下してしまう現象）

⑤　発達状態に応じたトレーニング
　　（早熟・晩熟などを考慮したトレーニング）

ここまでは年齢に応じたトレーニングを述べてきたが，暦年齢と生理学的年齢といわれる身体の発達に関しては，8〜15歳頃までの子どもたちを比較した場合には±3歳ほどの年齢差が生じるといわれている。10歳くらいの子どもでも7歳くらいの発達段階であったり13歳くらいの発達段階であったりと早熟・晩熟の現象が起こる。

早熟の場合は，身体的な発達レベルの違いからくる体力的な面を中心とした動きの習得が行われがちになる。いわゆるパワーで課題となる動きを達成しようしてしまう。そのため細かい動きや柔軟な動きができていなくてもパワーに隠れてしまう。もし，細かい動きや柔軟な動きの様な習得されていない面があれば，将来にことを見据えて，一つ前の段階へ戻ってトレーニングする必要がある。

晩熟の場合は，性急な課題の要求をするのではなく，じっくりと対応させることが重要である。晩熟な子供は結果が出にくく，スポーツが嫌いになってしまう傾向があり，十分な配慮が必要となる。中学生期では，晩熟だった子供が一気にスパートすることで，その前の段階

第8章　ジュニアスポーツのコーチング　263

で活躍していた選手に追いつき，抜き去ることがある。晩熟タイプには，将来的な可能性が高い子供たちが多くいることを指導者は知っておく必要がある。

⑥　性差に応じたトレーニング

　成人の男性と女性のスポーツトレーニングを考える際には，原則的には区別して考える必要はないとされている。テニスやサッカーなどでは10歳以下までは男女が一緒に参加できる大会も開催されているが，男女の発育発達にはこの頃から違いが現れてくる。

　成長期にある女子の場合には成長ホルモンの分泌が10歳前後より後退し，替わって女性ホルモンの分泌が活発となり女性特有の体型へと変化して行く。またPHV年齢から1年以内に初経を迎えることになる。この初経前後に激しいトレーニングや過激なダイエットを行うと無月経になる恐れがあり，女性ホルモンの分泌が低下する。女性ホルモンには骨密度を上げる特性があり，骨の形成を妨げることになる。

　女性のスポーツの一部競技では，容姿が採点に影響を及ぼしたり，競技に合わせて体型を維持するために激しいウェイトコントロールを強いられる場合があり，こうしたウェイトコントロールは摂食障害を招き，身体に大きなダメージを与えることになる。また，極端な体脂肪率の減少は無月経を引き起こす原因ともなる。

　指導者（特に男性指導者）には月経に対しての理解不足が挙げられており，女子選手の言動に注意を払い接することが重要である。

第4節　コーディネーション能力

　コーディネーション能力とは，目や耳などの感覚器から入ってきた情報を脳が上手に処理して，身体の各部に的確な指令を出す神経回路（運動神経）のことを指す。

コーディネーションとは，1970年代に旧東ドイツのスポーツ運動学者が考え出した理論で，7つの能力に分けて捉えている。

①リズム能力‥‥‥リズム感を養い，動くタイミングを上手につかむ

②バランス能力‥‥バランスを正しく保ち，崩れた体制を立て直す

③変換能力‥‥‥‥状況の変化に合わせて，素早く動きを切り替える

④反応能力‥‥‥‥合図に素早く反応して，適切に対応する

⑤連結能力‥‥‥‥身体全体をスムーズに動かす

⑥定位能力‥‥‥‥動いているものと自分の位置関係を把握する

⑦識別能力‥‥‥‥道具やスポーツ用具などを上手に操作する

スポーツでは，これらの能力を2つ以上同時に行う場面がたくさんある。例えば，バスケットボールで行うドリブルは，バランス能力とリズム能力が必要であり，相手がボールを奪いにきたら，体を切り返して味方にパスをする様な場合には，変換能力と反応能力が必要となる。そのような場面でも感覚器から入ってくる多くの情報を適切に処理して体の各部へ伝える「コーディネション能力」が重要となる。以下にコーディネーション能力を身につけるドリルを紹介する。

コーディネーションドリルの具体例

① 「リズム」のコーディネーショントレーニング方法具体例

　　○短距離を小走りで走る

　　○1，2，3のリズムで走り，3で膝を高く上げる

　　○1，2，3のリズムで走り，1で膝を高く上げ，3でかかとをお尻につける

　　○スキップを様々な方向に繰り返していく（前方，側方，後方など）

　　○ラダーを使うトレーニング

　　　・細かく走る

　　　・スキップする

　　　・両足で飛ぶ

第8章　ジュニアスポーツのコーチング　265

　　・1マスごとに脚を開く・閉じるを繰り返す　　など
② 「バランス」のコーディネーショントレーニング方法具体例
　　○片足立ちで10秒間静止する
　　○片足立ちで10秒間静止しながら，もう片方の足や手を前後左右
　　　に動かす
　　○片足立ちでキャッチボールをする
　　○片足立ち → その場でジャンプ → 逆足で着地して片足立ち
　　　・左右交互に繰り返していく
　　○片足で左右にジャンプする
　　　・右足で片足立ち → 左側にジャンプ → 左足で着地して姿勢を
　　　　キープ → 右側へジャンプ → 右足で着地してキープ
　　　・左右交互に繰り返していく
　　○片足立ちから前方へ大きくジャンプして反対の足で着地する
　　　・右足で片足立ち → 前方へ大きくジャンプ → 左足で着地し
　　　　キープ → 前方へ大きくジャンプ → 右足で着地しキープ
　　　・左右交互に繰り返していく
　　○四つん這いになって片腕を地面から浮かせて前へ伸ばす
　　　・逆の腕でも同様に繰り返す
　　○四つん這いになって，対角線上の片腕片脚を浮かせて，前と後ろ
　　　に伸ばす
　　　・右腕を前に伸ばすとともに，左足も後ろへ伸ばし，その状態を
　　　　キープする
　　　・左右交互に繰り返していく
③ 「変換」のコーディネーショントレーニング方法具体例
　　○ボールを同じ方向やさまざま方向へ投げる
　　　・近くや遠く，右や左など切り替えて投げる
　　　・同じ重さのボールや違う重さのボールを使うことで力の出し方
　　　　を切り替える

○スピードに強弱をつけて走る

・20m をダッシュ → ややスピードを落として 20m 走→再び 20m をダッシュ など力の出し方を変えながら走る

○ダッシュに条件をつけて繰り返す

・メディシンボールを持って 20m ダッシュ → その後何も持たずに 20m ダッシュ

④ 「反応」のコーディネーショントレーニング方法具体例

（2人1組で行う）

○後ろからボールを投げてもらい，視野に入ったらダッシュしてボールを取りに行く

・頭越しに投げられたボールを追う

・股の間から転がされたボールを追う

○声や手（指）で指示された方向へ素早く動く

○向かい合ってじゃんけんをする → 勝った方は負けた方を追いかける（短い距離）

・条件を変えて負けた方が勝った方を追いかける

・後出しジャンケンでわざと負ける

⑤ 「連結」のコーディネーショントレーニング方法具体例

○歩きながら体の前で手を叩く

○歩きながら頭の上で手を叩く

○歩きながら手を大きく振り上げる

○スキップをしながら，同時に腕を上下・左右に広げる・両手を回す，手を叩くなどの動きを入れる

⑥ 「定位」のコーディネーショントレーニング方法具体例

○ボールを上に投げ上げて，落ちるまでに手をたくさん叩く

○ボールを上に投げ上げて，背面キャッチ

○ボールを上に投げ上げて，かだらを1回転させてキャッチする

○ボールを叩きつけ，バウンドしているボールの下をくぐる

⑦　「識別」のコーディネーショントレーニング方法具体例

　○テニスラケットにボールを乗せて，落ちない様に面の縁を転がす

　○テニスラケットにボールを乗せて，ボールを真上にバウンドさせる

　　・片面でできたら，反対の面，さらに両面を交互に行う

　○テニスラケットにボールを乗せて，落とさない様に走る（リレー）

第5節　子どもたちへのスポーツ指導の例

　ここまで述べてきた発育発達段階の特徴を踏まえて，各競技団体ではスポーツ指導プログラムを行っている。ここでは，その例として，テニス，野球，バレーボールで行われているプログラムを紹介する。

テニス

　テニスでは，子どもの発育発達段階に応じた「プレイアンドステイ」プログラムが行われている。

　このプログラムは，レッド，オレンジ，グリーンの3つのステージが年齢によって分けられており，それぞれのステージの子どもたちに適したラケット，ボール，コートの大きさを使用し，段階的に指導していくものである。これらを使用しゲームをおこなうことで，多彩なテクニックも身につけることが可能となるもので，現在では世界各国のジュニア指導に取り入れられている。

　又，小学校体育の授業ではネット型スポーツとして，ラケットの代わりに手のひらサイズの用具（段ボールによる手製など）を使った「テニピン」が取り入れられている。テニピンでは，コートにいる全員がボールに触れることが保障され，特定の子どもだけが活躍するのではなく，すべての子どもたちが活躍できる場が保障されたゲームになっている。

　プレイアンドステイとテニピンの詳細は，「公益財団法人日本テニス協会」HPを見てほしい。

野球

　学校体育のベースボール型競技として，世界野球ソフトボール連盟が推奨する「ベースボール 5（Baseball5）」が取り入れられている。

　ベースボール 5 の特徴

・重たいバットを使わず手でボールを打つため，ボール一つで行える。（用具が不要）

・9 人制の野球と異なり，5 人制のためプレーの機会が増える。

・基本的な技術指導とルール説明ですぐにゲームが楽しめる。

・軽いボールを使用するため，投球負荷が少ない。

・縦横 21m 四方のスペースで行える。

　重たいバットは使用しないため，子どもでも行える。

　ベースボール 5 は，2026 年開催のユースオリンピック追加種目に決定している競技でもある。

　ベースボール 5 の詳細は，「一般財団法人 全日本野球協会」の HP を見てほしい。

バレーボール

　「ソフトバレーボール」も小学校体育の教材として取り入れられている。

ソフトバレーボールの特徴

・ボールが軽く柔らかい。これにより，ボールに対する恐怖心がなくなる。学年によって大きさや重さが分けられている。

・コートの大きさは，バドミントンコートでバレーボールよりも小さい。

・ネットの高さも 155cm 〜 200cm まで調整して行える。学年によってネットの高さや返球などのルールに工夫ができる。これによりラリーが続けられる。

・ネット型ゲームであるため，相手との接触プレーがなく，安全である。

第8章　ジュニアスポーツのコーチング　269

・新しい運動であるため，スタートラインが一緒である。そのため短期間で上達が確認できる。

「ソフトバレーボール」については，「公益財団法人日本バレーボール協会」のHPを見てほしい。

　これらのプログラムには2つの背景があると考えられる。1つは，現在日本が直面している少子高齢化問題である。スポーツにとって，少子化の進行は競技人口の減少だけではなく，競技レベルを左右する大きな問題である。各競技団体では，この問題に対処するために子どもの発育発達段階の特徴を踏まえ，簡単に楽しくプレーができるプログラムを行なっている。

　もう一つは，子どもたちの体力・運動能力の低下である。スポーツ庁から発表された「2017年度体力・運動能力調査」では，過去20年間における18歳と19歳女性の運動実施率の低下が顕著で「週1回も運動しない」が6割を占めていた。こうした現状の中，小学校体育では，ラケットを使わないネット型のテニピンやソフトバレーボール，バットを使わないベースボール型のベースボール5など安全にスポーツを楽しめるプログラムが取り入れられている。

第6節　まとめ

　子どもの発育発達期の特徴やそれぞれの年齢段階でのトレーニングおよび指導例について述べてきた。発育発達に個人差があるように学習の法則も「各々違った方法で学習する」「個々に異なるスピードで学習する」「学習に対する意欲」により異なってくる。これらの法則をどのように指導に当てはめていくかを指導者は判断しなければならない。トレーニング方法においても指導する子供達にはどのような方法が適しているかを模索していくことが必要となる。このような意味

において指導者は現状に満足せず，常に学び続けていかなければならない。

「我々は学ぶことをやめたときに，教えることをやめなければならない」これは，フランスのサッカー指導者ロジェ・ルメール氏の言葉である。指導者として，経験にあぐらをかくのではなく，社会やテクノロジーの進歩・発展，スポーツ医科学はもちろんのこと，指導法の変遷や技術の進化を真摯に見つめ，自らの知識や能力の向上に努力し続けたいものである。

主要引用・参考文献

公益財団法人 日本スポーツ協会 HP。
公益財団法人 日本スポーツ協会『公認スポーツ指導者養成テキスト共通科目1』，2017年，142～146ページ。
公益財団法人 日本スポーツ協会『アスレチックトレーナー教本（Ⅱ）』，2004年。
公益財団法人 日本テニス協会『テニス指導教本1』大修館書店，2015年。
公益財団法人 日本テニス協会『プレー・テニス教本』。
社団法人 日本トライアスロン連合（JTU）「競技者育成プログラム」，2010年。
白石 豊・川本和久・吉田貴史『新版 どの子も伸びる運動神経―小学生編』かもがわ出版，2013年。
立花龍司・大木 毅『運動神経は10歳で決まる！―立花龍司が教える「ゴールデンエイジ・トレーニング」』マキノ出版，2006年。
日本 SAQ 協会『スポーツスピード養成 SAQ トレーニング』大修館書店，1999年。
文部科学省 HP（http://www.mext.go.jp）。
Kinder Athlete Training（http://katraining.ehoh.net/new1018.html）。
NICHIBAN HP（https://www.battlewin-jyd.com）。
SVAS for JUNIOR（https://www.meiji.co.jp/sports/savas/savasjunior/）。
https://kintorecamp.com/coordination-training/

索　引

A-Z

AIDMA ································ 184

AISAS ································ 185

deportare（デポルターレ）·············· 151

PHV 年齢 ···················· 249，254

RICE ································ 235

ア

あがり ································ 136

アマチュア ···························· 155

───リズム ························ 155

アルコール ······························ 6

意思決定バランス ···················· 133

一次予防······························· 2

一貫指導···························· 255

一般運動プログラム ·················· 119

一般社団法人大学スポーツ協会

　（UNIVAS；ユニバス） ············ 173

今ここの感覚 ························ 142

インターセックス ···················· 12

運動································· 8

───学習 ························ 118

───技能 ························ 117

───時間 ························ 115

───制御 ························ 114

───単位 ························· 24

───段階 ························ 118

───反応スキーマ ················ 119

───プログラム ·················· 115

───有能感 ······················ 125

───量と力積 ···················· 63

───連鎖 ························· 92

エネルギー供給機構 ·················· 27

エネルギー保存の法則················ 66

オリンピック・ムーブメント·········· 157

カ

外在的フィードバック················ 121

ガイダンス仮説······················ 122

快適自己ペース······················ 144

外発的動機づけ······················ 124

角運動量保存の法則·················· 90

学習性無力感······················ 226

課題志向性·························· 131

課題目標···························· 131

ガバナンス·························· 203

慣性································ 60

───モーメント·················· 89

逆 U 字仮説 ························ 137

休養································· 5

筋線維····························· 18

───タイプ······················ 21

近代オリンピック···················· 156

筋紡錘····························· 116

結果期待感·························· 134

結果目標···························· 129

原因帰属理論························ 225

健康································· 2

───寿命························· 3

───づくりのための身体活動指針

　（アクティブガイド）·············· 8

───日本 21 ······················ 7

見物効果···························· 139

腱紡錘····························· 116

行動目標···························· 129

効力期待感·························· 134

抗力と揚力·························· 96

呼吸法	141	スキーマ理論	119
心の健康	6, 143	スキャモン	247
骨格筋	18	ストレス	7
コーディネーション	263	──────コーピング	7
──────トレーニング	264	スポーツ・インテグリティ	173
子どもの性	13	スポーツカウンセリング	142
コミュニケーション	224, 246	スポーツ基本計画	168
ゴールデンエイジ	256〜258	スポーツ基本法	168

サ

再生スキーマ	119	スポーツ資源	209
最大酸素摂取量	32	スポーツ振興法	168
再認スキーマ	119	スポーツスキル	117
さがり	137	スポーツ組織	202
作用・反作用	62	スポーツ庁	168
三次予防	2	スポーツツーリスト	209
三大死因	2	スポーツツーリズム	209
自我関与	127	──────振興政策（日本）	213
自我志向性	131	スポーツ立国戦略	168
自我目標	131	性	10
自己決定	125	生活習慣病	3
──────理論	126	性教育	15
自己効力感	134	性行動	13
思春期	13	成功と失敗のバランス	127
──────の性	13	精子	11
姿勢	9	性自認	12
自動化	119	生殖器	11
指導死	239	精神障がい者スポーツ	147
社会的動機	123	性的自己決定	14
社会的認知理論	134	性的マイノリティ	12
自由物体図（フリーボディーダイアグラム）		性同一性	12
	62	──────障害	12
受精卵	11	性の多様性	12
受動喫煙	6	性役割	12
状況判断	119	セカンドキャリア	200
情動焦点型コーピング	7	セルフエフィカシー	133
小脳	119	漸減的フィードバック	122
食習慣	3	漸進的筋弛緩法	140
神経系	248, 253	総合型地域スポーツクラブ	174

タ

身体活動	4	帯域幅フィードバック	122
身体重心	67	ダイバーシティ	201
心拍出量	34	体罰	237

索 引 273

体力……………………………………… 36	付加的フィードバック………………… 121
達成目標…………………………… 130	浮力……………………………………… 103
―――理論……………………… 130	プレイ（Play）……………………… 166
たばこ……………………………………… 5	―――論………………………… 165
多様性練習………………………… 119	プレーヤーズファースト…………… 245
短期目標…………………………… 129	フロー………………………………… 164
力のモーメント…………………… 86	―――理論……………………… 163
遅発性筋痛………………………… 46	文化…………………………………… 161
チームビルディング……………… 190	文脈干渉効果………………………… 120
チャンピオンスポーツ…………… 180	平衡状態……………………………… 68
中期目標…………………………… 129	変容ステージ………………………… 132
長期目標…………………………… 129	変容プロセス………………………… 133
低体重（やせ）…………………… 4	ホメオスタシス性動機……………… 123
適性処遇交互作用………………… 227	ホモセクシュアル………………… 12
テクニック………………………… 117	
動機づけ………………… 123，225	**マ**
トランスジェンダー……………… 12	マインドスポーツ…………………… 180
トランスセオレティカル・モデル… 132	メンタルトレーニング……………… 135
トランスセクシュアル…………… 12	メンタルヘルス………………… 6，143
	メンタルリハーサル………………… 139
ナ	目標志向性…………………………… 131
内在的フィードバック…………… 121	目標設定……………………………… 128
内的基準…………………………… 116	モチベーション……………………… 195
内発の動機づけ…………………… 124	モーメントアーム…………………… 86
二次予防…………………………… 2	問題焦点型コーピング……………… 7
人間工学…………………………… 199	
認知段階…………………………… 118	**ヤ**
認知的再評価型コーピング……… 7	有能さ………………………………… 125
認知的評価理論…………………… 124	―――の認知…………………… 125
	要求水準……………………………… 127
ハ	要約フィードバック………………… 122
バイセクシュアル………………… 12	
発育発達………………… 247，256	**ラ**
ハラスメント……………………… 203	卵子…………………………………… 11
反応時間…………………………… 115	力学的仕事…………………………… 65
反発係数…………………………… 98	理想的緊張ゾーン…………………… 137
肥満………………………………… 4	リーダーシップ……………………… 193
フィジカルスポーツ……………… 180	リラクセーション技法……………… 140
フィードバック情報……………… 120	レクリエーションスポーツ………… 180
フィードバック制御……………… 116	レジスタンストレーニング………… 39
フィードフォワード制御………… 115	

《著者紹介》（執筆順）

田中菊子（たなか・きくこ）　担当：第1章
　元東洋学園大学人間科学部教授。

光川眞壽（みつかわ・なをとし）　担当：第2章
　東洋学園大学人間科学部教授。
　博士（スポーツ科学）

城所収二（きどころ・しゅうじ）　担当：第3章
　福岡工業大学環境科学研究所客員研究員。
　博士（スポーツ科学）

芳地泰幸（ほうち・やすゆき）　担当：第5章
　日本女子体育大学体育学部准教授。

水野基樹（みずの・もとき）　担当：第6章，第6章コラム
　順天堂大学大学院スポーツ健康科学研究科教授。
　博士（スポーツ健康科学）

田蔵奈緒（たくら・なお）　担当：補章
　東洋学園大学人間科学部准教授。

今野　亮（こんの・りょう）　担当：第4章，第7章
　明治薬科大学リベラルアーツ系健康運動科学研究室講師。

佐藤淳一（さとう・じゅんいち）　担当：第8章
　東洋学園大学人間科学部教授。

加藤恭章（かとう・たかのり）　担当：第3章コラム
　大学スポーツ協会（UNIVAS）DB開発部。

山村　伸（やまむら・しん）　担当：第4章コラム
　愛知東邦大学人間健康学部准教授。

《編著者紹介》

澁谷智久（しぶや・ともひさ）　担当：第1章，第4章
　　東洋学園大学人間科学部教授。

（検印省略）

2022 年 3 月 31 日　初版発行　　　　　　　　略称—新スポーツ

新・スポーツ健康科学の基礎
—運動指導，コーチング，マネジメントの必須知識—

編著者　澁 谷 智 久
発行者　塚 田 尚 寛

発行所　東京都文京区　　　　株式会社　創 成 社
　　　　春日 2 – 13 – 1

電　話　03（3868）3867　　ＦＡＸ　03（5802）6802
出版部　03（3868）3857　　ＦＡＸ　03（5802）6801
http://www.books-sosei.com　振　替　00150-9-191261

定価はカバーに表示してあります。

©2022 Tomohisa Shibuya　　組版：ワードトップ　印刷：エーヴィスシステムズ
ISBN978-4-7944-8105-4　C3037　製本：エーヴィスシステムズ
Printed in Japan　　　　　落丁・乱丁本はお取り替えいたします。

———————— 創 成 社 の 本 ————————

新・スポーツ健康科学の基礎 ―運動指導, コーチング, マネジメントの必須知識―	澁 谷 智 久	編著	3,000 円
概説 現代人の病気と健康	高 井 茂	監修	2,500 円
これだけはおさえたい！ 保育者のための「子どもの保健」	鈴 木 美枝子	編著	2,200 円
これだけはおさえたい！ 保育者のための「子どもの健康と安全」	鈴 木 美枝子	編著	2,500 円
よくわかる保育所実習	百 瀬 ユカリ	著	1,700 円
実習に役立つ保育技術	百 瀬 ユカリ	著	1,700 円
よくわかる幼稚園実習	百 瀬 ユカリ	著	1,800 円
地域に生きる子どもたち	小 堀 哲 郎	編著	2,300 円
家 族 と 生 活 ―これからの時代を生きる人へ―	お茶の水ヒューマン ライフシステム研究会	編	2,400 円
市民のためのジェンダー入門	椎 野 信 雄	著	2,300 円
［新編］グローバリゼーション・スタディーズ ― 国 際 学 の 視 座 ―	奥 田 孝 晴 藤 巻 光 浩 山 脇 千賀子	編著	2,500 円
国 際 学 と 現 代 世 界 ―グローバル化の解析とその選択―	奥 田 孝 晴	著	2,800 円
黒アフリカ・イスラーム文明論	嶋 田 義 仁	著	3,700 円
小 さ な 変 革 ―インドシルクという鎖につながれる子どもたち―	ヒューマン・ライツ・ウォッチ 金谷美和・久木田由貴子 (特活)国際子ども権利センター	著 監訳 訳	1,800 円
新・大学生が出会う法律問題 ―アルバイトから犯罪・事故まで役立つ基礎知識―	信州大学経済学部 経済システム法学科	編	2,000 円
大学生が出会う経済・経営問題 ―お金の話から就職活動まで役立つ基礎知識―	信州大学経済学部 経 済 学 科	編	1,600 円

(本体価格)

———————— 創 成 社 ————————